# 邵荃麟全集

SHAO QUANLIN QUANJI

## 第七卷

小说

武汉出版社
WUHAN
PUBLISHING HOUSE

(鄂)新登字 08 号

**图书在版编目(CIP)数据**

邵荃麟全集. 7,小说/邵荃麟著. —武汉:武汉出版社,2013. 10
ISBN 978—7—5430—7887—1

Ⅰ. ①邵…　Ⅱ. ①邵…　Ⅲ. ①中国文学—当代文学—作品综合集②小说集—中国—当代　Ⅳ. ①I217. 2

中国版本图书馆 CIP 数据核字(2013)第 232946 号

---

著　　者:邵荃麟
责任编辑:万　忠
封面设计:刘福珊
出　　版:武汉出版社
社　　址:武汉市江汉区新华路 490 号　　邮　　编:430015
电　　话:(027)85606403　85600625
http://www.whcbs.com　　E-mail:zbs@whcbs.com
印　　刷:武汉精一印刷有限公司　　经　　销:新华书店
开　　本:880mm×1240mm　1/32
印　　张:10　　字　　数:208 千字　　插　　页:7
版　　次:2013 年 12 月第 1 版　　2013 年 12 月第 1 次印刷
定　　价:480. 00 元(全套八卷)

---

1964年，邵荃麟全家合影

邵荃麟、葛琴、胡绳合影

1967年，邵荃麟在北京日坛公园

邵荃麟与葛琴下象棋

# 目　　录

# 客　　人

小组会议的进行，突然被打断了……

板门像给一股暴风冲击着，猛地撞开了。一个猩猩样的，巨大而伛偻的身体，从门框里艰难地塞了进来。猩猩的背上压着一个庞大的黄色被囊，腰旁又拖着一只精致发亮的绿色皮箱。门框本来不很大，被塞得几乎要撑开去。巨大的身体硬挣了两下，好不容易才挤进屋子里。黄色的被囊訇然地落在泥地上，激起一阵灰雾，直扑到每个同志的鼻孔里。

跟着这巨大的身体一移开，一片强烈的太阳光立刻从门里推进来，而就在这撩眼的太阳光中间，出现了我们的来客——一个和太阳光同样撩眼的漂亮女人。

那一眼就看得出是刚从都会里来的。除开头发上一些新蒙上的灰土以外，找不出一点能够和这小村落的气氛调和的地方：染黄了的鬈发蓬松地垂在后颈上，脸孔是瓜子形的，两颗颧骨微微地凸出着，眉毛画得很长，眼梢动人地向后扬起，射出一种摄人的晶莹光彩。她穿着笔挺的黄呢马裤和棕色的鸡皮球衣，一只旅行用的黄色皮包斜挂在球衣上面，在太阳光里闪烁出骄傲的光芒。

“这位同志……”小组会议的主席惊愕地迎上去，一大堆探询的眼光跟着他。

但是客人却没有理会，纤长的身体一扭，旋了一个半圆形。那个猩猩样的汉子正拾着一件稀湿的布衫，朝她蠢蠢地望着，荷嘘荷嘘地喘着气。

一张鱼票飞落在他手里，立刻从嘴里爆出一大串不平的抗议，那难懂的土话，简直就是一只猩猩在咆哮。

"什么话？一毛钱还不够？你们乡下人，简直比城里人还不老实！"

客人叉着两只膀子，用最正确的国语说，那尖锐的声音里，好像含着一种什么金属的东西，撞落在霉潮的泥墙上。

"先生娘，重得紧啰……"

"什么先生娘！"客人流线型的眉毛一攒，显然是冒火了。她从裤袋里又掏出五分钱，抛落在泥地上，尖起两片薄的嘴唇："去！去！去！真讨——厌！"

门随着大猩猩的背影吱的关上了。主席又呐呐地接上去。

"请问这位同志……是打哪儿来的？……"

不知道是对这个称呼不很高兴，还是刚才对脚夫的火气还没有发尽，她没有马上回答，把脑袋向后一晃，掠一掠耳旁的鬓发，抬起眼睛，向屋子四角扫了一下，细长的眉毛又微微地皱拢来。屋子很湫隘，充满着一种五月天的潮湿霉气，泥墙上的石灰，剥落得像给什么啃过似的，现在给糊上了许多颜色的标语，并挂着一幅"×××军战地服务团第×组"的三角形缎旗，可是仍然掩饰不了那些丑陋的疮疤。正对着门的这面，有一个二尺见方的小栅窗，窗子顶上贴着总裁的画像，窗下是一张巨大的办公桌子，一只蜘蛛正在窗棚上默默地进行它的工作。

主席有些狼狈了，拿起手赶着停在他额角上的一只吮吸汗珠的苍蝇，旁边一个年纪最轻穿工装的女同志，溜着眼睛朝他瞅了一下。

“请……请问……”

“唔——”客人点一点头，大方地说：“我就是黄蘋。”

“啊！原来是黄蘋先生！”主席的眼睛霍地亮起来，一种震颤的电波通过每个同志的脸孔，大家抑不住地微微动了一下，惊异的眼光重新投落在客人的身上。客人像一只孔雀般挺立着，没有移动她的姿势，从眼梢上透出微微的一笑，晶莹的眼光掠过许多人的头顶，落在正对面的方窗上。

黄蘋，这个响亮的名字，哪一个战时工作者不知道。她是著名的妇女运动领导者兼散文作家。她曾经领导过一个妇女战时团体，去过华北战区；她在南洋主持过救国募金运动。她出版过两本散文集，而且还著过一本《农村妇运讲话》——她会来到这样近前线的小村落，确实是意想不到的事。

“我刚从×军长那里来的，打算用新闻记者的资格，到前方去跑一趟。”黄蘋女士用那金属般的声音说，一壁把皮包放在左臂上打开来，在大堆的信件和电报中间慢慢儿翻着，“这里哪一位是周同志？”

“就是兄弟……”主席连忙回答说。他感到有点惶惑不安，军长把这样一位人物，介绍到他这湫隘的小窝里来干什么？他怔怔地注视着黄蘋女士柔软的手指，在发亮的皮包上迅捷地移动着。

“很好，”黄薮女士从皮包里抽出一只巨大的信封，在手心上轻轻一拍，“这是军长给周同志的信。因为这边过去的公路破坏了，所以今天打算在这儿休息一晚，军长已经有电话通知×司令，叫前面兵站明天早上派马来接我。”

“欢迎得很！”周同志恭敬地鞠了一躬，从办公桌旁，拉过一张板凳，请客人坐。“只是这儿太肮脏了，而且我们都是孩子们，还得请黄薮先生原谅和指教。”

黄薮女士眉毛挺了一下，没有说什么，卸下肩上的皮包，轻轻地坐下来。那个年纪最轻的穿工装的女同志赶紧挤上一步，从口袋里摸出一本皮面精装的纪念册，向客人一鞠躬……

“黄薮先生——”

黄薮女士瞟了对方一眼，又是微微地一笑，那女同志脸孔一红，像一只迷惑的小猫似的躲到周同志背后去了。

这时，她才开始注意到屋子里的人，一共是七个：四个男孩子和三个女孩子。除开那主席是个苍白瘦削的肺病型的青年，一簇乌长的头发黑压压地覆在三角形的瘦脸上，像个忧郁的诗人似的，其余六个差不多都是粗黑茁壮的青年，睁着发亮的眼睛呆呆地望着她。这样的青年，黄薮女士在抗战中看过很多，这对她引不起什么特殊的印象，也没有必要去讯问这些青年的姓名。她端起周同志送过来的一杯开水，安详地啜着。周同志坐在她的对面，窘惑地搓着手背，那客人身上似乎有一种豪贵的光芒逼住了他，使他感到窒息似的，头额暴起的那根粗筋，更急剧地跳动起来。

“哦——”黄薮女士忽然记起了什么，把杯子一推，霍地站起来，“你们在会议，是不是？你们开下去吧！我不愿意妨碍你们的工作。个人妨碍团体的工作是不应该的！”

“那莫关系，那莫关系……”周同志吃吃地说，跟着站起来。

“开下去！开下去！”她像命令似的挥挥手，踢开背后那张板凳，把身体移到门旁去，“我跑了路，正需要苏息苏息……”

逼人的光芒离开了周同志的眼睛，他好像松了一口气，赶紧跟客人道歉，顺手又抽了一本油印杂志递过去，赔了一个笑：“这是我们的一种出版物，请黄蘋先生指教。”

黄蘋女士轻轻谢了一声，没有翻，往门边那张洗脸的桌上一搁，随着蹲下去，开那只绿色发亮的皮箱。

同志们重新在办公桌子四周坐下来，桌子上堆满着纸张和书籍。周同志翻一翻记录，找出刚才讨论到什么地方。

现在我们尊重黄蘋先生的意见，继续讨论下去，关于第二项工作……

“O，Damned！”主席话还没有说完，又突然被那金属般的声音打断了。黄蘋女士倏地站起来，“我把烟卷儿忘了带来，这真糟糕！周同志，请你们勤务替我去买一听烟，可以吗？”

“我们这儿没有勤务呀……”周同志愣着眼，搔搔他那乌长的头发，同志们望着他吃吃地笑，他向那个穿工装的女同志摆摆手，“张同志，就请你去跑一趟吧！好不好？”

张同志从睫毛底下向主席瞅了一眼，这才慢慢地站起来，黄蘋女士从裤袋里抽出一张钞票，放在她的手里：

“买一听前门，否则就是 Ruby Queen！对不起！”她像慈祥的母亲般地拍拍张同志的肩膀，把她打发出去了，接着旋过身来，提起足尖在泥地上划了一个半圈。

"你们知道，烟卷儿是我们文化人的第二食粮呀，哈哈……"她抖动着瘦削的肩膀格格地笑起来。

"嗯！"主席似答应非答应地嗯了一声。并没有抬起眼睛望客人，他把指节在桌上轻轻敲了两下，唤起同志的注意，"现在我们继续讨论，关于第二项，自卫队工作……"

同志们偷偷地望望黄薇女士，她把手插在裤袋里，踏着跳舞般的步子，在室内轻轻地踱着，大家交换了一个会意的微笑，没有人说话。

"请快一点发表意见！"主席又焦躁地敲敲桌子。

门吱的叫了一声，张同志登登地跑回来了，她冲到黄薇女士的前面，拭着脸上的汗，喘喘地说："这里没有前门，也没有Ruby Queen，这里顶好的就是老刀牌。"

"老刀？"黄薇女士咽下一口药似的，右面的细眉毛显然往上一挺，"这真糟糕，军长送了我两听炮台，我怎么搞忘了！这真糟糕，Damned！"她燃着了烟，在离开桌子不远的一张行军床上轻轻坐下来，感慨似的吐出了一口气。

"战时的旅行真不方便呀，简直就像在非洲旅行一样，譬如说，我们干新闻记者的，本来在任何场所，都可以享受最大的便利，一个记者要比一个高级官吏享受更大的便利的，但是现在却非刻苦耐劳不可了。"她弹一弹烟灰，忽地又站起来，把手在背后一交，又挺着胸脯说，"但是这种精神却是必要的，尤其是我们新闻记者，所以我这一次到前线来，就是希望来提倡一下这种刻苦耐劳的精神。由于我的提倡，中国文化界朋友也许会改变一下作风，我相信。"

黄薇女士仰起脖子，吹出一个个青色的烟圈，望着它袅袅地向黝黑的屋顶上升，在霉潮的空气中消失了。

“是的，黄蘋先生的精神，我们佩服得很！”一个背朝着客人的同志冷冷地耸一耸肩膀，主席立刻朝他瞪了一眼，没有说话。

“是的，不过，”黄蘋女士又坐回到行军床上，把右腿望左腿上一搁，语调忽然严重起来，“在政府方面，却应该考虑另外一个问题，那就是关于物资的流通，譬如说这烟吧，我们很可以设法从后方运输过来，前方的东西也可以流通到后方去，这样才可以有一个 Circulation（她把握烟卷儿的那只手，在空中划了一个圆圈）！这是战时经济上一个重要的问题。关于这点，我不久要发表一篇文章，主张设立一个战区银行和一个战区物产公司。这确实太重要了。因为工作和现实生活是不能脱离的，生活不安定，工作怎样能顺利进行呢？你们说对不对？”

第一支烟很快地就抽完了，她用一种打水片的姿态，把烟蒂投到痰盂里去——嗤的一声熄灭了。

可是黄蘋女士的宏论并没有停止，她又从经济问题扯到新闻事业，她谈到新闻记者的神圣和责任的重大。批评人家不重视新闻记者的错误。她使出许多优美的姿势，褐黄的鬈发在她头后不停地颤动，微凸的颧骨上，泛出一层兴奋的红光。每发挥一点，她照例要补上一句，“关于这点，我不久将发表一篇文章。”

主席好像头上长着白虫似的不停地搔着他那乌长的头发，桌子上一只白铜闹钟，短针已经快指到“4”字了。“是的，是的，”他含糊地答应着客人，又望望他的同志们。那个管会议记录的小胖子，现在侧着身体，把肥圆的下巴压着左手的手腕，右手提着铅笔，就在记录纸上悄悄地替客人画速写。主席朝他皱皱眉毛，另外那个张同志，把舌头一伸，扑嗤地笑了出来。

屋子里更加黝暗了，窗栅上那只蜘蛛已经完成了它的工作，静静地蛰伏在网的中央，只有黄蘋女士金属般的声音，像山谷的瀑布一样，永远是冲冲地冲冲地没有停止。

突然，那只闹钟像睡醒了似的，大声地叫起来。这强烈的声音才把黄蘋女士的宏论打断了。主席眼睛一亮，迅速地站了起来，生怕给什么逃走似的，紧紧地揿住了闹钟的铃。

“黄蘋先生，让我们把你的行李安顿了，再谈，好不好?”

“O——”黄蘋女士嘴唇一尖，发出一个悠长的声音，好像拖了一个极长的惊叹号般的，“对了，我总以为你们是有勤务的，那可很对不起呀!”她站了起来。

“没关系，”主席果断地说，立刻动员全体的同志，把黄蘋女士黄色的被囊和绿色的发亮的皮箱，搬到隔壁一间屋子里去，那屋子里也有一个小窗，窗下安着一张行军床。同志们把黄色的被囊打开来，替客人铺好床，又替她找到一张桌子，一切动作都以最大速度进行着。在五分钟之内，什么都舒齐了。黄蘋女士当然也不会空闲，她从皮包里抽出一札未复的电报和信件，往桌上一搁，向着同志们深深地叹了一口气：

“时间真不够呀！你们瞧，这许多电信都没有复，这许多电信——”

……

同志们重新回到办公室，每个人身上仿佛卸去一副沉重的负担，谁都想挺一挺胸脯，吐出一些什么似的。张同志把小胖子画的那张速写，倏地抢了过去，在头上扬了两下，正要叫出来，却被主席严肃的声音吓住了。

“同志们，时间再也不许浪费一分钟，我们要在一个钟头之内把会议结束，现在立刻开始，关于自卫队工作的检讨……”

周同志仿佛大哥哥般的，严厉地注视着同志们，会议顺利地进行下去了。小胖子重新换过一张记录纸，把铅笔在纸上沙沙地疾扫着。一个剃和尚头的山东佬——指导自卫队工作的赵同志，站起来作了一个简短的报告，主席立刻接了下去：“好，现在我们可以开始检讨了。”

正在这时，隔室的门又呀的打了开来，主席的背上一冷，黄女士又像孔雀般出现在桌子前面了。

“我送你们一本书，这是我最近出版的著作。”黄蘋女士一脸热心的样子，把一本簇新的小册子，隔着桌子递过来，“这也许你们已经看过，但我觉得还应该送你们一本，这对于你们的工作多少是有帮助的。”

黄蘋女士挺着胸脯，从那扬起的眼梢上射出一丝庄重的微笑，轻轻地掠过每个同志的脸孔。

“谢谢，谢谢，”主席弯了弯腰板，逼出一个苦笑。这书是挺漂亮的，封面是用道林纸精装，印着黄蘋女士原稿的真迹。“农村妇运讲话”，六个挺秀丽的红色锌版字，也是作者的亲笔。

“我想，你们在会议上可以把它讨论一下。”黄蘋女士十分关切地提议地说。拉过刚才坐的那张凳子，在桌旁坐下来。

"我认为妇女运动在中国民族复兴战争中,是具有决定的意义。抗战最后胜利的主要关键,就在妇运的发展怎么样。你们想,我们要达到国家总动员首先非得全家动员不可,而全家动员不从妇女入手,怎么成呀?所以——"黄蘋女士用一种凛然不可侵犯的严肃神态,把手指在空中一划,颧骨旁边的几颗雀斑,兴奋得几乎要从皮肤里跳出来,"所以我坚决主张,在一切战时工作部门中,妇女运动应放在第一位!"

"不过——"小胖子把脑袋一偏,刚刚嗫嚅地吐出两字,却像海滩上的沙砾碰到巨涛似的,立刻给黄蘋女士激荡的声浪冲掉了。

"第一——这是非常重要的!"她重复了一遍,"我在这本书里解释得很详细,你们可以去研究。而且我在这里还特别指出,妇运的八大原则和十大纲领——"

忽然,她顿了一顿,重新燃着一支香烟,把火柴扔掉了。"第一……"

主席像瘓瘫似的靠在椅背上。小胖子下了一个决心,把记录纸飕的卷起来,往公文夹子里使劲一塞,撑起两只肘子,像只大猫般伏在桌沿上,打定心思,花两个钟头来领教黄蘋先生的妇女运动讲话。

吃过晚饭,同志们集合在门外的草坪上练习唱歌。小胖子挥着肥白的膀子在指挥着,跟着他的手臂曲线般的舞动,同志们的歌声被抑下去又突然被钩起来。

黄蘋女士从草坪前面的一个土坡上,缓缓地走了下来,她这时换上一件蓝色法兰绒上衣,反出洁白的衬衣领子,在这空旷的田野上，更显出她一种庄穆的轮廓。她肩上挂着一只小小的军用望远镜，似乎刚从坡顶上瞭望了风景回来。离开她背后约莫三丈多路，一群肮脏褴褛的野孩子，睁大了惊奇的眼睛，叽叽喳喳地跟着她。

五月乡村的黄昏，潮湿的空气里，荡漾着新鲜的野草气息，土坡周围的水田里，满眼都是嫩绿的新秧，崭齐地织成一片，从草坪前面一直伸展到遥远的地平线上，被沉没在暮霭中的一抹青山，像屏风般挡住了。太阳早已下去，褪残的紫霞淡淡地绕挂在西边山峰上，天空是碧净的，几颗苍白的小星已经开始在闪烁了。

黄蘋女士缓缓地踏下山坡，走到草坪上，同志们已经唱完了歌，周同志赶过来招呼她。黄蘋女士又拿起望远镜望望天空的小星，用一种读诗般的声调，向周同志说：

“多美丽呀！祖国五月的原野！”

野孩子越来越多了，后面并且添上两个抱着婴孩的女人。叽叽喳喳的声音更强烈起来，就像一群蠢动在泥泞里的小猪，忽然彼此咬了口，站在顶前面一个拖鼻涕的小孩，脱口地叫了出来。

“哟哟，洋人啊，她在说洋话呢。”

“洋人啊！洋人啊！洋人在打千里眼呢。”所有的孩子都望她指手画脚地叫起来。黄蘋女士回过脸来向野孩子们厌恶地横了一眼，那个拖鼻涕的孩子，睁大着两只眼睛，呆头呆脑正朝她望着，忽然鼻子用劲地一吸，一条黄绿色的浓鼻涕刷的缩了进去。

“呸！”黄蘋女士恶心地吐了一口涎沫，把手帕拭拭嘴——

“走开！真讨厌！乡下人！”

“回家去！回家去！有什么好看的！”周同志大声地叱逐着，挥着两只手，像赶小鸡似的，把那群野孩子赶走了。

“鬼子婆，

两道毛，

猫儿眼睛狮子头，

……”

孩子们唱着顽皮的山歌，向着苍茫的山坡上逃去了。

天渐渐的黑下来，同志们都回去工作了。周同志陪着客人向屋子里走去，小窗子里一缕暗黄的灯光，向他们迎面投射过来。

“乡下民众的文化水准真落后啊！”周同志生怕客人生气，故意地搭讪着。

“是啊！这是抗战中一个严重的问题！”黄蘋女士并没有生气，却像考虑着一件非常重要的事情似的，凝视着前面的灯光喃喃地说。“我们文化界，应该负担起这个任务！我这次出来，就把民众问题放在采访工作的第一位上，这确实太重要了……呃，对了，——”她忽然又记起了什么，把脖子一偏，同着周同志说：“我正想访问一下这儿的民众，你给我去叫几个来，可以吗？”

“那倒不必，”周同志不知为什么忽然笑了起来，指指另一座屋子里射出来的灯光，“今天晚上我们刚好就有一个农民晚会，在对面这祠堂里举行。黄蘋先生愿意的话，可以跟他们随便谈谈。”

“晚会，啊，好极了，一个美丽的名词！”黄蘋女士用足尖踢踢路旁的石子，她回想起曾经在什么地方看过一幅俄国的名画，几个红脸孔的淳朴的农民，团坐在一盏风雨灯前面，画得很美丽，而那幅名画的标题正是“晚会”。

他们踏进了一座阴森森的祠堂，那古旧的屋子里，到处都是黑越越的影子，石阶前面几株高大的柏树怖人地矗立着，院子里可以闻到一种腐草的气息，只有东边的侧厅里，现在是点上一盏暗黄的煤油灯，灯光中间有一群黑影在蠕动着。

黄蘋女士小心地踏着脚下的石板，像走在冰上似的一步一步地摸过去。她心里怪不舒服地想，这里为什么不挂上一盏灯？可是她没有说出来。

他们一跨入那间东厅里，里面的喧嚣立刻停止了。约莫十四五个本地的农民，有老头子，有壮丁，也有女人小孩子，三三五五地坐在几条板凳上，一个女同志在陪着他们，煤油灯照在他们的脑壳上，反射出一层暗红色的油光。他们惊奇地望着客人进来，十几双眼睛都睁得骨碌碌地向黄蘋女士身上打量着。

周同志把手拍了两下，向着大家介绍：

“各位老乡，今天有位客人，黄蘋先生，要和你们来谈谈，黄先生是从很远的重庆来的，她是很有名气的人，你们有什么话都可以跟黄先生说。”

周同志向客人弯弯腰，黄女士就在一张椅上慢慢地坐下来，从裤袋里摸出一本皮面的记事册，又在衣袋子上拔下一支金黄的自来水笔，在簿子上写了两行，约莫二十秒钟过去了，这才抬起脸来向众人扫了一眼。第一个接触她视线的，又是那个拖鼻涕的小孩子，凸着一个滚圆的肚子，呆呆地站在一个小眼睛老头子的前面。

“唔,”黄蘋女士沉吟了一下,摸出一方手帕,拭了拭嘴唇,用最正确的国语说:“我先得向你们介绍。我是一位新闻记者,你们有什么意见或者什么痛苦,我可以在报纸上发表,并且可以把你们的意见,告诉政府当局和许多长官,懂得吗?”

好像害羞似的,大家你望望我,我望望你,咧开嘴巴嘻嘻地傻笑着。两个中年的女人注视着客人的法兰绒西装,咬着耳朵切切地在说些什么。黄蘋女士不耐烦地又用上海话问了一遍:“懂哦?”

“勿懂个。”不知道哪一个这么回答一句。

周同志只好站起来翻译了:“黄先生是在报馆里办事的,你们有什么苦处,告诉黄先生,黄先生会写出来,登在报纸上,并且可以替你们去告诉长官,懂不懂?”

“懂,懂,”许多脑袋立刻像装了弹簧似的颤抖起来,“吃报馆饭个,吃报馆饭个。”

黄蘋女士轻蔑地笑了一笑,“好,那么,你们说吧,你们有什么苦痛?”

大家又是嘻嘻地咧着嘴笑。

“怎么?你们没有痛苦吗?不要害羞呀!”客人焦躁地把钢笔在记事簿上笃笃地敲着。那个女同志向周同志交换了一个忍不住的微笑。

“好啰,周先生他们都很好的啰。”

那个坐在前排的小眼睛老头子,握着一支旱烟筒,望望周同志,文不对题地回答。

“唉!”黄蘋女士把靴跟在泥地上一顿,失望地咽了一口气！“我跟你们作个别谈话吧，真是弄不清楚，……你叫什么名字呀？”自来水笔的笔尖，快戳到那老头子的鼻子上了。

“我……我……”老头子狼狈地张大了嘴，合不拢去。他始终没有弄清楚，这客人是什么人，或许是来调查他什么的，或许又是要抽什么的了……他愣愣地望望那支金黄色的钢笔，小眼睛霎动着。

“他叫老鼠眼六叔公！”那个拖鼻涕的小孩子，指指老头子的鼻子，吱的笑了一声逃走了。

“哈，老鼠眼，”黄蘋女士抿住嘴巴，不让自己笑出来。她低下头去在簿子上写了几个字，又继续地望着那个老头子。

“好，你种了多少田？收多少谷子？家里有几多人？生活还好吗？”

老头子简直完全窘住了，小眼睛霎动得更厉害，仿佛做了什么虚心事，给人家捉住了似的。

“苦啊……乡里人总是苦的啊……”他喃喃地逼出了一句。

“怎么苦法呢？”

“苦得紧啊，先生娘，你好啰！”

满屋子里的人都哄地笑起来。

黄蘋女士有点生气了，很快地旋过脸去找另外的人。

“喂，我们来谈一谈吧，好不好？”

那两个中年女人还在切切地说些什么，一眼瞧见客人的脸孔向她们偏过来，急忙低下头去，心脏立刻扑扑地跳起来。

“我拉勿晓得个……”一个笑嘻嘻地摇了摇头，拉着另一个，扭转身体，从人丛里逃出去了。

周同志站在屋角上，皱了皱眉头。

黑暗的院子里，那个拖鼻涕的小孩，尖着喉咙在叫：

“周大爸，周二爸，周大妈叫你们回去啦！”

板凳在泥地上发出一阵撞擦的声音，四五个人站起来，跟着出去了，屋子里只剩了孤零的七八个，在煤油灯底下，依旧呆呆地朝客人望着。

黄蘋女士脸颊上流出一层难看的红晕，咬着下唇，站起来，她把笔往衣袋上一插，向周同志说：

“周同志，你对他们的教育，应该加紧一点才好！”

“是的，”周同志脸孔也红了，“他们也许听不懂黄先生的话吧。”

“可是这正需加紧教育他们，他们简直一点知识都没有！”黄蘋女士声音很硬，把记事册用力地塞入口袋里。

“怎么样？明天再找机会谈吧。”那个女同志问，她知道这晚会是开不下去了。

“是的，我也不能花更多的时间在这里，我有许多要紧的电信等着回复呢。”

黄蘋女士很快地就恢复了镇静和大方的态度。

第二天上午，客人走了。兵站里派了一个伕子，一个马夫和一匹栗色的马来迎接她。她和每个同志握握手，跨上了马鞍，笼着缰绳，缓缓地踏上村道。

天气很好。蔚蓝的天空上，驶着几片流云。黄蘋女士一手叉着腰，一手牵着缰，纤长的身体在马上轻轻摇摆着，衬在这蔚蓝的天幕下，更显出一种英武的姿态，马蹄得得地敲破着村子里的沉寂，一大堆老百姓从每个门里探出脑袋，向她投射着惊奇的眼光。她瞭望着天空的流云，缓缓前进。突然，她把鞭子一扬，那马翻起四只蹄，沿着大路奔驰起来。

村道上遗下一阵灰雾，客人渐渐的远了。

同志们把屋子里大大打扫一番。周同志重新召集大家，围着桌子坐下来。他重重地吐出一口气：

“现在我们继续检讨吧，关于第二项，自卫队工作……”

1939 年 8 月，《改进》第 1 卷第 9、10 期

# 英　　雄

## 一

汽车用五十迈的速度，像一匹发了疯的野兽，在高低不平的公路上狂窜着。第××后方医院的出院伤兵王大有，兴奋地趴在车窗口，把那只剩下来完整的右手用劲地扳着窗沿，下颚突出着，紧压在手背上，睁着两只灰白的眼睛，焦灼地望着窗外苍郁的土地——像走马灯似的，在初夏耀眼的阳光下旋动过去。

车厢簸动得很厉害，玻窗在他手腕下震荡得格朗朗地响，下颚很难压得住手背，不时要被抛开去似的互相击撞着。虽然是个晴朗的日子，一阵阵的风沙仍然不断地迎面扑来，在王大有肮脏的头发上、眉毛上和军帽上，蒙上一层薄薄的灰土——仿佛是刚从磨坊里出来的。

“唉，再过一个钟头该可到家了吧……”王大有躁急地盘算着。风从窗子里灌进来，刮着他那只没有了臂膀的左袖管拂拂地飘荡，他把它一把揪住，衬在下巴底下，依旧凝望着窗外的电杆木，一根一根地从他眼前闪越过去，仿佛是替他在计算旅程的筹码。有时一座人工开过的赤色土岩，骤然向他猛扑过来，又“轰”的一声从车窗口削过去。初夏的田野上，满铺着绿油油的秧毡，那些斜矗田陇间的老树，像一群老朋友似的，张开臂膀在向他奔来。从遥远的平地上，推出一座座浅蓝色的山峰，在白色的流云底下，电影般的慢慢旋动过去。

王大有带着一种从来不曾有过的情绪，贪婪地望着这一切，什么东西都使他感到怪亲热的。他是一个土包子，当然不懂得欣赏什么风景；他只是直觉地去辨认每一座山峰，每一条河流，每一个村庄，甚至每一簇树林——这些地方从前他都很熟悉，但是现在隔离了五年，却有点模糊起来。他默默地计算着这座山峰和那座山峰的距离，回忆着这些山峰的名字。而在这些山峰的背后，该就是他的家乡——王庄。他把眼光移向那些旋动的青色山岩，仿佛透过这些山岩，他已经看见他的村庄——村子里那条黄色的小河，和河旁杨柳底下那一簇簇黄土墙的矮屋，永远像瞌睡的黄牛似的在那里踞伏着。

汽车越过一座小丘，一片镜子般的水田，很快地向车窗方面旋动过来，几顶大笠帽匐伏在田里缓缓蠕动，随着大地的旋转，一个老年农人慢慢地把身体直起来，手里握着一把嫩绿的稻秧，抬起两只灰色的眸子，一动不动地向汽车凝视着，迟钝的苍黑的脸上木然地没有一丝表情，就是那样一张长长的，慈祥的脸相。那片水田很快就被抛落到车子后面去了，而这个老人的影子却像磁石般的紧紧地吸住了王大有的目光。王大有显然并不认识这老人，而且也从来不曾关心过这样的老人，但是现在却不知怎么的，仿佛做了五年梦突然醒来，重新看到了他周围的亲人一般，一种温暖的，亲热的情感怪舒适地熨帖着他的心。

他想起他的老爹来，老爹该还是那副老样子吧？整天地弓着背，在河边的空地上打草绳。二奶子，他那十岁的侄儿，裸着精瘦的上身，头颈上套着一只巨大的项圈，一跳一跳地在对面替老爹摇着绳车，绳车辘辘地响着，老爹永远是一副噜苏相，一壁搓着绳，一壁咆咆啰啰地埋怨这个埋怨那个，二奶子受不住老爹的噜苏，一歇工就偷偷地溜到河塘上去捉蝈蝈儿了。

“嘿，这小子！”王大有嘴唇哆嗦了一下，下巴从手背上陡地滑了下来。他听见背后有个女人在笑，回过头去。一个红脸颊的年轻乡下女人，抱着一个婴孩，挤立在人堆里，那笑声有点像是隔壁李保长家里的银花姐。可是银花姐要比她漂亮年轻，那双水汪汪的金鱼眼睛仿佛就在他前面怪有意思地那么一瞟，他想起医院里弟兄对他的取笑，一阵热气向他头颈里奔上来。

“嗯，”他感觉有什么东西在压着他的心，仿佛一个刚穿上新衣服的小孩子，浑身都怪不安似的。他说不出是为什么，总之，他不敢去过分接触这样的幻想。他想躲脱它，把眼睛移到别处去。

汽车的马达声音，永远那么单调地轰轰轰地响着。下午车厢里特别闷热，灰尘夹着阳光在人们头上打旋，王大有把头枕在右膀上，被浸没在一种迷惘的奇怪的情绪中间，绿色的原野渐渐地在他眼前迷糊起来，好像许多绿色的绸子在窗外飓飓地飞过去，马达的声音慢慢地远了。

他突然被一个声音惊醒过来，旅客中间有什么人在问：

“到王庄还有几多路哪?”

“王庄,哦,我知道,”王大有脑袋突然一仰,那只没有臂膀的袖管从右腕上索地滑下来。他来不及去发现那个问话的人,赶着用大声答应出来,“还有三十五里,过了褚家桥,高土门,再十五里就是王庄,快啦,快啦……”

他听见有人在询问自己的村庄,就仿佛是自己家里的客人,赶紧掉转头去找那个发问的人。车厢里塞满了旅客,没有座位的人就在走道上或者行李上叠人蓬似的挤着。那个红脸颊的年轻女人,把小孩抱在肩膀上,夹在人丛里,随着车子的颠簸一晃一晃地摇摆着。她的旁边站着一个勤务兵模样的大麻子,在逗着小孩子玩。他好不容易从那女的胳窝底下,看到后座上一个穿竹布大衫的中年商人,从眼镜框缘上面,翻出两只白眼在向他颠头簸脑地微笑着。他热心地接上去说:

“老乡,你去王庄?我们走一路。我就是王庄人。”

他探着半个身体,从那个女人的胳窝底下热心地望过去。那个戴眼镜的中年商人,在怯怯地向他微笑,生怕得罪他什么似的。

“老乡,您到王庄去干吗呀?你府上是王庄吗?”

“我们是——”对方似乎有点微微窘惑,身体不安地扯动了一下,吃吃地说,“我们是做生意的,唔唔……做生意的。”

“哦,是的,没到过王庄吧?我是王庄人,五年后回家啦,唉,当兵的换了半条命才回家,好不容易哪……嘿嘿……请教贵姓?”

王大有几乎是半个身体压在旁边一个肥胖的公务员的大腿上,那个公务员正仰着脖子在打呼噜,给他一压醒了,朝着他脸上冷冷地眨了一眼，把屁股往右一移，女人胳窝底下的整个空隙立刻给填没了。

“唔，对不起，同志！”王大有望望那个大胖子公务员汗津津的肥脸孔，又想跟他去搭讪。大胖子眼皮抽动了一下，打了一个哈欠，又管自己睡着了。

王大有说话的欲望更加强烈起来。他拭掉了额角上的汗珠，眼睛骨碌碌地在人丛里打转。人们疲乏的脸上都爬着混合灰土的汗珠；有的焦灼地窥着窗外的天空，有的索性伛着头在打盹。车厢里充满着恶臭的汽油气味，什么地方有人呃呃地在呕吐，又有人在说话和哼曲子，那些声音都给沉重的马达声盖住了，听起来好像远远角落里一些蚊子什么的在嗡嗡地叫。

王大有对面座位上，坐着两个穿西装的青年，每个人膝盖上放着一只发亮的大皮包，忽然咭里呱啦地说起话来。他们似乎在议论一些关于战争的事情。王大有连忙把身体伛过去，像只凸出眼睛的大青蛙似的，注意地谛听着他们的说话，可是他们说的——好像都是些外国话，王大有一句也听不懂；最后他们话头似乎扯到江西的战事上来了，王大有眼睛一亮，马上插进去。

“嘿！去年我们在德安那一仗真打得好凶！妈妈的，两天一夜没有停过火。鬼子的飞机成天地在咱们阵地上砰呀砰呀地炸，妈的，咱们一营弟兄差不离一半带了花，你瞧——”

他把左肩膀一旋，那只没有臂膀的袖管向前垂了下来，“——这只膀子就是那时候给炸坏了的！……”他骄傲地说。

那两位怔怔地向他翻了一眼，左首那一个忽然拍着皮包磔磔地大笑起来：

“老兄，你瞧，我马上就找到了一个最实际的例证，二十世纪的战争中，武器的条件是不容忽视的啊！”

王大有睁大着两只眼睛，不懂那个人在说些什么。“那有什么好笑？”他想，把帽檐一掀兴奋地接下去：

“就是这只膀子，本来也用不着锯的。妈的，都是那狗肏的伍医官。我跟他说，‘报告医官，我的膀子不能锯，我的膀子要拿枪杆子的。’那家伙，哼，绷着脸孔，老是‘不成，不成’！什么不成呀！他自己没有本领医，怕找麻烦，总是‘锯呀锯呀’。妈的，反正又不是他的皮肉，反正……”

右首那位青年脸上的肌肉忽然那么一耸，把头偏过去向着他的伙伴：

“可是我总不能同意足下这种唯武器论……”

王大有仿佛挨了长官一个嘴巴似的，愣住了。旁边那个麻子勤务兵抿住嘴巴瞅着他，忽然嗤的漏出一个轻轻的笑声，把脸孔别转去。王大有狠狠地瞪了他一眼，鼻子里打嚏似的哼一声，把身体猛然靠回到椅背上，“妈的，老子独手擒方腊，锯了一只膀子怕什么？”他望着车顶讪讪地补了一句。

车子不知怎么的，陡地刹住了一下，站着的乘客，人压人地一齐向前倒过去。那个抱小孩的乡下女人扑倒在那麻子勤务兵身上，忽然她把身体猛地一挣，满脸飞红地骂了起来：

“你要作死呀，你赤老……”

急怒的叫声像一把锐利剪子似的，在闷热的空气中骤然割过去，乘客们的眼光一齐投落在那女人身上，那个勤务兵像吃醉酒一样，眯起两只眼睛，只管望着那女人嘻嘻地笑着。

“妈拉×!”王大有满肚子不舒服一下都冒了出来,他跳起来指着勤务兵的鼻尖,狠狠地唾了一口:“你在干啥?你这个东西!你知道你是军人吗?”

“怎么样?你要怎么样?”那个勤务兵把脑袋一偏,叉起两只膊子。

“怎么样?揍你!”

“你什么东西,你管得着我?”

“我?”王大有额角上梗起一条粗大的青筋,眼珠几乎要暴出来,他把胸前一块银质的荣誉章猛地一拉,“你不认得老子?老子这条命已经给国家拼了过来。委员长的徽章在这里,老子就管得着你,你什么东西,一个勤务兵,给人家倒尿壶的坯子,你算得什么鸟军人,妈拉×,你蒙了一层老虎皮,也想调戏人家妇女,呸!……”

口沫在人们头上飞溅着,那个大胖子公务员又给闹醒了。他睁开没有睡足的微红眼睛,向王大有横了一眼,“喂,这怎么搅的?”

“喂,请大家遵守公共秩序呀!公共秩序呀!”那两位穿洋服的青年,扬起手吆喝起来。有一位喟然地叹息说,“唉,中国人……”

“算了,算了,闹什么呢。”背后什么人在拉着那勤务兵,勤务兵咕哝着掉过头去。“人家是个‘老爷’呢,你吃什么眼前亏呀!”背后那声音喃喃地在劝着。勤务兵涨着一副猪肝色的大麻脸,显然已经软了下去。一阵嘻嘻的轻笑声从人堆里钻出来。

“他妈的!”王大有又朝地下唾了一口,还想骂下去,忽然似乎感觉到什么，拭掉了嘴角上的白沫，把屁股往车座上一搡，嘘出一口重重的气。

那个大胖子公务员，又第三次向他横了一眼。

汽车依旧不停地在奔驰，车厢里格外沉闷起来，只有那女人低声的咒骂夹在马达声里颤动着。大家惊异地望着王大有方黑的脸孔。他闭起眼睛，把脑袋仰靠在椅背上，两只污黄的门牙，在下唇上不停地刨着刨着……

汽车快到站了，王大有却扯起鼾来，等那个戴眼镜的中年商人把他推醒的时候，车子已经停在雨篷前面了。窗子外面有人在叫着：

“王庄到啦，王庄……”

“王庄——慢慢——有我——有我！”他莽撞地跳了起来，拉起屁股后面一个小包袱，几乎是从那个胖子公务员身上翻过去。

他推推撞撞地从人堆里拔出脚来，没有理会背后人家在咒骂，甩着一只空袖管，第一个挤下了车。

走出站门口，故乡的青龙山赫然呈现在他眼前，他望着这寂寞的青暗色的山岩，仿佛一个怯生的大孩子般的，木立着。

## 二

老爹坐在板桌旁边，把只满爬着青筋的手，扶住干枯的右颊，听大有滔滔奔腾的叙述——描述他战场上和受伤的光荣的故事。儿子的说话几乎像是一支鞭子在抽击着他。凸出于枯黄皮肤里的骨骼，在件宽里廓落的蓝布背心底下，索索地抖动着，没有眼仁似的朦胧的小眼睛里，停立着两颗巨大的眼泪，渐渐地把眼眶都糊住了。暮色从积尘的门框里灌进来，把屋子里灰白的微光慢慢地冲荡出去，老爹背后紊乱地堆积着许多干稻草，一阵阵带酸的霉潮的气息，从干草堆上在蒸发出来。

“爹，你瞧——”王大有结束了他激动的叙述，把左襟上那块银质的荣誉章解下来，往桌上一扔，乌黑的桌子上跳跃着那徽章的银色的光芒。

“——掉一只膊子，换得这么一块东西，这就算是儿子替你挣来的一点功名！”

他把那个“名”字特别用力地吐出，昏朦的暮色中，闪烁着他眼睛里骄傲的光辉。

随着他洪亮的声音，站在对面泥墙跟前的二奶子娘，嘴角微微地往上一牵，眼睛别转向门外黄昏的天空。二奶子把下巴压着桌角，两只乌溜溜的眼珠，惊奇地注视着桌上那块发亮的八角徽章。

老爹颤巍巍地站了起来，伸过那青筋暴凸的手，摸摸儿子没有臂膊的袖管，隔着两颗眼泪的翳障，儿子的脸孔几乎辨认不出了。

“这总算是你爹爹一生为人正直，积下一点阴功，才保佑你回来，阿有，你以后可别再野心了……”老人家的嘴唇喃喃地抖着。

“那算不得什么！”大有鲁直地回答说，扶着老爹坐下去，跷起一个大拇指，向大嫂子笑嘻嘻地说：“去年三月里幕阜山那一仗，我们连长大腿上带了花，还拉着枪指挥呢，嘿！那才英雄……一只膊子算什么！我们连里李得标两只腿都锯了，他妈的还活着呢，我这个只算二等伤，你瞧——”他把右臂弯起来，抖了抖，露出那青铜色的粗强膊子，“你瞧，这只膊子还挺硬呢，吃得饭，打得枪，怕什么，哈哈！……”

王大有高迈的笑声，在这傍晚阴暗的小屋里振荡着，仿佛一种什么力量，要把这矮屋子撑开去，二奶子娘把手按在背后泥墙上，尖着嘴巴啧啧地叫起来：

“阿弥陀佛——我们二叔真是，男人家两只膊子值千金，怎么说没有什么呢……”

“嘿！”王大有方黑的脸上透出一丝不屑意的微笑。

“……那么，二叔，你替他们打掉了一只膊子，上头总该有赏吧？”

“当然赏呀！”王大有昂然把头一仰，从裤袋里摸出一支香烟，吊在嘴角上，再把火柴按在盒子边上巧妙地一捻，燃着了。“告诉你，大嫂子，”他喷了一口烟，望着她团鱼似的圆胖脸孔说，“我是二等伤，每年是四十五元抚恤费。我们替国家出了力，还不该吃国家的饷吗？”

“啊啧啧，什么付血费呀？”二奶子娘咂咂嘴唇，张开着两只手，把泥地上两只母鸡荷嘘荷嘘地赶进门角落里一只鸡笼里去，“天地良心，四十五块钱一年，比乡里做长工还不如呢！”

夜幕从门外河塘上包过来，堂屋里更加黑了。鸡在笼子里咯咯地叫，老爹站起来，从屋柱上取下一支短短的旱烟杆，吐出了一声沉重的太息。

吃过晚饭，老爹衔着那支烟杆，在幽暗的篾火底下，向儿子喃喃地诉说家里的状况。篾火插在靠壁的屋柱上，簌簌地颤动着暗红的光焰，在屋子里散开一些巨大的、波动的黑影。老爹脸上的皱纹显得更深刻起来，仿佛给谁用刀刻划过的一只破烂球壳。他扁着一张嘴，像吃什么似的，从两片薄薄的嘴唇上，吐出一些沉重的含糊的语句。老爹永远是那么一副噜苏相，人家在两年以前偷过他一只鸡或什么东西，他记得清清楚楚，总要两天三天地搬出来诉说一场。他数说着油麻行里怎样欺侮他老客人，草绳怎样卖不起钱，保长又怎样不公，动不动要来征发他的稻草……

“征发稻草得给钱呀。”王大有插了一句说。

“嗳呀，可不是，”老爹把手里的烟杆在空中一划，一条长长的黑影从墙上推到屋顶上去。“上月初二，镇上说是什么自卫队要来操练了，我们隔壁这李保长，硬压着要征我十担稻草，闭着眼睛只给三百个钱一担，过了几天，那些兵开走了，这十担稻草还不是他收拾了去当自己的好处。借着菩萨做戏文，我看他下世报应……”

“他妈的，别忙，”王大有拍一拍胸脯，“下次他要征稻草，叫他来问我！”

篾火发出一声微弱的爆裂，一片灰烬跌落到泥地上，老爹叹了一口气，阴郁地瞟着站在屋角里那部矮矮的绳车。

“这个年头儿，油麻行里生意又不好，草绳卖不起价钱，还是自己打些草鞋卖几个钱，偏偏今年雨水又少，二奶子又躲懒……唉……”

王大有这时才看见屋梁上挂着一排像黄鱼般的草鞋，在颤动的火光中仿佛活了起来，“妈的，这些草鞋带到前方去多好，前方行军时候老踩着烂草鞋。”他想着，可是并没有说出来。

老爹的话越来越噜苏了，两只失去光芒的小眼睛，在交叉着的八字形眉毛底下，忧郁地霎动着，那么幽弱而凄怨地吐着沉琐的语句，仿佛一个道士在死人前面念着挽悼的经咒。王大有的头渐渐低了下去，从门外吹来的夜风拂动着那只没有臂膀的袖管，在泥地上摇曳着一条长长的黑影。老爹的说话像一个棉花槌子似的在他心头上轻轻敲拍着，一种很久不曾有过的感觉，紧紧地压着他的心。

他站起来，把篾火的灰烬拨掉一点，一圈红色的光波向屋子里荡漾开去，他望着老爹强笑说：

“别担愁，爹，明儿我来帮你摇绳车，把这些稻草都打成绳，我替你卖出去。”

老爹瞅了他一眼，摇摇手，“不行，不行，你们拿惯了枪的手，哪儿还能干活？你又是一只膊子，好容易回了家，也该出去看看街坊。”

二奶子娘拎了一吊开水，从灶披里匆匆出来，圆胖的脸孔被柴火逼得通红，一簇米粒样的汗珠聚积在她扁平的鼻尖上。她把桌上那只瓦壶灌满了，放下铜吊，提起围裙来擦着手。

“二叔，你们在外面大鱼大肉过惯了的，才不晓得呢，”她俯下头去，拿围裙抹着鼻尖上的汗珠。扭了扭脑袋说，“家里老的老，小的小，都要我一个人服侍。现在米粮又贵，一块钱只买得七斤半。三天就吃完啦，家里还不是一顿粥一顿饭的糊过去。这年头儿偏又是鬼子造反，我说嘛，像二叔这样能立点功，立点业，我们才好呢……”

她抿着嘴嗤嗤地笑了起来，王大有望着她逼出一声苦笑，把眼睛移到门外的黑暗里去。

“真的呀，二叔，”嫂子似笑非笑的声音向他耳朵里逼过去，“老爹已经七老八十的了，像二叔这番回来总该有番撑门立户的事业，我们担子也好轻一点！嘿嘿……”

王大有没有回答什么，慢慢地走到大门外边的河塘上去。

五月下旬的月亮刚从树林里探出头来，在幽寂的原野上铺上一层嫩黄的柔光，河水里静悄悄地倒映着天上灰白的流云。虾蟆在水里阁阁地噪着。

一阵芬芳的夜风吹过王大有微热的前额，他抚摸一下断臂的白骨，挺起胸脯，深深地舒了一口气。

王大有到家不满一天，这个新闻立刻传遍一整个王庄。隔壁李保长的老婆四娘子第一个起劲，一大清早就捧着支水烟筒，挨门抹户赶着去报什么信似的，生怕迟了一步新闻就会给人家抢了去。

“哎哟哟，你们才想不到呢——”她坐在一家堂房叔婆的菜园门口，望着一群围着篾篮在拣荠菜的女人，映映那双猪眼睛说，“出去五年，全变啦，从前王老爹儿子谁不晓得呀，光着一颗大脑袋，天天掮着草绳，打我们门口过去赶集子，那时我们家里逢年过节还雇他打打杂呢。哟，这大傻瓜现在可不认得呢，穿起了老虎皮，短了一只膊子，简直换了一个人呢……”

她急促地吹着手里的纸煤头，厚厚地敷着铅粉的脸子泛出一层兴奋的红光，“哟，对了，他那只膊子听说是用锯子锯下来的呀！”

“哎！锯子锯下来的？”人们的皮肉全给说得皱了拢来。

这简直是不能想象的事，肉做的膀子怎么能像木头那样嗞呀嗞呀地锯呀？

“啧啧……罪过……那可不痛死人！”

“屁——”四娘子鄙夷地把嘴巴一撅，喷出一口白烟，“当兵的性命值什么钱呀，乱世人不如太平狗，说起来才好笑呢——”她呼的一声，把烟灰吹掉了，抬起头来，看见二奶子娘刚刚淘好米，从河边的杨柳底下走过去。她马上向众人挤一挤眼，抬着手里的纸煤头叫起来：

“王大嫂，这么早就烧饭了？”

二奶子娘扳着淘箩的边沿，懒懒地走过来，淘箩里的水还在滴滴地漏着。她掠一掠鬓发望着四娘子说，“老的小的不够，现在又添一个大的了，多一个吃饭，还不是多我一分忙。”

四娘子猪眼睛一霎一霎地笑嘻嘻说，“王大嫂，我正要问你呢，你说，蒋委员长赏了阿有一块银牌，当真吗？”

“啊哟，我的四大娘，”二奶子娘嘴唇一披冷冷地说，“我当什么一回事呢，这一块牌子有什么稀罕，饥不能当饭吃，冷不能当衣穿，我们乡下人家又不献宝，要它有鬼用处。”

“吓！”一个在拣着荠菜的穿孝的女人，扁着嘴巴笑起来，“我们王大嫂口气倒不小呢。喂，明儿你家门口还要树大旗杆呢！”

“见你娘的鬼！替你男人去树贞节牌坊吧！”二奶子娘啐了一口，红着脸孔走了，淘箩里的水随着她脚跟，在泥地上滴出一条郁郁曲曲的长蛇。

大家望着她背影格格地笑起来。那个穿孝的女人擤了一把鼻涕，拿手在凳脚上一抹，忿忿地说，“我就不相信！阿有赏银牌，李保长还得赏金牌呢。”

四娘子满意地点点她狭小的前额，把梳得精光的圆髻向众人一偏，牙齿缝里透出一阵嗞嗞的笑声，“可不是呀，你们想，蒋委员长哪会认识阿有这样的人呀。正要告诉你们一句要紧话呢——”她望着二奶子娘的背影，没入到王老爹那座黄泥墙矮屋里了，向大家丢了一个眼色，仿佛什么严重事情就要发生似的，声音骤然压扁来，许多脑袋一齐惊愕地凑过去。

“——是银花爸说的，伤兵都是些无法无天的坯子，他们仗着替国家出过力，皇法都压不住，据说在外边，伤兵吃了人家东西不会钞，买了东西不给钱，嫖呀赌呀反正是‘跌到算’，而且——哼，（她声音更严重起来）碰见单身的女人，还要——”

“啊！”女人们脸孔一红，惶然地惊呼起来。

“所以啰，”四娘子释去重负似的吐出一口气，脸孔拉得长长的，把纸煤头在胸前一指一指地说，“往后我们村坊上，大家还得门户小心一点啊，我们都是清清白白的人家，哪犯得着呢。”

太阳从菜园的篱笆上，慢慢爬了过来，四娘子的水烟筒布鲁布鲁地叫着，她显然是感到满足了。

## 三

老爹坐在河岸上一簇杨柳树底下，默默地编着草鞋，他的前面安着一架矮矮的鞋床，像只蹲踞着的小鹿似的，伸出九只短短的杈杷。老爹把草绳扣在这些杈杷上面，另一端套着缚在自己肚子上的一个木头鞋桩。他把草绳扣得紧紧的，绷成一只草鞋的轮廓，然后搓着稻草，一股一股地编织着。

干糙的稻草在他多茧的手心里瑟瑟地响着，太阳穿过嫩绿的柳条，在他灰色的头发上，洒下一点一点颤动的白光。他伛着头，把稻草穿过来又绕过去，心里也和草绳一样绷得紧紧的。

几天以来，他被一种新的惊惶和烦恼所纠缠着。儿子出去五年，现在是回来了。虽然掉了一只膊子，究竟还是鲜龙活跃的。这自然叫老人家感到意外的欣慰，可是，他总觉得儿子是换了一个人了，一点庄稼人的气味都没有，成天呆头呆脑地拉着嗓子，什么杀鬼子呀，飞机大炮呀，尽嚷着一些不相干的话，偏偏媳妇又是一个尖嘴薄舌的女人，三餐两顿总是冷言冷语的，话里头夹着刺。老爹心里好不服气。儿子究竟是吃着官家的饷粮，犯不着做嫂子的来啰唣。可是一想起儿子那副样子——像匹野马关到羊栏里，横直是个不对劲，心里又跟两股草绳似的绞搅起来。这样呆长呆大的人，每顿没有三碗大米饭不肯丢筷的，坐吃山空，将来是如何得了……

太阳渐渐地高起来，河边上的垃圾堆上蒸发出一种腐草的臭气，老爹觉得有点烦热了。

屋子的栅窗前面，挤着三两个村子里的年轻女人，探头探脑地望着，叽叽喳喳地在说些什么。二奶子娘拎着一把洗过的衣服，从屋背后转过来，尖着嗓子向那几个女人叫：

“有什么好看呀，又不是什么活宝贝……”

女人们抛出一阵吃吃的笑声，像群受惊的蜜蜂般逃了开去，二奶子娘一壁把衣服晾到竹竿上去，一壁撅起一张嘴咕哝着。老爹憎厌地向她瞥了一眼，把只刚编好的草鞋往地下猛力一掷，喃喃地骂起来：

“贱货！……”

他解掉缚在肚子上的鞋桩，从地上捡起一支短短的旱烟筒，在块石头上轻轻敲拍了两下，接着站起来，拍掉蓝布背心上的草屑，摇摆着两条柴梗般的臂膊，向屋子里走去。

屋子里又阴暗又凉快，泥地上渗出湿汗般的水分。堆在后面的一束一束的干稻草，仿佛一些郁闷的病人，拉着阴沉的、惨黄的脸孔。王大有坐在桌子旁边，跟几个村子里的长工在刮啦刮啦谈天。他跷起一只左腿，搁在另一条板凳上，裤脚管拉得高高的，二奶子靠在他毛茸茸的大腿上，凝着一双乌溜溜的眼睛，听他二叔的说话。门槛上坐着李保长家里的长工，一根香烟歪斜地吊在嘴角上。

“嘿，我们那一回在梨花山打遭遇战才好危险，妈的，敌人离开我们只有三百米远……”

“什么呀？”二奶子颈根一扭，莫名其妙地问。老爹打他们前面走过去，向儿子阴郁地望了一眼，王大有马上把脚从板凳上滑下来，笑嘻嘻地说，“爹，我正说着那回梨花山打遭遇战呢。”

“什么打糟鱼打咸鱼，我才不管你们这一套……”老爹呶呶地说着，顾自己摸到灶披里去，一阵猛烈的笑声从背后传过来。

他把旱烟筒在灰钵里轻轻拨着，听见媳妇在门外大声地骂着二奶子——

“小贱坯！你开心死了呀！吃饱了饭没事干，你在享谁的福！”

老爹望着灰钵里的火粒，干枯的脸孔像给谁揉了一下，骤然地更皱缩拢来。

王大有决定替老爹把草鞋卖出去，他相信他一定比忠厚的老爹能够多卖几个钱。

他一清早起来，吃了饭，把屋梁上的草鞋全解了下来，拿绳子一串，背在左肩上，向镇上走去。

五月早晨的太阳，还挂在青龙山的尖峰上，照着满眼油绿的田野。稻秧已经长得两尺多高了，秧尖上顶着晶莹的露珠，像含笑般在朝阳中闪烁着。他踏着潮润的泥路，从一些芋艿叶子的夹缝中间迅速地走过去，远远村庄顶上的白雾，慢慢地被阳光在揭开来。

他迎着太阳深深地吸了一口空气，空气是芬芳而甜净的。一种舒服的、愉快的感觉通过他全身。新近养胖的方方脸上，映着阳光更显出一种强健的红润。

两个穿着蓝布短衫的青年农民，驱着一头黄牛从一条小桥上慢慢走过去，他们边走边哼着一些本地的山歌，没有注意到他，王大有认识他们，想赶上去跟他们说话，但是又站住了，妒羡地望着他们转到一簇乌柏树背后去，一种莫名其妙的自尊心忽然伸入到他心里，他不屑地昂一昂头，继续向前走去。

快近市镇的时候，一只黑狗从一垛土墙背后呼的窜出来，向他狂叫着。他骂了一声赶过土墙去，几个背书包的小学生，立在墙角落里嘘着那只狗，看见王大有，立刻惊惶地退了一步。一个穿灰布小军服的向他跷起一只大拇指，卷着舌头故意地学着北方腔——

“喂，打鬼子，刮刮叫。”

“妈的，小歪种！”王大有笑了起来，露出两颗污黄的门牙，“来呀，来跟我打鬼子去呀！”

孩子们吱的笑了一声，逃开了。那只狗依旧站在远处的一个土丘上，咧着牙齿朝他呜呜地叫。

镇上喧扰着一种杂乱的嚣声，河边上碾米厂里的马达，勃勃地吐着白色的蒸气。这是一个市日的早晨，狭窄的泞滑的石板街上，挤满了人和担子，买东西的乡下人提着篮子在人堆里忙碌地推拥着。尖锐的、沉浊的争吵的声音，织成一片奇怪的音乐，像几千只胡蜂在空中营营乱飞。

王大有找到一家熟悉的什货铺子里去，把草鞋往柜台上訇然一放。

“老板，帮个忙，把这些草鞋买了吧！”

裸着半身白肉的肥胖的老板，从账桌后惊愕地走了过来，把副老花眼镜推到眉毛上面，眯着眼向王大有望了半天，“啊，啊，啊，同志——”

“我是阿有呀！”王大有咧着一嘴黄板牙，望住老板那副肥胖的尴尬脸孔，忍不住笑了出来。

“啊，阿有，阿有同志——怎么啦？”

“怎么，带了花回家啦，”王大有粗直地说，“你老板发了财哇，这几十只草鞋发个利市吧。”

老板吃惊地望望对方那只没有臂膀的袖管，脸上的肌肉哆嗦地抖动着。他沉吟了一下，逼出一阵干笑：

“呃，对不起，下回照顾吧，我们草鞋刚进了不少呢。”

"什么?"王大有睁着两只眼睛,把柜台一拍,"一点生意也没有?"

"呃,呃,"老板窘惑地点着头,"老交易,我就拿五双吧,照王老爹老价钱……呃呃……"

"妈的,五双?"王大有忿忿地翻了一个白眼,提起草鞋往肩上一甩,"谁稀罕你五双,你别把我老爹看成老实人好欺侮!"

他喃喃地骂着走了开去,老板在胸前交叉着两只肥大的臂膀,泰然地望着对面屋檐上的招牌。

他摆着那只空袖管,从人丛里挤过去,两旁的人向他投着惊奇的眼光。他在一个猪肉摊旁边,拣着一块空地站了下来,把草鞋堆积在自己的脚前。

天气渐渐炎热起来。街道上充满着汗酸和腥臭的气味,成群的青蝇和小虫在人们头上嗡嗡地打旋,狭窄阴暗的街上,很难得有太阳晒下来。

猪肉摊前面挤满了人,一个红脸孔的杀猪屠握着一把锋利的刀,忙不过来似的在砧板上刮刮地斩着。半个钟头过去了,王大有连一个利市也莫发。他妒嫉地望望那个淌着满头大汗的杀猪屠,心里焦躁起来。

偶然一个赤足的乡下人在他面前站住了,他马上捡起一双草鞋递过去,"要不要,喏,便宜一点。"

那人迟疑地向他打量了一下。

"十五个子儿,拿一双去!"

那人摇摇头走开了,王大有着急地赶上去,直着喉咙叫:"你说,你说多少,跑什么呀!"那人一声不响,急急走了。一会儿踏着一双新草鞋从那边瑟瑟地走了回来，那轻快的步子，仿佛向王大有示威似的从他前面掠过去。王大有气得火都要冒出来。向他背后狠狠地唾了一口："妈的，怕什么，老子又不会吃掉你！"

一个早晨很快就过去了。街上的人渐渐稀少起来，一条狭长的太阳光从两边屋檐下照落下来，阳光中间飞舞着薄纱似的灰尘，青石板上的水分渐渐被蒸发干了。

王大有统共只卖掉两双草鞋，一双是卖给一个本镇的自卫队员，一双是个过路的青年买去的。他心里由焦躁而变成愤怒了。他觉得什么人都对他存着一种敌意，仿佛他和他们中间，永远隔着一条鸿沟，他突然对这些人没有理由地憎恶起来。他如果手里有杆枪，或者有几个弟兄在一块的时候，他一定会好好儿给他们一顿教训："妈特皮，老子在前方替你们杀鬼子，把半条命都拼了，你们把老子当作什么仇人看待，他奶奶，老子又不抢你又不偷你，贼忒嘻嘻的干什么？难道你们只配鬼子来杀……"

他燥热起来，把灰色的单衣脱掉了，里面是件快穿成黑色的肮脏汗衫，被锯过的臂骨上长好不久的皮肉，还带着一层鲜红的颜色，隐约地露出在汗衫外面。一群不知哪里来的穷孩子，忽然出现在他前面，呆呆地朝他望着。

"滚你妈的！"他暴怒地吼了一声，把这些小孩子轰走了。

旁边猪肉摊上已经收市了。那个红脸的屠户把桶水在摊子上哗哗地冲洗着。他向王大有得意地笑了一笑：

"同志，快吃饭啦。"

王大有恶狠狠地瞪了他一眼，没有作声，"同志"这个称呼仿佛就是对他一种恶意的讥讽。他把草鞋一理，背上肩胛，走了。

他走过一家小饭铺，饭铺里恰巧开锅，一阵喷香的、诱人的白气，直洋溢到街心上来，王大有踌躇了一下，他想起早饭时候的事情，为了二奶子偷吃了几块锅巴，嫂子扭着那孩子的耳朵，死命地在他后脑上凿着，“你馋死了，你有本领到外面去赚饭吃，用不到呆在家里吃你老娘的……”那孩子杀猪似的叫着，他实在看不过，上去劝了两句，嫂子铁青着脸向他冷冷地说：“二叔，你自然不心疼啰。一块钱七斤半的米，谁吃得起呀！这么大的人了，成天不做些事，只晓得张着嘴吃，我有几只手来养他呀！”

想起嫂子那张铁青的脸孔，就好像一股火立刻从心底里窜出来。他咬一咬牙齿，狠狠地咒着：

“老子要你养？老子就不吃你的！”

他走入饭铺里去。

一顿饭，把两双草鞋钱都吃光了。他背着草鞋走回村子里来。太阳热辣辣地晒着他后脑，草鞋在背上怪不舒服地摩擦着，他拖着沉重的脚步，像只受伤的大熊那样，疲乏地走着。秧田中间的水分正在慢慢地被蒸发开来，静寂的中午原野上，弥漫着一片眩眼的白热气氛，青龙山的岩石被阳光照着，闪烁出紫蓝色的亮光。

快走到门口的时候，他看见那条小河旁边的杨柳底下，李保长的女儿银花姐跪在埠头上捣衣服。她穿着一件紧身的粉红色布衫，绿荫荫的柳条正在她颤动的丰腴的背上轻轻地拂动，雪白的膀子一下一下地挥动着，木杵在石头上发出壳壳壳的单调声音。

他心里一动，停下来，向她背后瞅了半天，接着把草鞋放在河塘上，蹑着足走下埠头去。银花姐惊惶地回过头来，脸上浮出一层好看的红晕，抿着嘴嗤的一笑。

“阿有，你去赶市的吗？”

“是的，银花姐，”王大有吃吃地说，喉咙里像塞着什么东西，他脱掉鞋子，把脚伸到水里轻轻地洗着。一圈圈水纹从他脚踝上漾了开去。

他不知道该说些什么，蠢蠢地望着银花姐洁白的脖子，他看见她那双巨大的金鱼眼睛的影子，在水波里荡漾着。

“你给谁洗衣服呀？”他问。

银花姐把木杵放下，用手揉着那堆捣过的衣服，一堆堆的白色肥皂泡沫，从石埠上被挤了出来。她还没有回答，突然一个劈毛竹似的沙涩声音，从岸上抛掷过来。

“银花——”

他回过头去，李保长站在隔壁竹篱笆门的前面，两只手笼在白布衫的袖子里，板起一张蜡黄的长脸孔向他望着，四娘子和他嫂子并坐在一张石凳上，交头接耳地在说些什么，三双眼睛一齐对他警戒地射过来。

银花姐“噢”地答应一声，洗洗手匆匆地奔上去了。王大有在水里木立着，刚才平静下去的愠怒，又重新涌上他的心头。他照老习惯把只黄板牙，像要噬人的野兽般的，在下唇上刨了两下，从牙齿缝里逼出一声低低的咒骂：

“狗肏的！”

# 四

半个月过去了，王大有意外地遭遇到一件高兴的事情。

镇上的区长派了一个勤务兵来请他去，区长亲自在办公室里接待他，告诉他抚恤金的事情，公事已经转到县政府里了，不过等部里批下来，恐怕总得半年六个月，区长再三慷慨地表示，一定尽力地替他帮忙。最后又告诉他今天晚上火神庙里要开征兵宣传大会，同时表示欢迎受伤将士，希望他能够来跟地方上老百姓作几句鼓励的演讲。

“王同志，”区长临走时，握握他的手，“你是本区的唯一勇士，我们应该对你表示敬意，我相信你一定也能给这里老百姓一点刺激的。”

王大有高兴地走回家来，把消息告诉了老爹，老爹听了也喜欢。忽然他又害怕起来，神经地抖动着手指，摸摸儿子的衣服。“阿有，你还是谢了吧，停会儿说得不好，反而惹区长老爷生气呢。”

“唉，”王大有不耐烦把老爹的手推开去，骄傲地说，“区长算什么，别说区长，就是总司令也不在我眼里，老实说，除了委员长谁管得着我们呀！”

老爹无力地垂着手，霎动着细小的眼睛，望望儿子发亮的脸孔，永远不能理解他这种狂妄的脾气。“唉，你现在是匹野马了，反正做爹的也笼不住你。”他叹了口气，在桌子旁边坐下来。

二奶子娘鼻子里暗暗哼了一声，马上溜到隔壁去告诉四娘子和李保长。四娘子坐在堂屋的门槛上剥豆子，把两片豆荚往鸡埘里一丢，撅撅嘴唇说，“啊唷唷，跑起衙门来了。区长的脸孔是长的方的，怕他还不知道呢。”

“我说嘛，”二奶子娘把手心一拍，大声地接下去，“区长老爷哪有这许多工夫来见他呀，这样四肢不全的人，恐怕替区长老爷倒夜壶还不要呢。”

李保长捧着水烟筒，摆着八字脚，在廊檐底下来回地踱方步，忽然站住了，瞪着二奶子娘的圆脸孔在意地问：

“你说区长派勤务兵来叫他的吗？”

“可不是这样说呀，”二奶子娘摇着头，野鸭子般格格地笑起来，“谁晓得呢，哼，也许就是他捣的鬼，想借区长的名头来压我呢，哎唷，保长，你说嘛，现在的人多可怕呀。”

她看见保长手里的纸煤头快烧完了，连忙从堂屋门角上一个煤头插子里，另外拔出一支来，殷勤地递到他手里。保长接过来在拇指和中指中间慢慢地捻着，沉吟一下说：

“这也许是真的。”

“真的？”四娘子和二奶子娘一齐愕然地抬起脸来，望着李保长污长的指甲，在几根稀疏的黄胡须中间慢慢地移动，“这怎么会是真的呀？”

“现在的事情是难说的，”李保长叹了一口气，把煤头接上火，呼的一声吹旺了，“目下到处不是闹着什么抽壮丁当兵吗？衙门里对当兵的自然要给三分面子，何况我们这区长，又是那么一个阿弥陀佛。”他向他老婆阴郁地瞟了一眼，“倒是往后，我们要各自小心一点。”

四娘子把盛豆子的篾篮一推，翻起两只猪眼睛，气忿忿地说：

“这个世界有什么话说。从前古人说得好，好铁不打钉，好男不当兵，现在倒说反过去了，你瞧！”

二奶子娘垂着两只手，嗒然地木立着。李保长摇摇头，又继续摆着八字脚在廊檐底下踱起来。

吃过晚饭，二奶子就像苍蝇粘着胶糖似的，紧紧地贴在他二叔的大腿旁边，催着他早点到火神庙去看戏。

“不许你去！半夜三更出去做什么？”

二奶子娘正在抹桌子，听见儿子在二叔屁股背后咕噜着，突然暴出两颗眼珠骂起来。

“我要去呀，我要看戏呀！”二奶子紧紧地拉牢他叔父的衣角，大声地号。

“过来！”二奶子娘虎着脸赶过去，一把扭住了儿子的耳朵，“谁许你去！我们没有福分去当兵，你去配做什么？”

孩子杀猪似的叫起来，二奶子娘劈面一巴掌，把他拖着往灶披里跑。

“你跟我犟？你仗着谁的牌头跟我犟？”

哭骂和扑击的声响从灶披里什乱地迸射出来，连堂屋的椽子都似乎在扭动了。

“他妈的！”王大有把拳头在桌子上猛地一搡，桌上的蜡烛火陡地跳了起来。老爹慌忙向他摇摇手，“算了，算了，你管自己去吧。”

他绝望地瞅了老爹一眼，老爹两只朦胧的小眼睛在幽弱的灯火下可怜地霎动着，他无可奈何地把右手一抛，推开门出去了。

火神庙的院子里，黑压压地挤满了喧闹的群众，戏台上黑色的布幕，静悄悄地垂着，汽油灯在发出嗞嗞的叫声。王大有从人丛里挤进去，汽油灯强烈的白光刺着他的眼睛，几乎睁不开来。

他走到班子房门口，区长正在那里面忙着什么，看见他进来，立刻拍拍他的背，高兴地说："好，你来了。"

一张长方桌的四周，围坐着一群男女青年，忙碌地把些油膏什么的往脸上使劲一抹，桌子上面杂乱地放着胭脂、白粉、假须和其他东西，汽油灯的光芒把屋子里逼得怪热的。

区长把他介绍了，那群脸上涂得妖怪似的青年，一齐站起来向他拍手。王大有望着旁边一个搽着满脸黑煤的小姑娘，忍不住扑嗤的笑出来。

"可以开幕了。"区长看看手上的表，拉着王大有往戏台上走去。幕布后面古怪地堆着一些麻袋和插着几根树枝，光线很幽弱，区长摸出一个叫子吹了一声，从幕布缝里钻出去。

王大有坐在一只麻袋上面，看见区长瘦长的黑影在幕布上左右地摆动。区长在大声地说些什么，台前的喧嚣渐渐低了下去。

突然一阵掌声，区长又从幕布里钻进来，把王大有匆匆拉出去。

台下发出一阵喧笑，几百只溜动的眼睛，像片海似的在他面前浮动起来，王大有吓了一跳，心脏别别地跳着，两只腿和站在棉花上似的几乎要软下去。

"各位同胞，"区长把手交在背后，从容不迫地说，"这位就是我们八云镇的勇士，从前线杀了鬼子回来的王大有同志——”

“嘻嘻……阿有……阿有……王老爹的儿子……”

台底下又是一阵吃吃的笑声，王大有脸孔一红，看见许多手指在望自己脸上戳过来。

“王同志为了我们把一只臂膊牺牲了，”区长把他那一只左袖管一提，大有马上害羞地缩回去。“他是我们八云镇民众的模范，我们大家应该来欢迎他……”

区长的声音骤然一提，把只手高高举起来，大有看见台下左角上一个穿中山装的小学里的教书先生，向着台前一些排着队的小学生歪歪嘴：“拍手！拍手！”

人海中间零零落落发出一阵炒豆子似的拍手声音，接着又是一个怪声的“好！”

区长向他弯弯腰板，“请王同志说话。”

心更猛地跳起来，几乎要冲到喉咙口，他把只手在裤缝上窸惑地摸索着，眼睛呆呆地望着翘在黑暗天空下面的殿角，咳嗽了一声。

“各位同胞——”

他忽然记起了，把手提到帽檐边，行了一个立正礼，眼睛仍然紧紧地盯住黑暗的殿角，台下又是一阵哄然的笑。

“我，王大有，呃——”他仿佛背书似的，竭力去记起在路上想好的话，他在路上的时候曾经模仿过他们连长演说时候那种样子的姿态和常用的语句，现在不知怎么一来，全忘了。那只右手就好像给什么缚住似的，再也提不起来，背脊上像有什么东西在烫着，汗珠不住地从额角上流下来。

他把尽他所能记得的话，一齐急促地背出来，殿角上的瓦片似乎也在向他发笑。最后，他忽然灵机一动，无师自通地叫出了两句，声音特别洪亮："我们要打倒日本帝国主义！中华民国万岁！完了！"

他没有管区长，匆匆逃到幕布里面去，背后像夏天的雹子似的撒过来一阵笑声和喝彩。

"好哇……哈哈哈……"

他喘了一口气，把心跳平住了，区长又过来跟他握握手，派一个勤务兵陪他到前台去看戏。

勤务兵替他在最前面安了一张板凳，请他坐下。他的两旁是一群穿灰布军服的小学生，他看见那天在墙角落里嘘狗的几个也在里面，那个顶小的，依旧向他跷一跷拇指，卷着舌头说，"王大有，打鬼子！刮刮叫。"

戏还没有开始，王大有凝凝地望着垂下的黑色幕布，幕布上贴着一块白色的横条，写着九个鲜红的大字：

"当兵是最光荣的事情。"

背后叽叽喳喳的说话，愈来愈响了，似乎都在说着他自己，他偶然回过头去，几万只眼睛立刻像一大群鸡似的向他追啄过来。他赶快把头一别，仿佛还看到四娘子的猪眼睛在向他直盯着。

前面依旧是那九个大字，在汽油灯底下发着闪闪的红光。

王大有局促地坐在小孩子们的中间，仿佛背上有什么东西在刺着。戏场里很热闹，两旁廊檐下的点心摊上，在喷出诱人的香气，有些人点起一支小蜡烛，躲在墙壁角落打纸牌，女人们坐在后面的高凳上嗑着瓜子。这一切和他仿佛是两个世界，他坐不住了，没有等戏开幕，就偷偷地溜了出来。

田野里一片漆黑，月亮还没有出来，夏夜的天空上闪烁着苍白的小星，一阵轻快的微风，掠过王大有的灼热的脸颊，好像洗过一个爽身的澡。他沿着村道默默地走去，路旁田野里的稻秧在瑟瑟地作响，火神庙的灯光，映出在他背后的天空上，好像是黎明时候泛出在地平线上的一抹鱼肚色的曙光。

快到家门口的时候，他看见黑暗中有几点暗红的火星在闪动。他问了一声：

“谁呀？”

他走过去，看见老爹手里握着三支香，在门口默默地祝祷，接着，朝天作了一个揖，把香插到门柱上一个隙缝里。

“爹，这样晚才烧天香吗？”

老爹没有说什么，同着他穿过漆黑的堂屋，走到房里去，房里燃着一盏幽暗的青油灯，火光只有豌豆那么一粒大小，低窄的屋子里，到处都充塞着巨大的黑影，仿佛就要向这微弱的灯光扑过来似的。

老爹在桌子跟前一张挂着蓝布帐子的床沿上坐下来，帐子上映着他瘦小的黑影。

“唉，今晚家里闹得好厉害，”老爹沉重地叹了一口气，把灯芯略略地拨得高一点，帐子上的黑影便随着抖动起来，“你出去后，你嫂子把二奶子打得好凶，二奶子撞天撞地地哭，闹得屋子都要翻过来，好容易才弄睡了，所以挨到现在才烧天香。”

“她说些什么？”王大有坐在桌子这边一张板铺上，不服气地说，“孩子要看戏，也不算犯什么罪，哼，她还不是看不惯我。”

老爹不安地侧过头去，指指床栏背后的板壁，隔壁房里静悄悄的，偶然透过来一阵低弱的鼻息。

“唉，还不是为了这个，女人家器量就和铜钱眼一样小……”

“他妈的！”王大有突然把桌子一拍，站了起来，“她把我当作什么人？我有抚恤金好领，又不是白吃她的，轮着她噜苏什么，家里的钱又不是她挣来的！妈的！叫她起来，我来问她！”

“算了，算了！”老爹恐怖地望着儿子暴突的眼珠，摆摆手，“我实在怕你们闹，好容易才睡下了，半夜三更又闹得鸡犬不宁的做什么……”

“哼！”王大有怒冲冲地哼了一声，重新坐下去，“她太岂有此理了，我什么人没有见过，几时应过她这种女人！”

老爹把指甲在桌子上轻轻弹着，忽然擦了一擦朦胧的小眼睛，望着儿子说：

“这些女人家总是见钱眼开的，你没有大把银子带回来，她肚子里就觉得好像你欠着她什么似的。我看，阿有，你这样白住着也不成事，虽然断了一只膊子，总得找个小本生意做做，你说呢……”

老爹喃喃地抖动着两片薄薄的嘴唇。在幽暗的灯光下，阿有看到他皱折的眼角上微微有点潮湿，老爹的说话是那样委婉而慈爱，但却像含着一种什么力量似的，使王大有不敢去接触他的眼光。

“爹，我一定干，我明天问区长去借钱。”他爽直地说。

“区长——官家的钱哪里用得？”老爹摇摇头站了起来，背着手在屋子里来回走，庞大的黑影随着他身体来回地移动，一会儿推到屋顶上，一会儿又落下到地上。屋子里骤然静寂起来，床栏后面的米缸角里，一只老鼠在吱吱地叫。

老爹踌躇了半天，忽然走过去把房门闩了，走到儿子的前面，抬一抬手说：

"阿有，你站起来。"

"什么?"阿有愕然地站起来，望了老爹严肃的脸色。

"你帮我把这张铺抬开来。"

"抬开来? 做什么?"王大有益加惊奇了。睁大着两只眼睛，莫名其妙地站着。

"你莫管，"老爹没有说什么，催着他把板铺抬开，床底下还有一些缸瓮之类，老爹轻轻地把它一只一只移开，每一个动作都极其郑重，谨慎，生怕给什么人听去似的。

"爹，究竟做什么呀?"王大有着急起来，跺跺脚说，"这……"

"莫响!"老爹连忙摇摇手，脸上的肌肉绷得紧紧的，他伛着身体蹲在屋角里，把一块石头翻起来，从底下捧出一只污泥的小瓮，上面还盖着一块厚厚的砖头。

老爹叹了一口气，把瓦瓮放在桌子上。他移开瓮口上的砖头，从里面摸出两个红纸包和五个白纸包。

"阿有，"老爹把一包红的和两包白的放到儿子面前，手指像发疟疾般猛抖着，"这是你爹积下来的一点送老钱。这红的每包是十元大洋，这白的每包是五百铜板，现在你拿一半去，明天去批一点香烟杂货来做点生意。你千万莫说是我给你的，就说区长老爹借的好了。"

王大有几乎忍不住了，眼泪从他眼眶里暴出来。他浑身打颤地扳着老爹的手，几乎要跪下去。

“爹，这……这什么话……儿子怎能用这个钱……难道要天雷打杀儿子不成……”

老爹的小眼睛也给眼泪糊住了，他抖抖地握着儿子冰凉的手，嘎着声说，“别……叫这样，阿有……只要你肯争气，……怕没有银子回来……”

老爹喉咙里给什么哽住着。

“爹，爹，这不能够……”王大有抚着老爹花白的头发，热泪簌簌地掉在老爹枯皱的脸颊上，房子里什么东西都似乎旋动起来，青油灯的微火变成一丝一丝的金光，向四周迸射开去。

他扶着老爹靠到床上去。钱一包一包放回到瓮子里，盖上砖头，依旧捧到原来的地方藏好了。油灯上爆出一个微弱的绿色的火花，屋子里的空气突然冷了起来，二奶子磨牙齿的声音从隔壁房里传过来。

王大有在灯光前面木立着，他紧紧咬着下唇，几分钟没有动，心里就好像有几千只蚂蚁在咬着似的，他突然旋过头来，冲到门边，把门闩一拔，跑了出去。

“阿有——”

老爹沙嗄的声音从背后追过来，王大有没有回头，只应了一声：

“爹，我到外面凉凉就来。”

他走到黑暗的河边，在杨柳树底下，拣块石头坐下来，田野像死一般的静寂，河水在他脚下潺潺地流过去，满天的繁星向他映着苍白的眼睛，杨柳树在旋风中发出轻轻的太息。

他息了一会，激动的情绪慢慢平静下去。半个月来的事情，像电影般在他脑膜上旋过去。他看见嫂子团鱼样的圆胖脸孔，四娘子的猪眼睛和尖嘴巴，李保长焦黄的鸦片鬼相，和村子里许多熟悉的脸孔……刚才戏台底下那些乌溜溜的眼睛，忽然都在四周的黑暗中现出来，前后左右地盯着他，向他霎动着。他仿佛听到他们的笑声，又仿佛听见四娘子跟嫂子在切切地谈话。他突然暴怒起来。

"妈的皮，伤兵就该你们欺侮的!"

他把牙齿在下唇上轻轻地刨着，想起他那只手臂来，那是前方医院的一间手术室里，巨大的玻璃瓶中，药水浸着一只枯黄的可怖的断臂，哦，那就是他的手臂——他拿它种过田，打过草绳，杀过鬼子的手臂！"我的奶奶!"他使劲地咬了一下嘴唇，记起受伤的那一天，鬼子的飞机是怎样在他头顶上咆哮盘旋，弹片是怎样钻入他的手臂里，他又记起怎样给送到医院里去，那个小胡子的伍医官怎样坚持着要锯掉他的臂膊，而当他从手术室里抬出来重新清醒的时候，发现他的手臂已经锯掉，他是怎样彻心彻肺地痛哭，他把伍医官叫来，狠狠地骂了一顿，那家伙只是绷着脸孔，冷酷无情地说:"不成呀，非锯掉不成呀!"

"狗肏的!"他挥起拳头向前面黑暗中一击，一条柔嫩的柳枝从他手背上擦过去。

戏场大概散了。远远村道上几盏灯笼在闪动。灯笼底下走着一个行列，小学生们在唱着悲壮的歌曲，歌声被夜风播送到广漠的原野。

他——杀死我们同胞，
他——强占我们土地，
全国同胞快起来，
我们不做亡国奴隶！
……

这支歌，王大有听得烂熟了，但是今天晚上，在这孤独的黑暗包围之中，这凄壮的歌声却像给他一种什么启示。他突然被感动起来，一种什么东西像潮水般的在他胸中起伏。

那些灯笼渐渐远去了，歌声依旧在繁星闪烁的天空中萦绕着。

两条黑影子向他走过来。忽然电筒一亮，李保长的声音在问：

"是谁？"

"我，怎么样？"王大有在黑暗中向他眨了一个白眼。

李保长耸一耸肩膀，默默地走了，他的后面是那个猪眼睛的四娘子。

"唉，"王大有站了起来。他突然决定了，把拳头紧紧地一握，"我还是回前方去！"

他走回到自己房里。老爹过度激动之后，已经靠着床栏睡着了。桌子上的青油灯里，只剩得一粒幽绿的微火，老爹低微的鼻息在惨淡的微光中规律地起伏着。

"爹，"他叫了一声，不忍去惊醒他，把蓝帐子轻轻放下，旋过身来望着那快熄灭的青油灯，又喃喃地重复一遍：

"我还是回前方去。"

# 五

××后方医院的院长，是个像大雄鸡似的魁梧的人，有一颗紫色的发亮的秃顶，只有后脑勺上微微剩着一簇灰色的头发。他喜欢笑，笑起来就像机关枪似的震动整个的屋宇，弟兄们喜欢他，替他起一个绰号叫“汽油灯”。

他换上白衣服，刚准备到病房里去，忽然门开了，一个伤兵出现在他巨大的写字台前。

“唉！王大有?”他秃顶上突然一亮，惊异地举起手来，“你，你怎么又回来啦?”

“报告院长，”王大有注视院长的秃顶坚毅地说，“我要回前方去!”

“回前方去?”院长仰着头格格地大笑起来，“哦，我的天!你上回不是要求回家吗? 怎么又是上前方? 你短了一只膊子，怎样能上前方呢?”

“报告院长，”王大有一动不动地直立着，几乎连睫毛都没有霎动，“我这只手还能打仗呢，我不愿呆在家里，我呆不惯。我请求院长准许我。”

院长向他方黑的脸上惊讶地注视了半天，从他发亮的秃顶上，王大有几乎瞧见自己的脸孔。

“你是不是生活没有法子解决呢?”院长的眉毛微微一蹙。“如果家里没有法子呆的话，你还是到残废院去吧。”

“残废院?”王大有像被侮辱似的叫起来，“啊，我为什么要进残废院? 我要上前方去杀鬼子，院长!”

“那你是说——”院长走前一步，握住他的手，“你究竟为什么呢？你伤口才好不久呀。”

“报告院长，没有为什么。我们当军人的，只有去杀鬼子，别的我干不来。”

“是为了国家民族吗？”院长的眼睛紧紧盯着他，“是为了抗战吗？”

“是的，院长。”

“真的吗？”

“真的。”

“不后悔吗？”

“决不！”

“好，王大有！”院长的声音简直像颗炸弹爆裂开来。他忽然把王大有的手紧紧地一握，几乎痛得王大有要叫出来。

“好，王大有，你真够种，你是咱们××后方医院的光荣。我准帮你的忙。来！勤务兵！”

他粗鲁地拍着桌子上的叫人铃，勤务兵走进来。

“去叫李文书来！”（文书立刻出现在门槛上）“马上带一个公事到伤兵管理去，说二等伤兵王大有请缨重赴前线，情真词切，请予照准，并转呈上峰奖励……”

两小时以后，院长把院里全体轻伤兵在操场上集合起来。他和王大有站在阶沿上，一幅巨大的布旗，插在他们背后，写着十个大字：“欢送受伤英雄重上前线！”

“同志们！”院长提高嗓子说，“王大有同志，是本院的模范伤员，他在江西折了一只膊子，现在又坚决要求重上前线。这是我们××医院的光荣，是我们抗战的英雄，是中华民族的好男儿，也是中华民族不能灭亡的铁证！”

院长兴奋地演说着，接着又是热烈的唱歌，喊口号。最后欢送的队伍出发了，王大有和院长在布旗底下并走着。

走出大门的时候，院长又重新握他的手：

“再见了，我们的英雄！”

“英雄？”王大有微微地耸一耸肩膀。

1940年4月25日，《现代文艺》第1卷第1期

# 海　塘　上

赵七喇子从三七市陈家赌台上出来，已经三更多天了。

他握着一支电筒，沿着往李家桥的官塘大路踉踉跟跟地走去。从海湾上吹来含着盐质的风，拂着他刚才被高粱酒烧炙热了的脸颊，仿佛洗过了一个澡，一种轻松的快感直透入他的背脊里，他吹了一声口哨，把手里一件密门钮的紧身夹袄，往肩膀上一搭，张开右臂，学着戏台上的薛平贵念起白来：

“天啊，困煞俺英雄也——”

远远的，靠着海塘右首一簇柏树丛旁边，一个火把倏地闪过去，荒坟滩上，野狗随着 woo woo 地叫起来。

“妈的，输了十八吊钱值得什么鸟！”他把脑袋一摆，“秃”地向棉花田里吐了一口唾沫，“老子跑过五六年码头，左手来，右手去，这几块钱还饿得死老子不成？嘿嘿！……”

酒气一阵一阵往上涌，他感到脚下的大地仿佛在浮荡起来。他把胸前衬衣的纽扣一齐敞开，凸着肚子，七高八低地踏过去，路上石板在他没有规则的步子下，震得咯登咯登地响。四周田野里成熟的棉花，在夜风中瑟瑟地作着絮语，西边黑墨一片似的海湾上，隐隐可以听到潮水冲击着海塘的响音。八月下旬的月亮早下去了，只有西北角上几颗苍白的小星，朝着他冷冷地眨着眼。

“唔，非弄他妈的一些油水不行！”赵七喇子似乎记起了什么，摸摸他空瘪的口袋，里面只剩下半段吸残了的香烟，揉乱得不成样子。他把它燃着了，斜吊在嘴角下，一阵暗红的火星，被夜风刮着，向黑暗里飞舞开去。

woo woo！四周的狗更狂暴地吠起来。

“叫你的魂！”赵七喇子忿忿地捡起一块三角石头，使劲地向地面荒坟滩上扔过去，手里的电筒随着他身体一斜，在黑暗的天空中，劈出一条迅速的白痕。

但是那些狗并不曾理会他，愈叫愈猛烈了。柏树丛背后又是两个火把移过去。有人在低声地叱着狗。

“唔——？”赵七喇子耸一耸肩膀，立时把电筒捺熄了，叉着膊子，站在一株老树底下冷观着。

那火把沿着海塘向泥涂上慢慢地走下去。浪涛似的海风，呼呼地吹着乱动的火焰，一股股的黑烟，从几个模糊不清的人头上旋过去。海湾里有人在吹口哨，随着訇然一声，似乎什么笨重的东西坠落在船舱板上，一阵低弱的喧嚣声，从海上传过来。

“哼！干的好勾当！”赵七喇子从鼻孔里冷笑了一声，一肚子的火都冒起来，李老二简直不是朋友，私盐船到了港，也不招呼一声。“我赵老七就不晒盐板，给你们帮个忙，也不算吃亏呀！没良心种子，弄到油水专望自己口里独吞，这还能在江湖上混吗？嘿，来得正巧，老子刚没钱使呢，看你还撇得开老子不成？”

赵七喇子越想越忿恨，刚平下去的酒气又在胸膛里燃烧起来。他把衣袖一卷，仿佛准备跟谁打架似的，恶狠狠地向海塘上闯过去。那件黑湖绉的夹袄给风吹得刮辣辣地作响。

黑暗里有人嘘了一声，一只庞大的黑狗，从海塘上虎地向他呼地直扑过来。他猛退一步，飞起右腿，对狗肚上使劲踢去。

“瞎了眼的野畜生，你把我赵老七认作什么样人！”

“谁？”对面一只手电筒骤然一亮，一个矮胖的身体正在向他走过来。

“谁？——我！”赵七喇子的手电筒也亮了。一个半秃的脑壳，和一张惊愕的圆脸突现在他前面，那张脸上一对猪眼睛似乎抵不住强烈电光的刺激，骤然和眉毛一齐缩拢来，幻出一副和猩猩般的狞恶的脸孔。

“呵，刘三爷！”赵七喇子出乎意料地叫起来。

“嗯，是你？赵七喇子？”刘三爷的声音里显然带着一种勉强的镇静，“怎么样？”

对面的电筒熄灭了。十几丈外，几支火把照出海塘下面泊着一只三支桅的沙船，五六个汉子正抬着木箱，从跳板上亥荷杭荷地走过来，火把的煤烟往岸上乱窜。

“哼！”赵七喇子愣了一愣，立地明白了——好家伙！原来是你干的这好玩意儿呵！还叫人家别买东洋私货呢。打谅老子不知道。你在这买卖上捞到了多少？嘿！这才是老子运气来啦！做得好干净的手脚，当汉奸，贩私！到衙门里教你认识我老赵！嘿！哼哼……

“怎么样？老七？”

“好呀，区长先生发财啦！”赵七喇子肚子一挺，得意地狞笑起来，“半夜三更，干的好买卖，这个油水可比贩黑货还厚些吧？哈哈……”

对方沉默了一下，两只眼珠在黑暗中不住地闪动，似乎在想着什么。那只黑狗匐伏在主人脚旁，对赵七喇子发出呜呜的声音。

江里的潮水正退了，海水激着塘下的泥涂，一阵一阵的哗哗地响。

“嗯，”刘三爷一只肥白的手突然落到赵七喇子的背上，赵七喇子不安地扭动了一下，随着又是三爷的声音，怪亲热的：

“老七，你我本乡本土的人，发财还少你的份吗？我要请你帮个忙，事后自然有你的好处的。……”

赵七喇子咬着嘴唇没有说话。心里却忍不住冷笑：“真够漂亮哩，五月里一场赌案，吃了两个月官司，可不是你帮的忙？这会儿……”

“你瞧，”刘三爷拍拍胸脯继续说下去，“我刘某人向来办地方上的事情可亏待过什么人没有？怎么样……你刚才打哪儿来的？老七，唔，抽支烟吧。”

“啊，三爷，帮忙可不敢当——”赵七喇子停了一下，把烟燃着了，慢慢地喷着，“可是，……这事情大呢。司令部里抓到汉奸，就要……哼，三爷，你总明白吧……”

两个侉汉抬着一只板箱，亥荷杭荷地从塘上走过去。那边一个火把照着他们。赵七喇子顺眼瞧了刘三爷一下，那张圆胖胖的脸孔，板得像生铁铸成似的，半个葫芦般的秃顶，亮晶晶地映着火光，仿佛一个透明的玻璃球。

“唔，”刘三爷脸上一条横纹肌肉忽然横地里一搐，又一次拍拍赵七喇子的肩膀说,“我们走几步吧,我有话跟你说。”

赵七喇子把牙齿咬着下唇,慢慢地刨了几下,拉下肩上的夹袄,一面穿,一面跟在刘三爷背后,沿着海塘向船旁默默走去。黑狗跟着他们,不停地嗅着赵七喇子的后跟。从高旷的海塘上望下去,那只沙船上,照耀着几支火把,火光中幢幢地动着许多人影。黑漆漆的,寥廓的大海衬映在他们背后,仿佛一幅神秘的巨幕。在跳板的这一端,站着一个戴鼓铜盆帽的高大个子,手里提着一盏风灯,另一只手里挥着一支竹筱,在大声地嚷着什么。

赵七喇子伸手摸一摸自己的下巴,心里暗暗地忖着:“真好家伙!怕没有三五千银子的货色……”

刘三爷突然停住了,回过脸来,——

“老七,”他用异常坚决的声音说,“你知道,三爷做事,向来不讲狗屁倒灶的,你是本帮人,今晚这忙非得你帮不可,喏,这儿——”他把肚子蓦地一挺,像要小便似的把长衫下摆忽喇掀起来,在肚搭里掏了一会……

“喏,这儿先拿二十去,回头算了账,少不了还有你的份。怎么样?唔?”

两张簇新的钞票轻轻地塞到赵七喇子的手里。他突地吃了一惊,酒意全惊醒了。拿了人家二十块钱,在赵七喇子本来不算什么一回事的。可是这是刘三爷的钱呀,他能轻易拿得吗?这老狐狸向来是马蹄刀切菜,滴水不漏的,现在居然一出手就是二十,哼,这中间……

“怎么样?”刘三爷又紧逼了一句,那对猪眼睛,仿佛两把钻子似的,有力地盯着他的脸。

“二十块?”赵七喇子心里冷笑了一声,“哦,二十块钱想来买服老子吗?哼!也不想想看,这是什么罪名呵,明天老子跟你闹到司令部大堂上去,怕你这老奸皮不乖乖地倾家荡产给老子看?”

双方沉默了一下,那个戴铜盆帽的大汉,提着风灯走过来了。

“你不干?”猪眼睛上面两条浓黑的眉毛,陡地往上一挺,那张圆胖脸,就跟着向这边逼过来。

“不是……三爷,”赵七喇子狼狈地退了一步,霎着两只眼睛,呐呐地说,“这钱我可不敢当,不过……”

“没有事,”三爷仰起脸孔,发出一个粗粝的狞笑,拍拍他的长衫,泰然地说,“地方上的事情是我办的,我怕谁捣蛋?哪一个不要命的杂种敢!”

海风一阵一阵地吹过来,赵七喇子手指中间那两张新钞票吹得瑟瑟地响——似乎一种什么力量在诱惑着他。那个高个子把风灯一放,在他们前面停住了,抓下头上的帽子,一只手在脑勺上搔几搔,斜着一双红眼睛向赵七喇子上下打量着。

风灯的光从下面照上来,四只带着诱惑与威吓的眼睛同时盯着赵七喇子,他觉得自己仿佛一寸一寸地在矮了下去。“哪一个不要命的杂种敢!”刘三爷斩钉截铁的话,像一支箭似的直刺中了他的心。真的,他能碰得过刘三爷吗?为了一场赌案,还吃上两个月官司呢,好汉不吃眼前亏,管他妈的,拿了他的钱再说!

他轻轻地顿一顿脚跟,把钞票往口袋里一塞,逼出一个苦笑说:

“好吧，三爷的话，我敢不听吗？我赵七混了这几年，还怕什么呀？”

刘三爷脸上的肌肉突然松弛了一下，立刻又紧了。他回过头去，向那高个子丢一个眼色。

“老罗，把这位朋友带到船上去帮个忙吧。他是我们的自己人。”

那个被叫做老罗的向赵七喇子轻蔑地眨了一眼，提起风灯对他脸上一晃：

“去吧，朋友，你的财运来啦，这个年头儿，有财不会发，才是天大的傻瓜！”

赵七喇子木然地朝他对望了一下，跟着他踱下跳板。风灯的光把两条长的影子，直拖到黝黑的泥涂上。海水里倒映着船上的火把，像几条火蛇似的在那儿不停地扭动着。中桅底下，一个乌瘦的汉子，弓着身体，正在搬动一只木箱，一壁用满口的江北腔喃喃地怨骂着。

“辣他妈妈，人又不是铁打成的，几百斤吃肩的担子，连一口气也不叫歇！”

“我操你的！”老罗睖起一双红眼睛，恶狠狠地赶过去，朝着那黑汉子的屁股上猛地一脚：

“你叽哩咕噜些什么，要愿意回到江北去！”

那个苦力吓了一跳，摸摸屁股，挑起担子走了。老罗回过脸来，向赵七喇子示威地瞅了一眼，用命令的口吻说：

“到这边来，把这些货翻到舱面上！”

“唷！”赵七喇子不服气地把头往斜地里一侧，像要说什么似的，接着，翻了一翻眼睛，把袖管一卷，向船头上走去。

船头上插着一支火把，被海风吹得忽喇喇地响。几个高大的赤膊侉汉，每人肩上搭着一条汗巾，突起臂上的肌肉，正在搬动着一些板箱和大蒲包。他们惊奇地瞥了赵七喇子一眼，没有说什么，依旧低下头去，像一群笨牛似的把舱底里的货用力拖出来。

赵七喇子从一个人手里接过来一只沉重的麻袋。一股霉潮的气味直冲入他的鼻子里。他抬起脸来透出一口气。

“好重哪，什么东西啊？”他望望老罗说。

老罗没有作声，一张粗黑的西字脸，抬得高高的，满嘴的金牙齿在火光中闪烁着。身上穿着一套崭新的黑香云纱短衫裤，一只大袋似的肚皮底下，拖出半段白纺绸汗巾，在海风里拂拂地摆动。

“——唔。”

“朋友，你尽管问它干吗？”老罗鼻子里哼出一个冷冷的声音，不耐烦似的说：“三爷挑你发了财还不够？”他似笑非笑地哼了一声，提起风灯，往岸上走了。

赵七喇子怔怔地望着那高大的背影从跳板上走远了，突的向船面上重重地吐了一口涎，“妈的，神气你的鸟，老子——”

“吓！”旁边一个害烂疤疮的人，把头颈一缩，向他伸一伸舌头，喃喃地说些什么走开了。

货物一箱一箱从舱底里吐出来，又一箱一箱地被苦力们抬起走了。舱面上渐渐地宽敞起来，赵七喇子歇了一口气，坐在舱边向海塘上望去，刘三爷和老罗站在一块儿说话，风灯放在他们脚前，照出一长一矮的两个轮廓，一星暗红的香烟火，在刘三爷嘴角边一亮一暗地闪烁着，老罗起劲地摆动着他的手，似乎正在谈着一些什么要紧的事情。几个抬货的苦力，像在电影里似的，从他们身旁急急地掠过去。

“三爷真是个角色，”赵七喇子望着刘三爷那副深思熟虑的神态，暗暗地想，“那一年贩黑货可不是发了好几千。跟他去作对真犯不着。好在今番把柄已经落在我手里了，往后去也好多沾他一些光！”

他摸摸口袋里二十块钱，那两张新钞票在他手指中间发出窸窣的声音，他感到一种暂时的满足。刚才一股忿恨，仿佛全给海风吹散了。他站起来学着老罗的口吻，向那些苦力们大声地叫：“喂，快一点！”

最后一箱发出去了，舱面上只剩下一些杠棍和麻绳，杂乱地散在那儿。苦力们用汗巾擦着脸，都回到舱上来。火把被熄灭了。一个水手模样的人走过来，在中桅上挂起一盏灯。

赵七喇子拍拍衣服，打算走上岸去。刘三爷和老罗一前一后地从跳板上走过来。

“慢着！”老罗把手向前一推，坚决地说：“跟你们说句话。”

赵七喇子愣了一下，望望老罗背后的三爷，三爷正掉过头去，好像向黑越越的岸上在张望什么。他迟疑一下，慢慢地退到船尾上。

“呵！——呵！什么呀？”他还没有站住，两只手从背后被抱住了。他猛力地一挣，想掉过身去，一支手枪赫然指在他的太阳穴上，那些苦力们吓得一齐惊跳起来。

“不许动！动一动，就要你的命！”

老罗两只红眼睛，染了血似的，凶暴地盯着他。一种昏乱的恐怖向他直压下来。冷汗一颗一颗地尽往脸上淌。

“三——三——爷——”

刘三爷站在桅杆底下，没有理会他，只是举起一只手，向那些惊呆了的苦力和水手们叫：

“你们听着！这个人是司令部派来的走狗。他半夜里跑来打听我们。我们全船的性命都在他的手里，今天有他就没有我们，有我们就不能有他！”

三爷的声音全然变了，仿佛一只野狼在吠似的。他摇着圆胖的身体，重说了一句：“有我们就不能有他！”“冤枉呀……饶命哪……”赵七喇子浑身乱战，想提起手来，但是已经给老罗缚住了。刘三爷青筋暴突的圆胖脸孔，像要吃人似的，渐渐的逼近到他的面前。

“你做了鬼可莫怪我，”三爷的手指直指到他的额角上，“今天晚上的事是你自己找来的。哼，半夜三更，想来抽我的后脚。你简直在太岁头上来动土！我姓刘的混了三十几年，还肯落把柄在你这种东西手里？哼，今天晚上可对你不起了！”

他突然把手伸到赵七喇子的口袋里，把那两张钞票一抽出来，擎得高高的，向那些苦力们大声地说：

“这里二十块钱，你们拿去分！我的钱可不能给狗使的！——来！把他摔下去！”

“救——命——呀！”

赵七喇子逼出一声颤栗的惨叫，冲破了霎时紧张的沉默，跟着一个巨浪向船边扑过来，船起了一阵猛烈的震动。

1939年4月，《文丛》合订本

# 欺　骗

隔溪山坳的寺院里，传来一响悠长的钟声。坐在溪边敲石子的何老太婆，把手里的铁锤子停了一下，抬起脸来，初冬下午的太阳已经偏到对山的山脊上了。

山脚底下的溪水，照在夕阳光里，越发显得绿艳艳的，像一幅发亮的绸子。一只竹筏迎着太阳正从下游缓缓驶来。筏夫们倒挂着身体，顶着篙子，用力地往后推去，一壁唱出"唉——伊唉——啊"的凄楚调子。细长的竹篙，映着晚霞，在平静的水面上割裂出一条条金光闪烁的波纹。那只竹筏在隔开不远的溪边拢住了，有几个客人陆续跨上溪滩，向村子里走去。何老太婆望了一会，把眼睛收回到近处来，离开她坐处约莫五六丈远，一块靠溪边的岩石上，两只麻雀在啁啾地找觅着什么吃的。她凝着一双深陷的老花眼睛，只管瞅着那对麻雀的褐色尾巴，一翘一翘地跳动，在阳光底下抛掷着两颗小小的黑影。她似乎是在想着什么心事，一对灰白的眼珠在眼眶里呆呆地停着，可是实际上她却连什么也不曾想，也许压根儿什么也没有瞧，光是那么痴痴地呆着，直到那两只麻雀呼的飞了开去，这才惘然地惊觉过来，抓起铁锤子，对着身体前面那些碎石块，又叮哒叮哒地敲起来。

环绕着她身体四周，尽是一堆堆的大小石块；有的像饭碗那么大小，有的已经敲成和铺在公路上一样的细石子了。稍远的岩壁旁边，像小丘一般还堆积着更多的从山上开采下来的碎石块。在这些石块和石子堆中间，踞坐着十来个破破烂烂的老婆子，谁也没说话，各顾各地在敲着石子。虽然是初冬下午的太阳，晒在这些白森森的石块上，依旧散射出一种难忍的干燥气。山脚边有一条斜坡通到底下溪滩上去，一个戴铜盆帽的监工，站在那斜坡上面大声地骂人。敲石子的声音陡地紧起来，那声音仿佛是向溪水里飞溅开去，立刻又从对溪的岩壁上激撞过来。

何老太婆却没理会，永远是那老样子不快不慢地敲着。她在这里已经足足坐了五个年头，从来就不理会人家，也不跟别人说话，人家也就懒得去跟她兜搭。她仿佛把自己变成了一部单纯的机器，只要一抓到那铁锤子，就本能地叮哒叮哒地敲起来。一头花白头发，几十年不曾篦过似的，覆在她满是皱纹的额角上，随着手臂的挥动，成天在簌簌抖动。有时监工骂了她或者夸奖了她几句，她都是同样地抬起那双灰白无神的眼睛，毫无表情地望望人家——没有怨恨，也没有欢欣。那监工看她呆得太可怜了，常常半同情地打趣她说：

“老奶奶，你这一辈子敲石子，可把你敲成一个石头人儿了。”

真的，说何老太婆是个石头人儿，实在还不恰当，铁锤子敲到石头上，多少还会爆出火星来，可是何老太婆却连什么反应也没有。她的神经简直是像发锈了。每天天光，她提着一只饭篮子走到这溪边来，一直敲到天黑。又孤零零地提着篮子回去，一到家便倒在铺上，呼呼地睡到天光。一年三百六十天，天天就是这么过着，从来不感觉寂寞或焦躁，偶然碰到下雨下雪不能做工的日子，她就失掉了什么似的，呆得更加厉害，仿佛她这一生，就是专门为了敲石子，才来到这世界上——虽然，对于这些石子，她也同样的没有一点儿爱或憎的感觉。

这样的情形，已经继续快七八年了。八年以前有一天，她的十八岁独养儿子大贵，给一支过境的北军拉了去当伕子，一去就没有回，她老人家一急，急成了失心疯，跳了两次河都给乡里人打救起来。这样疯疯癫癫地病了年把，过度的悲伤突然变成了一种可怕的麻木，几乎完全丧失了记忆的能力，等她慢慢回复过来以后，家里已经穷得不成样子，她也完全变成了另一个人。乡里的人看她可怜，便把她介绍到那座石子厂里，从那时起，她就一直坐在这溪边的岩石上，敲她的石子。这极端单调的劳动生活和那永无变化的叮哒叮哒声音，恰像座无情的磨子，把她心头上麻木了的悲哀，慢慢地越磨越光。当那山岩上的石头逐渐逐渐减少下去，何老太婆空虚的心，也就像大旱天的一塘死水似的，一天一天地更加干涸起来。

太阳已经爬到对山背后去了，山峰背后，散射出满天的红霞，斑斓地倒映在绿色的溪水里，隔溪的山脚下慢慢在升起轻纱样的薄雾，从薄雾里，依旧若断若续地传出远处山寺里的钟声，钟声的余韵，像一缕游丝似的被晚风吹着，飘散在静寂的溪面上。

打石子的女工都站了起来收拾好东西，沿着山脚边的小路回去了。一直等到众人都已经走光，何老太婆才伸一伸腰板站起来。她穿着一件极大的黑布坎肩，坎肩的下部束着一条破烂的围裙，上部便格外耸突出来，两条枯瘦的臂膊，宽里廓落地伸垂在那一尺多长的挂肩外面，仿佛她的前胸后背是套在一只长方形的黑色盒子里似的。她寂寞地站了一会，挥掉身上的石屑，把那块破围裙解了下来，覆在饭篮子上面。这才提起篮子，颠着两只小脚，向山边的村子里踽踽地走去。

村子淹没在黄昏的静穆中间，满天的红霞渐渐地变成了朦胧的紫色，人家屋顶上袅袅地在升着炊烟。黄昏的薄雾中间，何老太婆的那间低矮的草屋，像个打盹的老人似的蜷伏在山岩旁边一株枫树底下，孤零零的没有一家左邻右舍。枫树的暗影轻轻地拂抚着屋顶上灰白的茅草，似乎正在抚慰着这个打盹的老人。

何老太婆有点疲倦了，只顾望着自己脚尖，在碎石子路上颠头簸脑地走着。当她快走近自己门口的时候，一只黑狗狂叫着向她奔过来，一壁摇着尾巴，一壁鼻子里呜呜地作响，仿佛要告诉她什么。

起先，她并没有注意，只顾往前走。蓦地，一个陌生的声音，跟着那狗的低嗥落到她的前面。她骇了一跳，抬起脸来，一个高大的灰色人影从她家门口那块青石头上站起来，伸出一只右手，在向她招呼着。

在黄昏时分，碰到这突如其来的生人，这教她心都吓得凝住了。多少年来，她的屋门口不曾到过一个客，而现在这个陌生的大汉——从来不曾看见过的一个外乡人，是在向她走过来。在最初一刹那中，她本能地想到了鬼，几乎叫了起来，但是那大汉已经站在她的前面了，并且堆下满脸笑容，在向她说什么。

好久，她不曾听懂那人在说些什么——他说的是一口拗舌头的外乡口音。她只管直起一双恐怖的眼睛向他望着。那人穿着一身厚厚的棉军服，背上挂着一只公事皮包，生得盘头大脸，阔嘴巴，宽肩膀，分明是个吃公粮干差使的军官。那身棉军服给腰带束得紧紧的，浑身都饱突出来，益发显得魁伟可怕。那军官知道她在害怕，便格外放得和气，赔着笑说：

"这位可是何老奶奶？"

何老太婆张大着嘴，没有回答，那只黑狗在嗅着那人的皮靴，那人立刻又接下去说：

"——你老人家可是何克胜同志的老太太？"

何老太婆眼睛翻了一翻。她可从来不曾听见过什么何客生，这显然是弄错了，她把头拼命地摇着：

"没有个！没有何客生——我晓不得，先生。"

对方错愕了一下子，露出一种绝望的神色，忽然又摸着额角叫起来：

"哦——我搅错了，对不起，"他把军帽褪下来，露出一颗剃得很光的脑袋，"何克胜是他部队里的名字，他原来名字叫何大贵——何大贵可是你的儿子？"

"何——大——贵，"她轻轻地念了一声，突然，像一阵轰雷击落在她的头顶上，她跄踉地往前一冲，手里那只饭篮子格朗朗叫起来，几乎掉落到地下去。

"什么？"她的脸孔可怖地抽搐起来，那头花白头发簌簌乱颤，她向那军官猛扑过去，"你说大贵？我的儿子大贵？怎么？你认识我的儿子？"

她摇摇晃晃的，似乎立刻要昏晕过去，那个军官把她扶住了。

"是的，老奶奶，我认识你的儿子，你儿子跟我在一块，他是咱们部队里的一个连长——连长。"

"你怎么说！你跟我儿子在一块?"她突然抓紧了军官的衣领，咆哮起来，枯凹了多年的眼睛可怕地暴突到眼眶外面。她脱气脱气地瞪了军官好一会，猛然地把手一推。

"不！你骗我！你骗我老婆子！"她声势汹汹地说，"我的儿子早已经死了！你骗人，你！"

那个军官出乎意外地倒退了一步，撒开两只手，痛苦地望望这老太婆，黑狗又在旁边汪汪地叫起来。过了一会，军官猛然地记起了什么，两只手往皮包里乱掏着，半晌摸出一块锡做的黯旧锁片和一块铜质的十字奖章，递到何老太婆的手里。

"老奶奶，你这可信了吧？这是你儿子的东西。你瞧，这块又是你儿子的奖章——他立下了汗马功劳哩！"

何老太婆把饭篮子一放，捧着那锁片，两手乱战地觑着：那张锁片是元宝形的，已经完全褪光了，还连着一条乌黑的头绳，大概是曾经挂在头颈上的。她一壁瞧，一壁像大风中一株枯树似的抖得越发厉害起来，这回是真的要晕过去了。整个天地都在倒转过来，天空上的紫霞变成了千万条金光在他眼前狂闪。她模模糊糊地盯住对面那张长圆的脸孔，快要断气似的说：

"那是当真的了。他跟你家在一起，他没有死——阿贵?"

两包玻璃样的眼泪，倒裹着深陷的眼眶，在那泪翳后面，一双疯狂的灰色瞳仁直盯着那军官，他，被她盯得受不住了，偏过头去，望着那只黑狗说：

“是的，老奶奶，他和我们一起在山西打鬼子。他是我们第六连的连长。可是他——”

“啊，我的恩人老爷……”何老太婆再没有耐心听下去了，她突地跪倒在那军官的皮靴前面，把额角在泥地上乱碰起来。

“……菩萨保佑你家，你家可修了大功德哩！我的儿子还没有死，还在着呀！啊，八个年头呀，恩人老爷……”

她的喉咙给泪水哽住了。一句话也说不下去，只见嘴唇在哆嗦着，接着，索性趴在地下号啕大哭起来，军官完全失措了，摆着一双手，不知道怎样才好。那只黑狗竖起耳朵，望望何老太婆，又望望那陌生的人，呜呜地发出一阵愤怒的低嗥，夹着尾巴逃到田野里去了。

八年来麻木了的神经，现在是一节一节地苏醒转来，好像一个被鞭挞得失去了感觉的囚犯，骤然给冷水一浇——这痛苦是难以支持的。这样过了好一会，她才略略地平静一点，坐在地下擤涕抹泪地抽噎着。

军官找不出一句话来安慰，只是替她拍着背脊，过了一会才把她搀起来，替她开了门，扶她到茅屋里面去了。

茅屋里面黑湫湫的，什么也看不到，只有从门外透进来一片薄暮的灰白微光，才映出两个人的轮廓。茅屋后面好像还有一个小院子，一只鸡婆在那里咕咕咯咯地叫起来。

何老太婆叹了一口气，在一条板凳上坐下来，这时她觉得心胸宽爽了许多，她擤了一把鼻涕，望凳脚一抹，对那军官哽咽地说：

“先生，告诉你不得，我的罪也受够了，只要我大贵还在世，我老婆子还想什么呢？——唉，你家请坐嘛——我就是死了也闭眼睛啦。”

“怪不得您老人家的，”军官吃格地说，觉得鼻子里有点酸滋滋的，“亲生亲养，谁又不疼呢？何大哥也不一样的老惦记着您！他也没想到您老人家还这么健朗，可惜是迟了，要是何大哥——唉，您老人家有灯吗？”他擦着一支火柴，火柴的微光从他长圆的脸上漾开去，照出他眼睛里汪着一些什么，在不安地映动着。何老太婆慌忙站起来，从靠壁一只架子上摸出一段陈年百古的蜡烛，插在桌上燃着了，一阵刺鼻的蜡油气味，向屋子里散发开去。

“唉，何大哥真是一个好人哪，”军官坐下来，擦一擦鼻子，又接下去说，“他出去时候该还小了吧？——”

“——才十八岁呢，先生。”

“是呀，今年他也不过二十六，四年前才加入我们的队伍的，一个好干部呀，打得仗，带得队伍，懂得政治，唉，这回××堡那一仗，可不全亏了他，才没有想到——。”

何老太婆听得不大懂，那军官说的又是那么一口北边话。她也不要紧去听懂它，心里已经够满足了。她一壁却在做梦般回想着八年以前她儿子的样子。忽然，她想起了什么，像只拍着翅膀的鸡婆似的站起来。

“呵，你家——呃，还不曾请教过你家高姓呢？”

“我姓李，我叫李大雄。”

“啊，李——李大哥，你家还没有吃饭呀！哎呀，我才老糊涂呢！”她一壁说一壁往后院里那间披屋走去，“客来了半天，简直茶没有茶，水没有水的。”

“哦，您别忙，何老奶奶，”李大雄也跟着站起来，“我还有话呢——我给您捎了一些钱来。”

“钱？”何老太婆怔了一怔，站住了，“怎么，大贵还给我带了钱来吗？”

“是这样的，”李大雄说，从腰旁的公事皮包里掏出一只极大的公事信封来，“我是在军部里当副官，跟何大哥原就很好的，这回恰巧有公事到南边来，要打你们贵地过，临走时候，军长就给了我一个命令，叫我特地来望望您老人家，并且给了这笔钱来，我今天早上才到城里，下半天坐了竹排子到这里来的。”

他仿佛有点怕光，把帽檐拉得低低的，接着，把信封打开，抖出一束钞票和一张公事来。

“这里是二百块，请您点一点。”

望着这大束的花花绿绿钞票，何老太婆又愣住了，出世以来，她还不曾见过这么多的钱哩。二百块——大贵给她带来的二百块！这莫非是在梦里吧？她把指甲在手心上暗暗刻了一下，心头别别地乱跳起来。

“这……这是大贵的钱吗？”他望望李大雄帽檐上的青天白日徽章，不敢相信地问。

“一样的，老奶奶，这是给你老人家安家的，”李大雄喃喃地说，把公事摊在桌子上，公事还密密地爬着许多黑字，右角上盖有一颗巨大的红色关防，他按着纸角，又从包里拿出一只白铜墨盒来。

“请您在这里捺个手印吧。”他指着一块地方神情沮丧地说。

何老太婆没有回答，只管呆呆地望着他，由于哭得过度而变成微红的两只细小的眼睛，在灰白的乱发底下惊恐地霎动着，公事的纸角在李大雄的手指底下微微抖动，他低着声音哀恳般地说：

“没有关系的，何老奶奶，这公事是要缴回去的。”

“不要这么多吧？”她终于怯怯地说了，“大贵在外面也要花的啊。”

“别管这，您收着就是了，”李大雄皱皱眉毛，把墨盒往何老太婆的跟前一推，“我今晚还要赶路呢。”

“怎么？”何老太婆眼睛骤然一大，“你今晚还要走，那可不成啊！巴巴的老远跑来，一歇都不歇呀！”

“好，好，您先捺了手印再说。”

她奇怪地望了这客人一眼，客人好像很烦躁似的，她脑子里又有点晕眩起来，把一只满是老茧的食指，抖抖地伸到墨盒里去，在纸上歪歪斜斜地捺了一个黑印，李大雄松了一口气，赶快把那张公事折叠起来，塞进皮包里去，接着，他把钞票一五一十地点了一下，交到何老太婆的手里。

“何老奶奶，这点钱并不多，只算我们同志一点意思……”

他没有说完，就坐回到凳子上去，显得非常疲乏的样子。门外灰暗的微光已经消失了，山林里夜风开始呼啸起来。

何老太婆捏着这一束钞票，毫无办法了。这是怎么一回事呢？头脑里依然晕东东的，这屋子里的一切，似乎都有点改样，蜡烛光在黝黑的泥壁上微微颤动，仿佛有无数眼睛在向她闪烁着。

“我要走了，何老奶奶，”那军官倏地站起来，把肩上的皮包带子耸了耸，大声地说。

那声音把何老太婆吓了一跳，“啊，那不能呀！”她一只手把钱往怀里塞，一只手一抓一抓的似乎要去捉住李大雄，“你家刚才说过不走了吗？怎么又要走呢，千辛万苦的，歇一夜去，大哥，让我去烧饭！”

“别，别，老奶奶，我前面路上已经吃过了。”李大雄想去拉住她，她却早颠着两只小脚，登登地跑到后面披屋里去了。

李大雄嗒然地木立在屋子中间，那老太婆像只老鼠似的在后面窸窸窣窣忙得十分起劲，一会儿那披屋里亮出一阵火光，一阵浓烟往屋子滚进来。

事实上要回到城里去，也很困难了。十一月夜晚的天空，黑漆漆的不见一颗星星，到城里还有三十里路呢。他搔搔头皮，颓然地又坐下来。

这屋子很狭小，由于整天关闭着，四周墙壁上发出一种霉臭的气息。右首堆着一些破损了的农具，厚厚地积着灰尘，仿佛几十年不曾动过似的。门外的风把蜡烛吹得拂拂地乱晃，李大雄伸过脚去，把板门推上了。后面屋子里，何老太婆独自在念着什么，那跟她儿子一样的南方口音，使他感到像什么东西在压着他的心，几个月以前一幕悲惨的景象，又在他跟前浮起来。

××堡一次胜利的战斗以后，从前方火线上送回来一批受伤的战士——第六连的一部分同志和他们的连长，由于这一连的坚持任务和英雄搏斗，才完成了这次战斗的胜利。但是这一连的同志却遭受了极大的牺牲，几乎使三分之一的战士都受伤了。这英雄的牺牲立刻引起军部每个同志莫大的关切，而最被大家关切的，不消说就是他的好朋友——第六连连长何克胜同志。

当他赶到后方医院去探视他的时候，医生刚从重病室里出来，他蹙着眉毛把不幸的消息带给大家——何连长是没有希望了，许多等候的女同志，立刻悲泣起来。他不顾医生的命令，奔入到重病室里去。他的朋友昏昏沉沉地躺在雪白的被单上，满头满脑的包扎着纱布，几乎辨认不出来。据旁人告诉他，他是在冲锋时候给鬼子的炮弹炸伤了的。

没有到第二天早上，何连长就死了，在死以前，他拉着李大雄的手，平静地说：

“同志，我们是好朋友，我这样牺牲是很快活的，我终究保持了我的阵地。我回来时候，听说鬼子已经打垮了——是真的吗？那我就不白死的啰。”

当他被询问有没有什么话留下，他悲惨地笑了笑。

“对同志呢，我是不要说什么的了。咱们的队伍是打不垮的！倒是我自己有一件事情要拜托你。我是十八岁就出来当兵的，一直不曾回去过。我家里有个老娘。七八年不曾寄过一个信，死了也不知道还活着，我一家就是娘儿两个，这会子想起来怪难过的。我死了以后，千万给我带个信回去。我的家在南边，你是知道的，打×县出南门三十里。找何家庄就问得到。”

他把头一昂，想在床上挣扎起来。

“同志，把我脖子上这锁片给卸下来。这是小时候老娘给的。我不曾丢掉过，也替我带回去吧——这就是咱俩的一番交情了。”

门外的枫树叶子在瑟瑟地作响，幽暗的烛光下，他仿佛又看到那满头包扎着纱布的朋友，躺在灰尘满积的屋角上，向他喃喃地诉说这一切；这种幻象渐渐强烈起来，李大雄觉得浑身都在皱起鸡皮疙瘩。他已经遵守命令，把遗物和抚恤费给送了来，可是要他把他朋友的死讯告诉这老太婆，他却一点勇气也鼓不起来。

后面披屋里的何老太婆，这时却正在忙得起劲，风炉里柴火杂杂地烧得很旺，带给这灶房以从来不曾有过的温暖，她摆着两只小脚转来转去，放下这样又抓起那样，也不知究竟做什么好，满屋子里只见她庞大的影子在一晃一晃。过度的刺激，使她脑子失去控制的能力，她的注意力反而集中到一些琐碎的事情上去。她想着该弄些什么给客人吃；她又想该把那鸡婆杀了，那鸡婆是关在屋角上一只鸡笼里，给骚扰得只管咯咯地叫，于是她又感到这鸡婆伴了她这许多日子，杀掉她是罪过的。那么怎么办呢？她明天该一早赶到市集上去，买些酒和菜回来，明天她要歇一天工，老远来的客人怎样能怠慢啊？

接着她越想越远了，那二百块钱该怎么办呢？——放在箱子里还是荷包里呢？又想到墙壁该补了，屋上的茅草也该换了，——明天找泥水阿二来商量吧。这一大串杂乱糊糟的问题，就像一团乱头绳似的缠住了她的脑子，直到饭锅上的白沫滑了出来，才把她的胡思乱想打断了。

吃过晚饭，她才略略定了一点，她坐在那军官的对面，问长问短地探听他儿子的情形。每一个问题几乎都是永远解释不清的，李大雄告诉她在山西打鬼子的情形，她也不知道山西究竟在哪里，她只能想象出那是一个极远极远的地方，那里的人都和她儿子一样过得很不错，都在打鬼子，但是又奇怪，为什么那么远的地方也还有鬼子。

蜡烛快要烧完了，在桌子上流了一大堆蜡泪，火光因此颤动得更加猛烈起来，映着这颤抖的光波，何老太婆的两颗颧骨益发红冬冬的，像两只初成熟的番茄，她扁起嘴唇，竭力想去辨别对方那难懂的北边话，有时旋起那双灰白的眼睛，凝望着乌黑的屋顶，仿佛想去捉住一些更明确的想象。忽然，她想起什么，脸孔异常严肃地朝李大雄逼过去，李大雄吓了一跳，怔怔地望着她。

“当真的，”她郑重地说，“这几年来，我大贵可娶了亲?”

“没有呢，老奶奶，”李大雄压出一声惨笑，“咱们当兵的，在这打鬼子的年头儿，哪说得上娶亲呢!”

“二十六岁的人了，还没有女人呀，”她叹了一口气，颓然地坐回去，“那么你大哥呢?”

“也没有呀!”

于是何老太婆又忧虑起来，她擦擦眼睛说：

“不瞒李大哥说，我们何家三代就是他一条根，祖宗的香烟全靠他哩 。”

他尽量想避开她的眼睛，找遍了一切话来支吾她，那连串的噜苏问题，却像一窝胡蜂似的，紧紧地尽望他逼过来。他简直受不住了，打算索性戳破这张纸，横一横心，把她儿子的死讯说出来罢。

“何老奶奶，你可别难过——”

“我难过什么呢，李大哥，”没等李大雄说完，何老太婆倒先抢着说了，“我很明白，大贵是好心肠儿的孩子，他不会忘记做娘的，只要何家这条根留着，他年纪轻轻的，我老婆子还有什么难过的呢！……”

干脆就是碰了一个橡皮钉子，什么办法也没有了，李大雄倒抽了一口冷气，站起来，打了一个哈欠说：“明儿再谈吧，老奶奶。”

“哎呀，可不是，我老悖了，”何老太婆拍着那件黑布坎肩，也站起来，“你家跑了一天路，是该歇歇了。”

她喃喃地埋怨着自己，又大忙特忙起来，从后面抱出来一束稻草，给客人在地下开了草铺，又把自己的铺挪到披屋里去。她几乎把所有的被絮都腾出来让给客人。李大雄再三推却，好半天，她才抽回一条棉絮，千抱歉万抱歉地摸到后面去了。

李大雄脱掉衣服，吹熄灯睡下去。后面的何老太婆却依旧像鸡扒泥似的在忙忙碌碌地摸索着。她重新燃着一段蜡烛，把铺盖在靠壁的空地上摊开来。她在草铺上坐了一会儿，一下子倒又站起来，东扪扪，西摸摸，一颗心就像吊在半空里似的，总觉得有什么东西不曾弄得妥帖。

北风在墙外呼呼地狂吼，屋子里夜冷起来。但是何老太婆却一点也不觉寒意，倒反而感到一种异样的温暖；连那蜡烛也像煞比平日格外光亮一些。她摸索了一会，仍然坐到草铺上去，把双手插到两边挂肩口里，默默地出着神。

蜡烛渐渐地短缩下去，她呆呆地望着烛泪一条一条往下淌，脑子里一下子塞入了许多东西，倒反而好像空空洞洞的，不知道从哪里想起。忽然，她的手指触着怀里那些钞票，她把它们摸出来，打纸牌似的，一张一张摊开在被窝上。她从这边数过来，又从那边数过去，数了一会，点点头，收起了，接着又摸出那块十字形的徽章，反来覆去地抚弄着，细细观赏着刻在上面那些古怪的花纹。她不懂得这是什么意思，猜起来大概终是功劳牌什么吧。从前听人家说过的什么薛仁贵征东的一些故事，这时就渺渺茫茫地浮到她心上来。

“薛仁贵十八年没有回寒窑，老婆就替她守了十八年，终究可封了王回来啦。”她听那监工不晓得谁这样说过，那说的人还补了一句：“只要命里注定，男子汉又哪怕出身低呢！”

“大贵也不盼望这样福气啊，只要菩萨保佑，平平安安过一世也就够了。”她弄着那奖章，自言自语地叹息起来。

村子里一些野狗在嗥叫，屋角上那只鸡婆又在咭咭咯咯地作响了，似乎惊奇着她主人今晚的反常状态。外面屋子里传来那客人胡胡的鼾声，那声音沉重而混浊，听去仿佛遥远的什么地方，有一大群人声在呼噪着。

一种要找人说话的欲望，突然强烈起来。她觉得非得去把这事情告诉村子里每一个人不可——她儿子是有信息了，而且还做了官哩。她并且要去告诉监工和那些跟她一起打石子的女人，那些人便会来向她道贺：

“何老奶奶，你这一辈子是有着落啦，你是有后福的啦……”

“是啊，但愿菩萨保佑……”她迷迷地笑起来。格外觉得非得立刻找个人来谈谈。但是这深更半夜，往哪儿去找人说话呢？她望望墙壁。墙壁上冷冷地映着她自己庞大的黑影。

她把眼睛无意识地到处旋着，仿佛这样旋过去，就会找出什么人来的。

她又站了起来，摸到鸡笼前面，蹲了下去。那鸡婆吃了一惊，以为是来捉她，拍着翅膀咯咯地叫起来。

鸡婆的翅膀拍起一地的灰尘，把何老太婆的眼睛眯了。她一壁擦眼睛，一壁微愠地啐骂着：

“没良心的孽种，咕咕呱呱吵什么呀——人家阿哥有信回来哩，你知道吗？还给带了二百块大洋回来，喂，二百元哩！”她伸出两个指头比了比，又指指那鸡婆的眼睛，继续说下去，“你这孽种可享福哩，明儿奶奶给你去籴些糠粃来，油油你这饶嘴，——喂，你白什么眼呀？”

那鸡婆眼睛一闭一闭的，十分渴睡的样子，何老太婆在鸡笼上拍了一下，失望地站起来：

“没有良心的东西，看你还想奶奶给糠粃你吃！”

她又走到门边去，望望后院子的天空，天空是漆黑的，枫叶的影子在黑暗里飒飒地拂动。天为什么不早些亮哩，也好让她早些出去——这是第一个晚上，她忽然感觉夜长起来。

她趑趄了一会，又回过头去瞧瞧后面那间黑暗的屋子。那客人已经不在扯鼾了，只听到平匀的呼吸声音。一种可笑的心理在迫促着她，很想把他叫醒来，再谈一些关于她儿子的故事。于是，她重新回到里面，拿起那支残蜡，走到后面屋子里去。

李大雄四伸八挺地卧在草铺上，睡得很熟，被窝歪歪斜斜地只盖到胸口，何老太婆点点头，自顾自地叹息说：

“三更半夜，这样子可不要着凉了。”

她擎着蜡烛，轻轻地蹲下去，替他把被窝拉上，蜡烛的光纹从头顶上一圈一圈地漾开去，红红地映着那军官长圆的脸孔，他的血色显得比庄稼人还要强健，两片阔大的嘴唇微微张开着。他忽然转了一侧，把脸孔偏到何老太婆这一边来。

这强健的年青汉子，是她儿子的好朋友，和她儿子一块在北边打鬼子。他是那么老练，那么能说话，一点也不像乡下人那么笨头笨脑的。她对这陌生的年轻人忽然起了一种强烈的母爱，让他静静睡着，不想去叫醒他了。

那年轻人今晚告诉过她他们那边的一切，这时重新浮到脑子上来。她细细地揣想着，在那遥远的地方，生活着都是这样一群可爱的家伙，他们快活而勇敢，每个人都在打仗，每个人都有饭吃，不管穷的富的，老的少的，谁也不欺侮谁。做官的就和老百姓一样，做老百姓的也可以做官，一家人似的，亲亲热热在一起打着鬼子。在这些人中间，她看见了两个年轻的伙伴在一起——一个是她的大贵，一个就是这客人。

就像道电闪似的，一种什么东西，突然掠过何老太婆的脑子里，她抿一抿嘴巴，七八年来冻凝着的枯皱脸颊上，忽然浮出一丝人类的温情的微笑。

第二天早晨，李大雄醒来的时候，何老太婆已经把稀饭烧好了。清早的太阳从门外射进最初的光来，她坐在门槛上痴痴地望着那阳光。李大雄慌忙起来穿好衣服，把地下的稻草给收拾得一干二净。何老太婆早把稀饭盛在桌子上了。

她含着微笑，坐在旁边，慈祥地看着李大雄吃稀饭，李大雄依旧和昨夜一样，不敢去望她。低着头匆匆喝了两碗。便挂上皮包向她告辞。

“啊呀，怎么又要说走呢，亲眷一样的，好容易才来一回呀。”她扯着李大雄的袖管着急地说，一壁又替他拍掉身上的草屑，“别忙，我还要找几个街坊来跟你会会呢。呃，吃了中饭再走罢。”

李大雄告诉她，有要紧的公事不能耽搁的，他还要到城里去赶汽车呢。这样反复地解释了半天，何老太婆才失望地松开手。

“这教我怎么说呢，粗茶淡饭也不曾好好吃一顿就走了。”她摇摇头说，“那么，你回来时候，可千万别忘记到这儿来耽搁呀，我还要给大贵带回信哩。”

“我一定来的。”

“一定呢！”

“噢。”

李大雄几乎是在喉咙底里答应着，昨晚上的苦闷问题依然没有解决。他究竟应不应该告诉她呢？他已经走到门外了，重新咳嗽一声，想再鼓起一次勇气，把这不幸的消息说出来。

何老太婆站在茅檐底下，把手遮着眉毛上面，正在眺望什么。她忽然把手一指，朝着李大雄微笑起来：

“你瞧，今天太阳多芒呀！”

火一样的朝霞托着一个金红的巨轮，正从遥远的山脊上吐出来，向浅碧的天空上散射出万道光芒，田野上的浓霜渐渐地被融化了。

迎着太阳，李大雄走上村道，心头却像吊着一个沉重的包裹。他走几步，就回过一次头去，那老奶奶始终对他在微微地笑着。差不多已经走到半里路外了，他偷偷地再回过头去看一下，何老太婆却依旧站在茅檐底下，恋恋地望着那初升的太阳。那株枫树像顶赭红色的大伞似的，张开在她头上。

直到转过一个山坡，那枫树和茅屋的影子才消失了。李大雄仿佛中了头晕病似的，突然扑倒在一座路旁的泥岩上。

"老何，饶恕我吧，"他喃喃地说，"让我骗了她一辈子吧。"

1941 年 10 月 15 日，《文化杂志》第 1 卷第 3 号

# 吉 甫 公

桌子上青油灯里的灯草，半天没有人去拨它，已经黑黑地结起几颗灯花，偶尔发出几声微弱的爆裂，布满这屋子里的巨大黑影，就随着微微晃动起来。

吉甫公坐在靠窗口的方桌前面，一张古旧的朱漆圈椅里，身体斜伏在桌沿上，拉着一张皱旧的报纸，凑近灯光仔细地念着。两撇八字眉毛底下一双细小眼睛，几乎瞅成了两颗小黑点。左手托着下巴，污长的指甲在上唇边几根苍黄的须中间慢慢地抹动着。

那张报纸不知道什么年月的，已经有点发黄了。大概曾经用来包过什么东西吧？纵横着许多折叠的皱痕；但这对吉甫公似乎并无多大关系。他的读报只是一种消磨时间的方法，他的文字理解能力不很高，而且他也并不一定要求去理解它。他念得很吃力，几乎是一个字一个字的，每一句大概总要打几个呃，念完了一句的时候，就拖出一个像叹气似的长声。

报纸遮着灯光，把大半个屋子都笼罩在黑影里，一只老黄猫蹲在大树前面的春凳上呼噜呼噜地打鼾，那单调而有规律的呼吸，和吉甫公念报声音凑在一起，就仿佛古庙里的玻璃灯下，两个和尚在喃喃地诵着枯燥的经咒。

吉甫公念完了报，望着青油灯，喟然地透了一口气。他把报纸折叠得整整齐齐的，抹平了纸上的皱纹，然后压到算盘底下去。接着，他把灯草拨灭了一根，屋子里的光线，骤然的更阴暗起来。

他从袖筒里摸出一方污黑的手帕，擦擦尖小的鼻子，好像想起什么心事似的，把只右手无力地搁在桌面上，污长而坚硬的指甲在桌面上卜卜地弹着。灯光在他背后的卧床帐门上投出一个蓝色的光圈，光圈里映着一个顶着尖形瓜皮帽的庞大黑影，仿佛一个长着角的恶魔，要从他背后扑过来似的。

屋子里堆塞着许多笨重的木器，阴沉沉地占去三分之二的地位——宁式的雕花大橱，褐红色的高大衣柜和箱架，差不多已经脱漆了；上首是一张琴桌和各种不同式样的茶几椅子；暗红的板壁上，挂着他老伴儿一张放大的遗像。在幽暗的灯光下，这一切东西的体积都似乎在慢慢伸展开来。门窗外面的后房里，黑越越的没有点灯，只有什么地方一只自鸣钟在滴嗒地响着。

蓦地，窗外的院子对面，涌过来一阵猛烈的喧笑声音。“廷甫老板，廷甫老板，……”一个小鸡喉咙在赶着肉麻地叫，接着又是一阵哗啦哗啦的倒牌声音，像暑天的冰雹般，向这边屋子急骤地爆射过来。

“嗡！”吉甫公的八字眉毛，骤然往下一沉，旋过脸去，从纸窗隙缝里窥出去。对面西屋里的汽灯点得雪亮，水银般的洒了一院子都是白光。厢屋里四扇窗子全都敞着，蒸腾的灯雾里闪动一群兴奋的男女面孔。他的兄弟廷甫胖着喉咙在众人中间叫：

“这种鳖鳖息小麻将，谁高兴玩？要来就是五十元底，十二代花，跟你们打到天亮……”

“对！对！”那个小鸡喉咙赶紧地附和着，“廷甫老板的话不错，廷甫老板有什么说的呢，是不是？哈哈……”那声音就像磨坊里榨油似的。吉甫公脸上的肌肉一搐，别过脸去，从鼻孔里吓嗤——地哼出一股重重的气。

“作孽！”

青油灯的火微微抖动一下，对面那只老黄猫耳朵一耸，睁一睁眼又闭上了。

他兄弟廷甫是新近才回来的，抗战前，他原是在上海跑跑交易所的小客户，趁着“八一三”战争中间，在外汇上发了一笔横财，现在专门跑上海宁波桂林一路做贩货客人，算是抖起来了。这次带着家眷回来，说是来上祖坟的，可是吉甫公哪里不明白，还不是为了腰包里多了几个钱，借着祖宗的幌子，到家乡来摆摆阔。

“树高千丈，总要落叶归根啊！”吉甫公叹了一口气，“淌来的还不就淌了去，铜钱银子是这样容易赚的么？”

他从蓝布包着的账箱旁边，提过一支白铜的水烟筒，把煤头在青油灯上点着了。西屋里的牌已经开始在打起来，那牌声就像劈毛竹似的，在他心上难受地敲击着，他把烟管狠命地一吹，一颗暗红的烟烬落到地板上，从暗黑里冒出一丝袅袅的青烟。

吉甫公向来就瞧不起他兄弟的；他断定兄弟是周氏门中的败精。打从延庆太公手里下来，他们周镇德堂，哪一代不是脚踏实地地成家立业。延庆太公曾经留下来一个传家秘诀，就是说，把家产分作三股：一股在乡下置买田产，一股到各码头去开店拼股，再一股留着现钱盘利息，多积少用，量入为出，不管哪一面吃了亏，总还有两面可以站得稳，历代以来，都是循规蹈矩，照着祖宗的遗训把家业一天一天兴旺起来。吉甫公曾经再三地拿这个遗训叮嘱过他的兄弟说："祖宗的金言是万古不变的。如今是小人当道的世界，总是乱多太平少，像我们人多，只要站得四平八稳，记住祖上的话，决不愁没有一碗饭吃的。"

可是廷甫偏是个不听话的浮坯，父亲一死就撇开本业，带着几万现银子到上海去瞎混，什么纱交呀，金交呀，证券股票呀，吉甫公也弄不清楚什么名堂。总之，不到十年，连本带利都花个精光，还背着一屁股的债，"八一三"以后，吉甫公在苏州的一家万盛布庄看看是站不住了，他亲自赶到苏州把店铺收歇了，带着两三万现款回到乡下来，正愁没处安放，不料廷甫知道了，却巴巴地从上海赶回来，说什么金价要涨了，做外汇利息多么厚，临了摊开手来要借八千银子，把个吉甫公气得个发昏。

"这是什么时候啊，你问我借银子？"他冲着兄弟气呼呼地说，"古人说：'夫妻本是同林鸟，大难到来各自飞。'何况你我兄弟！这种大难日子，谁又保得住谁？"

一顿臭骂，把兄弟撵走了。从此以后，兄弟俩就不通信息。吉甫公怕兄弟连累他，还赶着给几家亲戚写信，声明说："兄弟分炊已久，钱财之事，恕难负责。……"

记起这段故事，吉甫公益发觉得，好像有什么东西在他心头上紧紧地压着，他把水烟筒从桌上一推，郁郁地站起来。

屋子里荡漾着水烟的白雾，似乎比刚才温暖一点了。那只猫依旧垂着脑袋在打盹，吉甫公瞟了它一眼，把手交在背上，低着头在屋子里来回踱起来，一个巨大的黑影，跟着他来回移动，一会儿隐没到黑角落里，一会儿又顶到黝红的楼板上去。

西屋里的汽油灯在嗞嗞地吐着热气。随着青油灯更幽暗下去，一股白光渐渐地侵入到这边屋子里的楼板上，照出挂在横梁底下一只只红色的吊桶。廷甫老二一阵快意地狂笑，从院子里直震过来，就像一颗榴霰弹炸裂般的，似乎连纸窗都在颤栗了。

“八十——一百六——三百廿——六百四十和……哈哈哈！……”

那有力的笑声，把吉甫公的脚步慑住了，他茫然地停立在琴桌前面，上边挂着的那张老伴儿的照相，从黑暗里朝他凄寂地望着，仿佛吐出一声幽幽的太息。

也许是他近来不如意的事情太多了，纵使别人一个小小的幸运，也常常会引起他一种难堪的嫉恨。但是他立刻省悟过来——以他的身家去计较这些是太犯不着了。于是嘴角往下一撇，仿佛向自己责备似的咕哝着：

“管人家什么啊，这种狗运气稀罕什么？”

他继续在屋子里踱起来，尽力想把黏在心上的烦恼撇开去，他计算着手里的存款，可能的话，不妨再大胆地置些田产，趁着米价很好，还能够好好地收一点租。如果打仗能够早点结束的话，他仍然可以把布庄开起来。这终究是立根打基的正道；做人无非图个收成，像浮萍一样的，哪能站得久呢？……

这差不多已经成为近来一种习惯了。他每天晚上，终要把自己所有的财产，默默地计算一遍，重复地做出上述的同样结论，然后像慈母对孩子般的，安慰着自己说："冬枯春荣，人生终有些艰难的日子啊……"

他走到老黄猫的跟前，摸摸它的背脊，那猫驯顺地没有动，只有白色的腹部在肚毛下有规律地起伏着。

一阵咭咭呱呱的声音向窗口走近来，那刺耳的尖声，吉甫公一听就知道是他兄弟讨的那个下江女人和他自己媳妇。那女人尖着一副喉咙，骚声妖气地叫着：

"啊哟，乡下地方黑得来，简直像条阎王弄……"

"咄！"吉甫公睖起一双小眼睛，向纸窗格子上直瞪着。那声音陡的静了下去，隔了半晌，忽然，像皮球泄了气似的，一个"嗤——"的笑声从窗缝里直钻进来。

一股热血骤然冲到吉甫公的脸上，他狼狈地退了一步。他媳妇在窗外轻轻地说了一句什么，那个下江女人从嗓子底里压出一阵吱吱的笑，掩着急促的脚步走开了。

"呸！扫帚星！"

吉甫公的八字眉毛，像毛虫打架似的扭动了半天，一口白沫 poo 的向白纸窗那边飞溅过去。

那下江女人第一天进来的时候，吉甫公就知道是个不吉利的东西，他们周氏门中，哪曾见过这种妖形怪状的女人，偏偏他那不争气的媳妇，又成天的跟着她装腔学势，把晦气都带到自己家里来。可不是，昨天长工阿六从祖坟上回来说，坟旁青龙首那株石楠树今年有点萎了。那株石楠树是关系他长房风水的，历年以来都是枝茂叶盛，那扫帚星一进门就萎了，可不是她带来的晦气是什么？

“咳！这婊子！”他愤愤地顿一顿脚，小眼睛上的睫毛因过度气忿而翕动起来。他重新捧起水烟筒，布鲁鲁地吸着，心里却又怀疑起来，照理扫帚星也该先扫他们二房自己呀，怎么倒害到他长房头上来呢？难道风水真的转二房去了么？

石楠树的事情引起他的忧虑，却不是偶然的，事实上，这两年来，吉甫公的心里就一直被一个巨大的暗影在苦恼着。自从万盛布庄收歇下来，他手里有着两万现银子，始终不知道怎么安摆，开店么，他再也不敢了，三天五天的警报，谁保得住日本人的炸弹不等着你。买田么？又说不定鬼子什么时候会过来。“十赊不如一现”，他自然是最相信用现钱盘利息的。可是把现款存到哪里去呢？他曾经也在银行里存过一个时期活期，后来听着风声紧了，又赶紧地提了出来。这个年头儿谁不是见钱眼红的？存在人家手里，只好算作一半淘成！

祖上留下来那个万古不变的传家秘诀，居然不灵了，这是吉甫公最大的悲哀。有着银子没处放，这还成什么世界啊！现在他床底下的地窖子，就打叠着一束一束的钞票。这两年来几千银子的利息，眼瞧着是白白赔掉了，然后最可怕的，还是近来那个谣言，说什么通货膨胀了。吉甫公虽然弄不清楚，可是物价这样的高涨着，连火柴都要卖到一毛，这不得不叫他老人家睡梦里都在提心吊胆，他床底下的钞票究竟能保到什么时候？

于是他深深地凄惶起来了。莫非石楠树的枯萎真有个讲究么？他捧着水烟筒，嗒然地望着他老伴儿的照片，黝暗的灯光里，他仍然能清楚地辨认老伴儿那张平扁的圆脸和一双深陷的，黑黑的眼睛。那眼睛也在紧紧地望着他，仿佛在冬天的午夜，当她从睡梦里醒来，瞧见老头儿还在灯光下寂寞地拨着算盘的时候，那么怜悯而又担忧地望着他。吉甫公觉得睫毛上好像有什么压着似的，不自主地睐动了一下。他咳嗽一声，煤头上一段三寸长的纸灰无声地飘落到地板上。

外面的牌声已经停止了。那个下江女人在吆喝着仆人调排桌椅，纸窗外面有人端着杯盘叮叮当当地走过去，似乎在忙着吃半夜酒了。客人们都散在院子里，大声地谈着天，那个小鸡喉咙突出在一切嘈杂声音中间，呷呷地怪笑着。

吉甫公竭力避开去听到这一切。他摸到桌子前面去，把快要熄灭了的灯草轻轻拨动一下，一圈暗黄色的光波从灯草上漾开，屋子里的许多黑影骤然矮了下去。

他坐下来，把挂在账箱旁边的一本家用账簿摘下来，翻了几翻。仔细地检阅着一张零星的发票。右手的中指和食指中间，倒夹着一支毛笔，污长的指甲在算盘上纯熟地拨动着。

“唔？”他忽然把账簿凑到青油灯的角上，两只乌黄的眼珠像要突出来似的盯着，接着把账簿一扔，大声地叫起来：

“阿六！”

青油灯的火陡一跳，屋子里的黑影都慌乱地摇摆起来。那只老黄猫凸起尾巴，惊慌地向主人望了一眼，耸耸背跳下春凳子逃跑了。

“阿六！”

吉甫公灼怒的声音，第二次又爆裂出来。隔了半晌，从黑越越的房门外面，探进一个盘着辫子的焦黄脑袋，吐着沙嗄的声音说：

“什么呀，大公公？”

“你们都死到哪里去了？”吉甫公忿忿地说，眉毛在许多皱纹中间紧张地翕动着，“人家忙，你们也蚂蚁赶热灶的去哄着干什么？——我问你，初一才买过一块钱火油，怎么不到七天又要买了？你们这怎么点法的？”

阿六阔大的嘴唇一扁，霎着眼睛蠢蠢地说：

“七角二分一斤火油，大公公，一块钱统共不到斤半，这够什么点的啊！”

“够什么点，够什么点？”吉甫公晃着身体从椅子上站起来，朝阿六紧逼过去，“我关照过你们，火油只有非点不可的时候才点，谁教你们拿去白白糟蹋呀？现在又不做夜工，半夜三更，油灯火烛的不怕罪过？”

“我又不点火油，”阿六望后面退了一步，“少奶奶说要买，我只得买呀。”

“少奶奶——？”吉甫公眼睛往上一翻，鼻孔里只管咻咻地喘着气，“现在是什么年头，不想想看，这样贵的油谁点得起？一分洋钱一滴油，你们知道吗？”

阿六又退了一步，抹掉了溅在他脸上的白沫。

“一夜贴二两把火油算什么呀？”突然，媳妇尖利的声音从黑越越的门窗外面掷进来，“人家一夜两盏汽油灯还点着呢！”

“人家！人家！”吉甫公的声音气得都发抖了，他把袖口一摔，向房门口冲上一步，“人家要你去管他做什么？你们只晓得用——用，铜钱银子怎么来的，你知道吗……？”

“大公公……”阿六骇得眼眶骤然扩大开来，把身体紧紧贴在靠门口的衣柜上，还没说得半句，又被吉甫公沙嗄的喉咙打断了。

“……会用要自己会赚呀，阿富在外面怎么没有半个钱寄回来呢？倒要我做爹的贴出去，你知道不知道？”

后房里激起一阵急促的脚步，接着楼梯上噔噔地响起来。媳妇夹着啜泣的愤恚声音，像把刀子般直刺到吉甫公的耳朵里——

“滑油地狱又不在等着我，点这几两火油，我怕什么罪过！”

“你这——”

吉甫公喉咙窒息住了，直瞪着楼板上面，几乎要跳起来。忽然，那个小鸡喉咙像赶着什么似的，从甬道里一路叫进来：

“吉甫哥，还没有睡吗？去坐坐，我来请呢……”

跟着声音，一个穿着紫酱色绸袍，像烤过的龙虾般的人，从门帘外钻进来。

“吉甫哥，廷甫老板请你去吃夜酒呢，今天廷甫老板买了好大一只团鱼啊，廷甫老板真是……哈哈……去坐坐。”

“我不去！”吉甫公脸孔一板，朝着墙壁说，同时在心里忿忿地补上一句，“老板，老板，老板备着矢等你呢！”

“唉，去坐坐呀，”那小鸡声音就像一把缺口剪刀在搪磁上划着一般，刺得耳朵怪痒的，“自己兄弟有什么呢，廷甫老板好容易回府一次，做哥哥的落得受用受用，难得的，哈哈……”

龙虾般的身体，在灯影里一弓一曲的，要来拉吉甫公的袖子了。吉甫公把手一隔，声音硬得和石头一样：

“你去受用吧，我不去!”

那家伙笔直地站下来，望着呆在房门边的阿六挤挤眼，阿六蠢蠢地扁一扁嘴出去了。他摇摇头皮搭讪地笑着：

“我请不动，呃呃，我去叫廷甫老板亲自来请！呃呃……”

吉甫公回过头来，望着那龙虾似的背脊从门窗外面消失了，鼻里“哼！哼!”地嗐了两声。小鸡喉咙一会儿又在对面屋子里喳喳地叫着。“南海观音请勿动，廷甫老板您亲自劳驾吧……”

廷甫老二似乎没有理睬他，大声地吆喝佣人，“我那只‘克米’呢，找它来，我喂它吃团鱼!”

“哼！等着吧！‘克米’！‘克米’就是你传宗接代的亲骨血!”吉甫公咬紧了牙齿，把脚在地板上猛地一顿，衣橱门上的铜攀子瑟朗朗地响起来。

青油灯又慢慢暗下去，吉甫公颓然倒在椅子里，两只小眼睛向对面板壁上直直地瞪着。照相的老伴又在瞅着他了，似乎向他恨恨地埋怨着，“操什么心啊，落到狗嘴里有什么好听的!”

“咳!”吉甫公把桌子一拍，忿忿地叹了一口气，“真是个乱世人不如太平狗!”

西屋里的声音益发嘈杂了，有人在哼着京戏。那个下江女人在格格地笑，廷甫老二胖着喉咙在对什么人大声地说：

“只要有生意好做，管他打仗不打仗!”

廷甫老二的话，像个锤子般直落到吉甫公的心上。他突然憎恨起来，“可不都是日本鬼来打这个断命仗！唉!”

他想起那报纸上的话来。报纸上写着，战争要一直继续下去，到敌人完全崩溃为止，政府已经订立了第二次三年作战的计划了。“啊，三年！”他心头一颤栗，凄然地垂下头去。

那只老黄猫不知道什么时候又偷偷地溜了进来，把个猫头在他的鞋角上轻轻地擦着。吉甫公猛地一踢，把个猫直摔到三尺多远。

“入娘的！”

老黄猫 mew 地叫起来，回过头朝主人惊怖地瞧了一眼，夹着尾巴出去了。

吉甫公昏乱地站起来，在屋子里转着；灯里的油似乎快干了，火光只管卜卜地跳动，西屋嘈杂的笑声像无数恶毒的虫子般在追啄着他，他陡地一转身，向房门外面踱出去。

院子里照耀得和白天一样，对面廊檐底下男男女女围着一桌吃夜酒，桌子上发出喷香的油味，廷甫老二红着一张胖脸踞坐在上首。吉甫公斜瞟了一眼，不敢去望他们，像只老鼠般悄悄地从黑影里擦过去，摸到后园自己的菜园里去。

园子里黑漆漆的，只有满天的繁星在闪着微光，一阵微凉的夜风从树角上吹过来，带着菜地上肥料的气息。豆棚的叶子瑟瑟地响起来，吉甫公好像洗过一个澡似的，觉得心头骤然一爽。他跨到后门口去，看看门闩有否上牢。

转过豆棚，那边牛栏里火光一闪，有人在呶呶地说话。吉甫公踌躇一下，轻轻地蹑过去。他看见阿六弓着身体在那里喂牛，一股热腾腾的白气从料槽里直冒起来，那只老黄牛驯顺地站着，嘴巴错落地嚼着草料，不时地从灯影里喘出一口白气来。

“你这个老背时，老贱胎，”阿六指着那老牛的鼻头喃喃地数说着，牛栏的土墙上，抖动着一个盘着辫子的巨大黑影，“你喘什么气呀，你只晓得嘴巴说，不晓得做，你的日子快完了啊，老货，……”

吉甫公觉得背上骤然一凉，悄悄地退了回去。他摸进自己的房里，桌上的青油灯快要灭了，只剩得蚕豆那么一粒绿火，在灯盏边缘上挂着。他走了过去，那火忽然一爆，向四周投出一层黄亮的光波，接着就熄灭了。

窗子外面的汽油灯白光，立刻从纸窗上反映进来，照出一个戴着尖形瓜皮帽的瘦小影子，在黑暗里呆孤孤地直立着。

一九四〇，五月于金华

1940 年 6 月 25 日，《现代文艺》第 1 卷第 3 期

# 多余的人

那还是童年时候的事情。那时我们住在乡下的老家里，乡村的生活是异常单调的，一放晚学，回到家里，找不出什么玩儿的，尤其碰到下雨下雪的日子，孩子们更容易感到厌倦和寂寞。

大抵是在吃晚饭之前，我们常常会感到后门口一声熟悉的咳嗽，于是孩子们便抢着跑出去，一壁兴奋地喊着：

“妈妈，莪生痴鬼来啦，莪生痴鬼……”

在后门的门柱上，没精打采地裹着一个山羊脸的人，尖尖的下巴，配着一个扁坦的鼻头，两片薄薄的嘴唇，没有一点血色，无力地张开着，一双白多黑少的眼睛，简直就像一双死鱼的眼睛似的，毫无神采地突出在眼眶外边，很难地霎动一下，脸皮松弛而苍白，从鼻子的旁边画出两条很深的八字纹路，一直拖到嘴唇角上。偶然鼻子搐动一下，那纹路就拖到更底下去，仿佛哭起来一样，脸上很少有什么表情，永远是那么木钝的，像是用泥土塑出来的。

他穿着一件破烂得不成样子的长衫，布的颜色已经辨别不出来。所有的纽子全脱落了，现在是用一条带子拦腰束着，小腿是裸露着的，趿着一双破布鞋，天气冷的时候，可以看到那两条腿子像羊腿似的在长衫底下簌簌地抖动着。

他把两只手交垂在肚皮上，右手里摆了一只打过许多补丁的大碗，悠然地靠在门柱上，当孩子们跑出来的时候，他连眼毛都懒得霎动一下。

“唷！ 莪生痴鬼，你怎么又来了，你前天才来过呀。”

孩子们一看见他，就像发现一个战斗的对手，总要想出种种的方法去向他挑战，但是对方照例是不理不睬。

“唷，莪生痴鬼，你来得太迟了，我们饭早吃过哩。”孩子们又故意逗着他，但谁也不敢去碰他，一则怕他有虫，二则怕痴鬼发起性子来，也许真的会打人。

但是莪生痴鬼仍然没有动。

“喂，莪生，有件东西你要不要吃，好得很呢——米田共。”

“哈哈，米田共，……莪生痴鬼吃米田共……”

孩子们拍着手大笑起来，自然莪生痴鬼是不会懂得什么叫米田共的，他只是把身体轻轻一动，孩子们的笑声突然间断了一下，望了望对方并没有第二个动作，于是又哄然地笑得更猛烈了。

愈是莪生痴鬼没有反应，孩子们便愈想去激怒他，一直到最后，等他把那双死鱼眼睛翻了一下，像呻吟似的发出一个沙哑声音：“告诉你们老师去！”于是孩子们才感到仿佛是获得胜利了。

这时，妈妈或是烧饭的王妈，端了一大碗白饭出来。饭面上照例有几片咸菜或萝卜干一类小菜——有时也会有些剩余的鱼肉，并不说话，只望莪生痴鬼的大碗一倒，莪生痴鬼也照例地不作声把碗接过来，就转身向自己家里踽踽地走回去。

孩子们仍然恋恋地望着这寂寞的背影——走入到暮霭中间，在背后鼓噪着，笑着，甚或嘘着狗去追他，但是狗是认识莪生痴鬼的，摇了摇尾巴，却并不肯去执行这个命令。

一直到大人们在呵斥了，于是孩子们才肯回到家里去。

对孩子们，莪生痴鬼就是这样一个有趣的人物，大人们对他也没有什么反感。莪生痴鬼是我们族里唯一的要饭的。这自然有点丢脸，但是莪生的要饭却和普通的叫化子不同。譬如说，他从来不向族外的人去要一碗饭或一个铜子，人家给他他也不要，他自己也承认这是倒祖宗的楣的。而即使对族内人他也从来不开口要。他总是站在你的后门口咳嗽一声，表示他来了，你不给，他也不说什么。族里的人也很少不给的，因为每个月每家也轮不到几回，谁也不稀罕这一两碗饭。莪生又计算得很恰当，比较好过一点人家就一月多跑上几回，清苦一点的人家就只去回把，而且日子多几乎是排定了的。此外，莪生痴鬼除了要饭，却从来不讨一个钱。在乡里人看，一个铜板是比一碗饭更重要的。要一碗饭并不算什么，这使他们对莪生更有一种“颇为识相”的好感。莪生自己呢，他并不承认他是一个叫化子。他认为彼此都是祖宗名下的人，只要不涉到钱财方面，借几碗饭吃，这是自己人应该的本分，并不算倒楣，谁要连这点都不肯，不消说这是他自己的不该，因为他眼睛里连祖宗也没有了。

莪生不承认他自己是要饭的，自然还有其他的根据，譬如说，他还有一个祖上分下来的房子，他从来没有想把它卖掉过。房子虽然破旧，究竟是份产业，叫化子名分是该住破庙凉亭的，他住着自己的房子，这能算是叫化子吗？还有一点尤其不能说他是叫化子，因为有些日子，他也帮村子里的人家做做短工。

假如哪一家临时需要一个做工的人，只消头天晚上，到莪生痴鬼家的小窗口去叫一声：

“莪生呀，明天到我家来拆一天短。”

第二天，这一家上饭刚熟的时候，莪生就从不误事地坐在灶门口了。

莪生做事很忠实，他从不跟人家多说一句话，交代他什么，他就默默地埋头做去。吃饭的时候，不必叫他，就自己拿只碗到锅里去盛。一到了晚上便等着拿工钱。他的工钱不管是什么工作，永远不变的是四角小洋。雇他的人大都是知道他脾气，吃过晚饭就把四个小银角子放在窗槛上或什么地方叫一声：

“喂，莪生痴鬼，你的‘四角头’在这里。”

于是他也不说一句话，抓起来放在破长衫的口袋里，默默地回去了。

可惜的，是莪生会做的事情不多，他的力气太小，挑水，锄田，磨谷一类事他都吃不下，只能做一些妈妈们干的粗活，譬如牵磨呀，割草呀，打扫呀，而且精细一点的活又做不来，除了过年时节以外，一个月里做工的日子却是很少，大多的时候，还是捧着那只大饭碗，去站在人家的后门口。

莪生替人家做短工的第二天，便是他最幸福日子，村里的人替他起了一个名目，叫做“做生日”。他把四角小洋作了一个很好的分配，一角多钱买斤把米（那时候的米价就是那样便宜），两角来钱买大半斤猪肉，剩下的便买些糕饼茶食，还买一双叫做“粗芽”的蜡烛。白天里他把饭和肉煮着吃了，到了晚上明晃晃地点起两支蜡烛，一支放在床头，一支放在脚头，他自己靠坐在床上，把被窝裹着脚，泡上一壶滚茶，将买来的糕饼，平匀地摆在一只盘子里，一壁喝着茶，一壁慢慢地嚼着糕饼，直到蜡烛快要点完了，这才缩入到被窝里呼呼地大睡一觉。到了第二天早晨起来，又看见他拿着饭碗等在人家后门口了。

有一年大正月里，他在我们家里一连做了四天工。这一次他积蓄了十六个小银角子。在莪生，这是最阔气的了。第五天晚上，我们几个孩子约着偷偷地点盏灯笼溜到莪生痴鬼家里去看他“做生日”。

他住在一排破缸片砌成的瓦房中间的一间，那排房子好像随时都要倒下来似的，歪侧得像一排斜写的英文字体，直到最后的一间的墙壁上，用一条粗大的木材顶住了。这些房子大都是用来堆积农具肥料和养猪养牛的，远远就可以闻到一种牛矢和腐草的刺鼻气味，只有莪生痴鬼住的那一间还比较干净，尤其在这天晚上，从那小木窗里，透射出辉煌的烛光，给这排寒冷而阴森的朽旧房子带来一种温暖的气息。

我们先爬在小木窗前面偷看了一下，里面桌子上并排点着两支半斤重的大红蜡烛，烛光在空气中间抖动，照着满屋子都亮光光的。莪生痴鬼站在桌子前面，握着一股棒香在蜡烛上点着。他那巨大的影子映在屋梁上随着晃动的烛光微颤着。

“喂，莪生痴鬼！”我们轻轻地叫了一声。

他愕然地旋过脸来，向四周看了看，那两只眼睛睁得很大，嘴巴张开着，显出一种恐怖的神情。他这样木立了几秒钟，终于他发现我们了，摆了摆手说：

“进来吧。”

我们推进门去，他已经把香点好，插在一支小玻璃瓶里。桌子上整整齐齐摆着四盘茶食：一盘鸡蛋糕，一盘寸金糖，一盘橘子，一盘落花生，上首放着两只大小不一的杯子，盛着清茶。

“唷，这做什么啊？”我们忍不住要笑出来。

莪生痴鬼向我们摇摇手。我们这时才注意到他那张山羊脸上——我们敢说从来不会看见他这样严肃过，两只眼睛不像平日那样木然地没有一点神采。现在是闪耀着一种虔诚的光芒，仿佛一个正在祈祷的老和尚似的，这使我们大大地惊奇起来。

“做什么啊？”我们只敢轻轻地问。

“拜祖宗呀。”他指指挂在墙壁上一个小照相框，郑重地说。那照相框已经很旧了，但是却极其精致，四周雕着细巧的花纹，涂着的金漆已经多半剥落了。照片中的人是一对中年的男女，分坐在一张茶椅左右，男的还留着辫子，女的穿着高领的皮袄，抱着一个孩子，都是前清的打扮，看那样子是很阔绰的。日子久了那照片已经泛出黄色。

“这是谁呀？”我望着他那贫血的脸孔说。

“唉，你们不认识了，”莪生痴鬼鼻子缩了一下，那两条八字纹路往两旁骤地拖开了，“你们还该叫他鸿恩伯公呢，那边是伯婆。”他指指那穿高领皮袄的女人。

真的，我们不曾听见过这样一个伯公。

"那毛毛呢?"另外一个孩子指着女人手里的婴孩。

莪生愣了一愣,仿佛什么人在他背后敲了一下似的,半晌才举起手来指指自己的鼻子,用一种低得几乎听不清楚的声音:"就是——我。"

"你?"孩子们惊叫起来,一齐睁大眼睛,默默地望着这个痴叫化子。黑暗的小木窗外,吹进一阵夜风,把蜡烛火刮得忽忽地乱晃,一股煤烟在火焰上旋转着吹向屋梁上去。

莪生痴鬼忽然叹出一口气,把我们从桌子旁边拉开,他站在蜡烛香前面恭恭敬敬作了一个揖,随着扑地跪到地上,拜了四拜,慢慢地站起来。

"你们也拜拜啊。"他指着墙壁上的照相对我们说。

我们彼此望着笑了笑,一个堂弟弟把头一撇说:"我不拜!"

"唉,究竟也是我们姓×的祖宗啊!"莪生眼睛望着对面的墙壁喃喃地说,我看见他脸上的筋肉一搐,眼睛里似乎汪着一些什么。

记不起是哪一位堂兄,忽然自动地走了过去,朝着照相鞠了一躬。这一个举动立刻引起每一个孩子模仿起来。莪生痴鬼好像很高兴,等最后一个鞠躬过了,他就很快地走过去,把香拔掉,插到门柱上去,接着把桌子拉到板床前面。在他拉桌子的时候,我看到他苍白的脸皮上,忽然掠过一丝从来没有过的微笑,但很快地就消失了。

他放好两条长凳,叫孩子们都坐到桌子旁边去,他自己坐在床上,床上铺着一条草席,被絮已经变成黑色了,他似乎不好意思,把它卷起来,放在身体背后。于是抓起一些鸡蛋糕、落花生这类，分到每个人前面，并且替我们倒好了茶，然后抓一只橘子放在自己的手上。

“吃点啊，新年新岁难得的。”

他的声音依旧是那么落寞的，仿佛远远地隔着我们在说话，他特别地剥了半个橘子送到我的面前，我看见他枯瘦的手腕在不安地战栗着。蜡烛的红焰映着他平板的脸孔，两颗颧骨旁边，这时忽然现出一层稀薄的奇异的红晕。使人曾想起黄梅天气从阴霾中透出来那种淡淡的阳光。他注意地望着孩子们是否在吃他的东西，直到有人开始在剥花生了，他才放心似的把一瓣橘子纳入到自己口里。

起先，孩子们也有点不好意思，有的只把半个屁股猴在凳子上，他们原来是打算来开他玩笑的，而现在却变成他的客人了。大家羞答答地互相望着好笑，屋子的四周是那样静寂，隔壁的猪圈里，猪公在咕噜地打鼾。蜡烛上的油慢慢地淌下来，发出一种刺鼻的蜡油气味。有个孩子爬上去把蜡烛夹掉一点，烛光骤然一亮，四周缸片墙上的黑影子便随着摇晃起来。

这样，孩子们便渐渐活泼了。大家开始互相戏谑着，把果壳抛掷着。莪生痴鬼盘着腿坐在草席上，望着孩子们玩，很少说话。盘子里的果品渐渐少下去了。莪生痴鬼把自己一份放在长衫的兜里，慢慢地嚼着，有时看见哪个孩子的东西吃光了，便从自己兜里吝啬地分出几颗落花生来。

“喂，莪生，你讨过老婆没有?”忽然一个较大的孩子朝着他半开玩笑地问。

这个问题立刻引起了大家的兴趣，眼光一齐落到那张平板的山羊脸上。一层暗影似的什么骤然从那脸上掠过去，莪生把鼻一缩，仿佛打嚏似的“嗐”了一声，“吃嘛，这鸡蛋糕……”他故意劈开一块蛋糕，分给那个发问的孩子。

“喂，人家在问你哪，你讨过老婆没有？”那孩子推开他的鸡蛋糕。固执地追问着，其余的人哗地笑了起来。

莪生痴鬼狼狈地睁大着两只眼睛，危坐在板铺上一声不响，过了半晌，才突然吐出一个声音来：“恶！”

吃完了东西，孩子们就散开来。莪生把衣袋里花生壳都抖到地下，打了一个哈欠，安排睡觉了。他把两支蜡烛分开来，一支放到靠脚头的床边凳子上，一支移到靠近床头的地方。

“你又不是死人，脚头点什么灯啊？”又是一个孩子向他打趣说。

这回莪生好像是发脾气了。脸孔一沉，绷得紧紧的，把那床污黑的棉絮猛地往脚后一推，咕哝地说：“新年头上，什么死的活的？头要照亮，脚就不要照亮么？”

孩子们发出一阵满足的狂笑，向门外奔去了。

从黑暗的田野上，我们回过头去，仍然看见那小木窗里莹然地亮着烛火，莪生痴鬼像尊佛似的呆呆地踞坐在那红色的光圈里。

当天晚上，每个孩子都受到大人们一顿训斥，第二天早晨，我们上学的时候，又碰到莪生痴鬼捧着那只大饭碗从一家后门口走过去。我们向他招呼一声，他却和平时一样，只是冷冷地向我们翻翻眼睛，并没有说什么，似乎昨天晚上的事情已经忘记了。

隔了不久，在一个闷人的黄梅天的傍晚，村子里的人突然被一件新闻所轰动，就是莪生痴鬼给人打伤了。

大家跑出去看，莪生痴鬼直挺挺地躺在一个堂叔家大门口的泥地上。额角上打起几个疙瘩，左眼角上一块紫青的伤痕。束在腰里的那条带子早扯断了，那件破长衫像袈裟样的散了开来，露出里面到处都是破洞的衫袴。他闭起一眼睛M——M地呻吟着，那张平板的脸上涂上许多泥污，仿佛是一张死人的脸孔。

一堆人望着他在笑。

“怎样的呢？喂，莪生，谁打你的？”后到的人惊奇地问。

莪生没有回答，也没有动。只管M——M地响着。在他脑袋旁边的泥地上，躺着一块雪白的银币。

“怎么？你大概偷了人家的洋钱吧？”

他突然把眼睛一睁，向那说话的人翻了一个白眼，接着仍旧闭上了。四周的人又哄笑起来。

事情终于由先来的人说明了。打他的就是住在这房子里的那个堂叔，绰号叫唐伯虎的，一个出名的浪荡子，学过几手拳棒，专门喜欢跑马养狗，打牌吃酒玩女人的家伙。大概是什么都玩厌了，又是这沉闷的黄昏，很想找些什么来刺激一下，他跟几个朋友在门口闲谈着，恰巧莪生痴鬼捧着饭碗走过去。那家伙向他招招手：

“过来！”

莪生不知道什么意思，站住了。

“我给你一块钱，你给我打一顿，好不好？”唐伯虎挽着袖管笑嘻嘻说。

他不等莪生痴鬼回答，便突地窜过来，一个乌龙扫地，就把莪生绊倒了。那只饭碗飞到树枝上，打破了。

莪生痴鬼是个无用的家伙，连挡也来不及挡，就给唐伯虎翻了三个筋斗。他只会嘀嘀地直喊，唐伯虎却施展出他拳棒的本领，把他丢过来又摸过去，足足打了一刻钟光景才住了手，临了还吐了一口涎沫说：

"呸！老子晦气，碰上你这一点劲儿都没有的夯货！喏，一只洋，别替我装死啦！"

他从口袋里摸出一块银币，当地丢在泥地上，拍拍袖子进去了。

一直到天快黑了，莪生依旧一动不动地直挺挺躺着，看热闹的人耐不住，渐渐散了。莪生痴鬼这才慢慢爬起身来，拾起那块洋钱放到口袋里，摸摸额角，朝着那大门口喃喃地骂了一句：

"老子收了你，留着替你这败家精做棺材本！"

于是他站起来，找着那只打破的饭碗，寂寞地望了一望，一拐一拐地走回家去了。

他的伤痕很快就平复了，也没有吃什么药，依旧照常地过着那单调的生活。

关于莪生痴鬼的身世，我们始终不大清楚，只是从那回正月里的晚上以后，我们知道莪生小的时候是很阔气的。他有一个穿皮袄子的妈妈和一个梳辫子的爸爸，但究竟怎么会变成要饭的，这却无从知道，莪生痴鬼是个难得讲话的人，这是不容易深究出来的。自然，孩子们也并不感到必要去探听这一类的事情。

直到另一年一个冬天的晚上，我们吃过晚饭，走到隔壁四公公的家里去玩，他们也已经吃过饭了，一家人挤在灶房里取暖。四公公坐在桌子旁边一盏青油灯底下，在感慨地说些什么，旱烟斗里的火焰间歇地闪出一星暗红的微光。

“人总是拗不过命的啊，一切都是早注定了的！”

“可不是嘛，”坐在对面的四婆婆同情地说，“要不然，莪生是个挺老实的人，现在怕不儿子都长大了吗？——真的，莪生，你现在还能认识他吗？”

四婆婆的脸孔转向黑暗的灶台后面，从那里，发出来一个病人呻吟似的沙哑声音。我这时才看到莪生痴鬼蜷缩在灶门前面的矮板凳上，紧紧地捂紧着那件破烂的长夹衣，在靠着灶窝里的余烬取暖。原来这一天他是在四公公家里牵磨的，不知道为什么，到这个时候还不曾回去，却一声不响地弓在灶台旁边坐着。

他没有回答，人们也看不到他脸上的表情。风在窗外呼呼地刮着，四公公家里的一个长工接下去说：

“认识总认识啰，一夜夫妻百夜恩，哪会忘记呀——是不是？”

他朝莪生坐着的地方扮一个鬼脸，带着一种讽笑的调子说，“倒是，你们究竟一起住了多少时光呀？”

灶台后依旧没有声音。莪生痴鬼的头似乎低着，只看见一颗毛茸茸的头顶，我拉拉四婆婆的衣襟，轻轻地问：

“怎么一回事呀？”

“莪生从前的老婆，嫁给杨村的一个酒鬼，昨天她掉在河里淹死了。”四婆婆随口地回答说，又接着那长工的话说下去：

"我记得好像一年都还不到吧？那时莪生才十五六岁，就做亲了，哎哟，做亲时光还不是金装玉扮的，多阔绰啊。新娘子的嫁妆就满满摆上一堂，谁想不到一年就败了，鸿恩钱店一倒，鸿恩伯伯就吞了鸦片，讨债的坐满了堂屋，新娘子回了娘家。一去就不转来了。"

"唉，哪会败得这么快呢？做人真是难说啊！"另外有人在嗟叹着。炉子上的铜吊吱吱地叫起来，灶房里充满着一种冬夜的温暖的烟雾。

"败家容易成家难——这还不是古话吗？"四公公抹着胡子叹息说，"莪生的爹爹是个出名的糊涂虫，自己手头究竟有多少，直到死的时候也没有弄清楚，靠着祖上一份产业，就好像金山银山吃不穷似的。其实真是金山银山，那样花起来还怕不倒吗？"

"那时候——哎哟，"四婆婆抢着说下去，她是一个爱说话的女人，捧着一只水烟筒，说两句，吸两口烟，生怕什么人把她话头打断似的，"——这村子里就算他家最阔了，鸿恩伯伯的鸦片烟是讲一缸一缸烧的，两夫妻一天到晚就躺在鸦片床上，四个丫头，八个老妈子，轮流服侍，乖乖！谁又料到……"

她深深地喷出一口烟，好像吐泄出一重什么心事似的。莪生痴鬼默默地听着人们诉说着他过去的命运，始终不作声，那蜷曲的身体轮廓愈缩愈小了，就像什么东西把他在溶化着似的。人们似乎也忘记了他在那里，继续地谈论那多年以前的故事。

"莪生呢——"四公公吸完了一筒烟，把烟杆在泥地上笃笃敲着说，"不能怪他，他那时还人事不知哩。长得十五六岁，也不让他上学，斗大的字怕还认不得几个，只晓得饭来张口，衣来伸手，人还没长足，就给他要上一房媳妇。老子一死，有什么办法呢，那女人也是可恶，守不得贫，耐不得苦，房子还没卖掉，倒说先跑了。现在这样结局也是苍天报应……”

这一回，莪生大概是忍不住了。他虎地站了起来。一不小心，那件稀脆的长衫，又嗤地撕碎了一块，他也没管，拖着背后那块破布，直起眼睛望灶房外面走去。

四公公望了他一眼，忽然把指甲在桌上卜卜敲着：

“喂，莪生，你的‘四角头’还没有拿呢。”

真的，莪生还是头一次，几乎把他的工钱忘记了。他回过身来，抓起那银角子塞到口袋里，逃也似的溜出去。

“喂，明天你又可‘做生日’了。”那长工望着门外补了一句。

北风依然在门外呼啸着。灶房里却似乎冷落起来，四公公喝了一口茶，望着门外重重叹了一口气：

“作孽啊，在的时候不肯争口气，弄出这样的子孙，痴不痴，癫不癫的……”

隔了两天，四公公家里的长工偶然看见莪生在那个淹死的酒鬼老婆新坟旁边，鬼鬼祟祟地徘徊着。他看见长工吃了一惊，一溜烟逃走了。长工走过去看时，坟头上插着三支棒香，袅袅地升着青烟，地下还有一堆刚才烧过的纸灰。

长工回来，把它当作笑话告诉了村子里每一个人，大家笑得眼泪都滚出来。这天晚上，莪生一直不敢出来要饭，整整地躲在家里饿了一夜。

之后不久，我就离开故乡了，足足有十几年不曾回去。关于莪生的消息，自然也无从知道，不晓得他究竟死了还活着。直到抗战后一年夏天里，偶然回到家乡去，却才发现他依旧在着。

当我刚走入村子口，瞧见一个人爬在凉亭的墙壁上贴告示。那人听见我足步声回过脸来。我一看就是那张熟悉的山羊脸孔，依旧是那么冷冰冰的，和十几年前完全一样，似乎一点也没有老，不过那件破烂的长衫却不见了。现在只穿着一条满是补丁的旧军裤，骨瘦嶙峋地裸露着一个苍白的背脊。

他大概是不认得我了，冷冷地望了一眼又回过脸去。我也没有去招呼他，但是心里却有点奇怪，莪生痴鬼怎么会在贴这种告示。

自然，这很快就明白了。原来这几年里家乡的情形跟从前已经不一样了。米价又贵，后一代的人也没有前辈那样厚道，莪生痴鬼那一套要饭的方法，已经有点行不通了。纵使能要到一点，也不像从前那么容易，只消咳嗽一声就够，现在却要啰嗦了半天，才给一碗，而且现在没有一点钱也不行，“做生日”的事情早就取消了。但是生活却比从前更窘迫。幸亏他有个族叔当了本保的保长，看见他可怜，便叫他在保长办公处当当差，只吃饭不给钱，这样才混了下来。

他住的那排房子已经有一部分倾塌了，但他住的那间却还勉强支持着。不过比起从前是更加凄惨了，我回来以后，就一直不曾看见那小木窗里射出过一次灯光。

有一天早晨，村子里忽然响起一片锣声，大家跑出去看时，莪生正提着一面破锣，一壁敲一壁喊过去。

“龙王庙开会啊……龙王庙……”

“开什么会啊？也不说说清楚！”人们冲着他说。

“我管它什么会，又要抽兵呢！”莪生翻了一个白眼，连脚也没有停，依旧沙着喉咙叫过去：

“开会啊……龙王庙开会啊……”

就在第二天早晨，莪生痴鬼忽然失踪了，他那间破缸片筑成的小屋的门，直直地敞开着，里面阴森森的看不清楚什么，直到八九点钟光景，他那个当保长的族叔才来，皱着眉头走进去草草看了一下，叫人把里面一些破烂家伙搬出来，加上一道铁锁，这产业就归他接收了。

村子里的人全明白是怎么一回事，谁也没有说话，这是没有必要的，而且大家觉得这样也没有什么不合理。村子里少了一个莪生痴鬼就和少了一条黄狗一样，绝对不发生什么影响，事情就是这样淡淡过去了。几个月以后，连莪生痴鬼的印象也像桌子上的灰尘般的，慢慢地从人们的记忆里抹掉。

现在那间破屋已经修葺过了，前边的缸片已被拆去，安上一只柜台，他那位当保长的族叔在这里开起了一家小杂货铺，时常有些闲人到那里去坐坐，但是大家已经忘记这屋子的旧主人的故事了。

只有一次，当四公公（他现在已经龙钟不堪了）拄着拐杖经过那店门口时，他独自幽幽地叹息了一声：

“造孽真重啊，荒唐了一辈子，害得子孙一间破房子都终于保不住！真是报应啊！”

1941年10月15日，《文化杂志》第1卷第3号

# 雨　天

黄梅天的雨就是那么腻人，才透露出一丝太阳，一会儿倒又淅淅沥沥地下起来。天空上堆满着一团一团棉絮样的云，低得仿佛就压在头上。阳光从云块背后无力地渗滤过来，散发出一种饱和着水蒸气的闷热，没是一丝风，树叶子沉甸甸地下垂着。才插过秧的田里涨水，倒映着天空上灰白色的云块，益发像一片大棉胎把大地包了起来；远处的山腰被白雨云隔断了，偶然现出几个尖峰，寂寞地伸突在云层上面。

大概是黄昏以前，原野上静寂寂的，连野狗也不见一只，什么东西都似乎懒得动弹，只有山溪里的水，在琤琤琮琮地流着。就从那山溪旁边的村道上，这时转出两个赶路的人。一个是高大的个子，跛了一只脚，却一拐一拐地扶着那另一个走。那一个是矮瘦的家伙，拄着一支竹竿，半靠在那高个子的胳膊里。两个人只有一顶笠帽，由那个瘸子擎着，高高地撑在两个人的头上，在雨丝中一摇一摆地晃动。路上泞滑得太不好走，又兼那个是瘸子，四条腿在泥浆中间一步一跳地跨了，远远望过去，就像两个搂在一块跳着什么舞。

渐渐的，两个走近来了。从他们的样子和肮脏的军服上，可以猜想出是刚从前方野战医院里下来的伤兵。那瘸子是个挺结实的家伙，虽然受过伤，那两只暴出在眼皮外面的牛眼睛，却依旧闪着一种农民纯朴和憨直的神情。他右腿上的伤口大概已经痊愈了，还绑着一块纱布，那纱布溅满了泥浆，早变成黄黑色了。他吃力地扶着那个伙伴走，那伙伴是个四十来岁的老兵，大概害了疟疾什么的，脸色焦黄像一张枯叶子，一抹络腮胡子兜到耳根上，和鬓骨旁边的头发连接起来。下颏无力地弛垂着，走一步路哼一声气。乡下的泥路本来就是一块高一块低的，再给牲口踏出许多蹄痕，一下雨都变成一个一个水洼洼，脚踩下去，立刻被泥浆包起来，一不小心就溜了开去。那瘸子穿着一双布运动鞋，走一步鞋底里就吱的一包水，他现在已经没法脱下来，只会瞪起牛眼睛“奶奶的”“奶奶的”直骂。

“我早说嘛，你该去弄一副担架抬来，干吗来受这个罪。”他瞅了他伙伴一眼怨恨地说。

“我的爷，谁知道呢，半路上又发起这瘟病来，”矮瘦子有气无力地回答着，“可是——就着有担架，怕也轮不着你和我。”

“他奶奶的！”瘸子车转脑袋唾出一口涎，“这鬼儿子修的阎王路，老子就连莫曾见过！”

他们爬上一座矮坡，那病兵支着竹竿，站住了喘气。雨小了一点，瘸子把笠帽放下来，替那伙伴戴上。那病兵望一望前面，那边山脚下隐约露出一座村庄，一些黑色的屋顶，像是浮漾在山脚的薄雾中间，有一家屋顶上正袅袅地升着一缕白色的炊烟。

他叹了一口气：

“天老爷，这可到家了。”

“到了？谁说的？”癞子把脑袋一扭，“早哩，同志哥，李家堡还有二十来里地哩，鬼知道这是什么鸟村庄！”

“管他什么鸟村庄，我可再不走了。”矮瘦子扶着癞子的肩膀，浑身骨头像要松脱开来似的，“找一个地方，弄些吃喝的，睡他一晚再说吧。”

“好主意呀，”癞子露着牙齿冷笑说，“你可知道，咱们身边一个大也没有了吗？”

矮瘦子大声地呻吟起来。

“别丧气啦，”癞子扶着他又一拐一拐地走过去，“咱们命都拼了过来，怕弄不到吃喝吗？找到老百姓总有办法！”

两个人默默地走下矮坡，远处什么地方一只狗在吠。一群水老鸦从村子的屋顶上飞过去，那一缕白色的炊烟仍然静静地在上升着，这引起了癞子强烈的食欲——他们从上午吃过一餐早饭，还不曾有东西下肚，肚子里什么东西在滚腾着，尽管咕噜噜地叫。他幻想起那热腾腾的大米饭和那喷香触鼻的气味来，忍不住咽嘟地咽下了几口淡水。

他们又走了里把路，路上连没有遇到一个人，快进村口的地方，有一座竹林，一只黑狗坐在一座破墙旁边的荒坟上，嘶哑着喉咙向他们嗬嗬地叫着。那声音好像是在哭，害病的矮瘦子听了怪不舒服，抬起脸来，把竹棒一扬，狠狠地啐梢一口：

“嚎你的魂！死狗！”

那黑狗夹着尾巴，站了起来，依旧嗬嗬地叫着，癞子正待赶将过去，蓦地，牛眼睛一大，扯着矮瘦子的臂膀怪叫起来：

“哎呀，碰到鬼啦，你瞧，这地方！”

从那簇竹林旁边望过去，那沿着村道旁边一带许多房子，都乱七八糟地倾圮着，墙壁倒塌在路上，屋椽子像一些只剩得骨子的破伞似的倒挂在折断的屋梁上，满地都是碎瓦砾，剩下几垛焦黄的破墙寂寂地矗立在黄昏的雨丝中间。只有离开路远一些的房子却还保持完整的样子。那只黑狗看见他们走来，边叫边逃到破墙后面去了。

“我的妈！这可不是给炸弹炸了的？”瘸子摸着额角叫起来，“这样的小村庄炸它做什么呀？”

他兴奋地一拐一拐地向前赶过去，矮瘦子气喘吁吁地跟着。嘿，可不是给炸毁了的！这边靠路旁还露着丈把宽一个大窟窿，泥巴都翻了上来，给雨一冲，淌得满地都是黄泥浆；那边靠土地堂旁边又是一个窟窿，土地堂倒塌了半截，土地公公的身体倒栽在泥巴堆里。

“他奶奶的！这可不炸光了！”瘸子一壁走一壁咬着牙齿诅咒着，碎瓦片在他脚下桀轧地叫过去，那边有几间炸坏了的屋子里，还露出一些脱漆的床铺和柜子，一块门板倒在破屋檐下，檐头水兀自在那门板上笃笃地滴着。矮瘦子一屁股望那潮湿的门板上坐下来，叹口气说：

“这年月，尽倒霉，咱们找哪儿去过夜呀？”

“过去再说吧，呆在这儿有鸟用！”

瘸子也有点暴躁了，把他拉起来，继续往前走去。他们又看到了那一缕炊烟，那是在村子头一家矮屋上，这会已经不出白烟，只剩得一丝黑色的余烟在烟囱口徐徐地冒着。

“这就有办法了！”瘸子高兴地喊起来，“咱们趁早赶热灶去。”

他们望着那屋子走去，黄昏已经到来了，天空中下着濛濛的细雨。一株槐树底下，有一个十来岁的女孩子，蹲在炸过的瓦砾滩上，默默地在捡着什么，她听见有人走过，惊讶地抬起脸来，脸色是那么阴沉，再衬着那灰黑的衣服，跟那些雨淋着的瓦片一样的颜色。瘸子眼睛偶然和她的眼睛接触了一下，一种绿幽幽的微光，仿佛黑夜里狗眼睛闪出来那种光芒似的，突然刺到他脸上，他愣了一下，那女孩早又低下头去。那只黑狗又在村梢头转出来，向他们叫出哭一般的声音。

他们找到了那一所矮房子，只比瘸子的身体没高得多少，没有窗子，墙壁震得有点斜倾，一扇门板虚掩着，板门上贴着一个斗大的"福"字。

瘸子和矮瘦子轻轻挨将进去。里面黑越越的，屋角的泥灶里还有一些暗红的余火，一闪一闪地映出鬼魂似的两个人影，瘸子咳嗽了一声，那两个影子惊乱地晃动起来。从朦胧的微光中，看出是一个伛偻不堪的老头儿和一个干瘪南瓜样的老太婆。那两个老人张开了枯瘠的手臂，仿佛两段枯木似的怔怔地向他们凝视着。半晌，那老头儿才喃喃地吐出一个颤抖的声音。

"谁谁……谁呀?"

"打搅你，老板，"瘸子拐上一步，做了一个招呼的手势说，"咱们是前方下来的，要赶李家堡去的，咱们这伙伴儿害了病哩，今晚上借你地方打一个火。"

那两个老人依然愣愣地木立着，似乎没有听懂，瘸子又补了一句：

"咱们是上李家堡后方医院里去的，趁天晚了，在你地方打搅一夜。”

“哦，哦，”老头儿觉醒过来似的茫然地回答着，回头去向他老伴儿喃喃地说了一些什么，那老太婆定着一双灰白的老花眼，战抖抖地朝那两个打量着。她穿着一件稀烂的蓝夏布衫子，下摆一直盖到膝上，头发差不多秃光了，只剩下一簇灰白的头发，结成一个小圆髻耸在脑勺上。她突然把两只柴梗样的手一摆，向瘸子哑哑地诉说起来：

“好苦哪，老总啊，日本鬼子把我们炸得精光哩，哎呀，好狠心哪——”

那双灰白的小眼睛一映一映的，显然那轰炸的恐怖还不曾从她心中除去。瘸子把稀湿的帽子除掉，在桌子旁边一张板凳上坐下来。矮瘦子早坐下了，去掉苙帽，把头埋在肘弯里，伏在桌沿上面打起盹来。

“真的，这样小村庄，怎么会炸得那么凶呀？”

“可不是，”老太婆继续哑哑地说下去，“这月初二，这里有你们的同志过路。——啊那才算冤枉哩，在那边祠堂里才住得一晚，乖乖，初三早晨就来炸了，好多的飞机呀，轰轰轰的，阿弥陀佛，天都翻过来啦，炸死多少人命呀，啧啧啧，活地狱哪——”

“——活地狱哪！”那老头儿接了一句，他的牙齿已经脱落光了，说起话来嘴唇一扁一扁的。“连尸首那收不全的，一座好好的村庄，就是这样毁了，你说吗？”他把手一摊，凄然地低下头去。

“那你们怎么不走呢？”

“我们？我们走到哪里去呀？”老太婆又歇斯底里地叫起

来，“我们又没有吃的喝的，老总，一口猪，三只鸡婆都活活地压死了，我那媳妇，可怜才四十二岁……”

“怎么，你的媳妇——”瘸子吃惊地说。

“没有说的，老总，苦命哪，”老太婆仰起脸来，鼻子里发出一个“唏”的声音。

外面那只狗又在嗬嗬地叫起来，矮瘦子突然抬起脸来，大声地恳求说：

“老板，给一碗开水喝吧，快干死啦。”

那家伙大概是转热了，两只眼睛红灼灼的怕人，老头儿忙到泥灶上去舀了一碗热水来，瘸子望过去，那锅饭已经熟了，透出一股香喷喷的气味，他舌头底下泛出一阵淡水，肚子里又咕噜噜地叫起来。矮瘦子接过水咽咽嘟嘟地直咽下去，翕了一下嘴唇，头上便立刻冒汗了。

瘸子一拐一拐蹩到泥灶旁边，那饭的香味引得他难熬，他回过头来对那老板笑了笑说：

“老板，搅碗饭来吃嘛，咱们早上吃了还没有东西下过肚哩。”

“啊啊，那，那不能——”没等老头儿说话，那老太婆像只受惊的鸡婆似的，张开两只臂膀，望灶旁奔过去，拦着瘸子直嚷起来：

“那不能，老总，我们三口儿只剩得这一点儿了，你行行好心吧！”

她喘着气，把身体战兢兢地遮着饭锅，生怕那伤兵会把它抢去似的。瘸子有点生气了，他翻了一个白眼说：

“这做什么？我又不抢你的，赶路的人同你们买一碗饭吃，算不得什么呀，你没瞧着见咱们这弟兄还害着病，一天没有吃饭哩。”

“啊，老总，你行行好心吧。”老太婆依然自顾自地唠叨着，似乎并不曾听瘸子的话，由于神经过分紧张，那双小眼睛霎动得很厉害，她把手一抓一抓地说，“老总，我们苦命哪，遭了灾难哩，这是保命粮哪，老总……”

那老头叹了一口气，走过来，眼睛里流露出一种绝望的神情，哭声地说：“老总，你原谅吧，我们可怜只剩得这一点粮了。这还是县里发下来的哩。你们明天到了柴家堡就有办法了，我们吃了这一顿，下一顿还不知在哪里呢，唉，老年人莫办法哪！”

他没有他老伴儿那副急样子，只有用乞求的神情茫然地望着那高大的伤兵，这使瘸子有点受不住，他掉过脸去，矮瘦子红着两只眼睛，似乎要发作的样子。

忽然，板门呀的推了开来，刚才蹲在瓦砾堆上捡东西那个女孩子，挟着一些潮湿的碎木板和一篮破碎的什么走进来。她恐怖地望望这两个客人，脸色依旧是那么阴沉沉的。她把东西放了，走到那老太婆身边。用一种敌意的眼光盯住那婆子，默默地不作声。

那女孩子穿着一件破烂不堪的短衫，赤着脚，还梳着辫子，辫子上缠着一条白头绳，瘸子望了她一下，那两只绿幽幽的眼睛，仿佛陡的大了起来，他突然打了一阵寒噤：

“这就你那媳妇的——”

“是呀，可怜她的娘……”老头儿还没说完，那女孩身体蓦地摇动了一下，脸色益发难看起来。她祖母把只手轻轻地放在她的肩胛上。屋子里一阵静寂。

瘌子摇了摇头，又拐回到桌子边来。他把手一抛，大声地说：

“老板，你们管自己吃吧，咱们借你地方睡一晚得了。”

老太婆始终紧张地站在饭锅前面，这时突然像皮球泄了气似的，吐出一个感激的声音：“啊，啊，谢谢你，老总。”

她暗暗地扯了扯那女孩子的衣角，叫她把饭锅搬到里面一间房子里去。屋子里一阵忙乱，老头儿到泥灶背后拖出一捆稻草来，放在地下，搓搓手背，很为难的样子说：

“老总，你们自己铺吧，这地方怪肮脏的，请你包涵点儿吧，苦命人没法子呀！”

瘌子没有作声，坐在桌子旁边，怔怔地望着那三口儿走进里面屋子去，肚子叫得益发凶了。矮瘦子这时刚发过汗，清爽了许多，大概也在饿了，独自的呶呶地咒着：

“一碗饭，稀罕着什么的！急得这副样儿……”

碗筷碰触的轻微声音，从里面屋子里传出来，老太婆唠唠叨叨在数说着什么，那女孩子低低地啜泣起来，壁缝里火光一闪，大概里面在点灯了。

瘌子俯下去把那双满是浆泥的运动鞋脱了，鞋子里浸满了水，瘌子把它往桌脚上用力一拍，一包水从鞋子里吱的飞溅出去。

“奶奶的！”瘌子咒了一声，赤着脚站起来，在屋子里来回走着，屋子里阴暗得一座坟墓似的，墙壁下堆积着的一些破烂木板中间，老鼠索索地在窜着，外面瓦檐上“独——独”地在滴着檐头水，仿佛是滴落在他胃脘上面。他心里越想吃，肚子便越发饿得凶，胃底里热辣辣的好像要榨拢来，喉咙里尽咽着淡水，似乎眼皮也有点撑不起。他走到门边，把板门砰的拉开，下雨天的黄昏天空上透露着一些灰青的微光，雨还在濛濛地飞，村道上那些破壁断垣仿佛一些鬼影似的向他窥伺着。

“唉！”他大声地呻了一下，心里焦躁起来，“妈的，谁不是苦命的，老子在前方命都拼了过来，难道反到后方来挨饿！”

他拐回到泥灶旁边去，想找寻些什么，灶面上什么都是精空的，只有二三只饿不死的蟑螂在灶壁上轻轻地爬走。

“他奶奶的，连口汤水都不见，这些老百姓！”他嘟哝着。

“自己都不保，还可怜人家呢！”矮瘦子倚靠在稻草堆上，冷冷地说，他那双深陷的眼睛和满脸的络腮胡子，从朦胧中望过去，简直就是一个鬼。

矮瘦子的话激怒了他，他突对那两个老家伙憎恨起来，为什么这些人，只晓得顾自己，分你一碗饭，也不见得会把你饿死呀！他瞪着从那泥壁缝里透过来的一线灯光忿忿地想，任着他平日的性子，就会直闯将进去。

泥壁后面发出一阵轻微的骚动，那老太婆好像跟那老头儿在吵着什么。她那沙嗄的声音就跟这黄梅天的雨云一样，沉闷地压落在瘸子的心上。他抽了一口冷气颓然地退回到桌子旁边坐下。

“哼！”矮瘦子在背后发出一声短促的冷笑。瘸子回过头去，那家伙跷着一只腿，高高地仰起那张焦黄的脸孔，自管自地在摸弄着嘴边的胡子。瘸子仿佛遭受了什么侮辱，握紧拳头，又虎地站了起来。

突然，屋子里一亮，那老头儿巍颤颤地出来了，手里捧着两盅饭，背后跟着那女孩子，手里拿着一支油篾。油篾的暗红火光，散向阴暗的四周。

“老总，你们还是将就吃点吧，害病人是饿不得的。这一点米粮反正也养不活我们爷儿三个，把它吃了吧，我明天跟你们一块儿到柴家堡去想办法。”

老头儿的影子在油篾的火光中簌簌地颤动，他扁着干瘪的嘴唇喃喃地诉说着，癞子像受着突然一击，猛地退了下来，张大了两只牛眼睛怔望对方，那老头儿的身体在火光底下仿佛渐渐高大起来。

“你老自己吃，你老……”他吃格地应着。

“这个时候还讲客气吗？”老头儿摇摇头，把两碗饭放到桌子上，默默地进去了。矮瘦子望着癞子扑哧地笑了出来，癞子憎厌地瞪了他一眼，拿过一碗饭来管自己坐到门槛上去。

他望了望那碗糙黄的米饭，不知怎么的，心里一阵酸，一颗热泪扑地滴到饭碗里。

他扒了一口饭，抬起头来，那边白杨树底下一座炸毁了的楼房正对着他。他咬了一咬牙根，像对什么人在罚咒似的狠狠地说：

“千年血债万年冤，总有一天要还的！”

阴暗的天空中，吹过一阵晚风，雨又淅淅沥沥地大了起来。

一九四一，八月于桂林

# 新　居

“哎！奶奶，田鸡秧——一窝田鸡秧哪。”八岁的金狗摆开两只乌红的赤脚，扒在门前那口死水塘的边沿上，自己就像一只大田鸡似的，爆出两只兴奋的眼睛，怪声地喊：“好多田鸡秧呀！——呃呀，就来了呀，奶奶——啊，那块又是一窝，那块！一窝！两窝！乖乖！三窝！……”

像发现什么珍宝似的，他一壁喊，一壁把头颈尽可能往死水塘里伸过去。从那发绿黑色的污水面上，映出那张紫褐色的猴子脸，和那颗扁塌的狮子鼻头——急促地在翕动。就在他影子上面，默默地蠕动着一簇黑色的蝌蚪。这些刚才获得生命的小生物，是那样起劲地扭动着自己的身体，仿佛一歇止就会丧失它们的生命似的。四月下午的阳光，从杨柳叶子里漏下来，在水面上洒落一些金色的斑点，一阵阵难闻的秽气，从那里蒸发出来。

金狗瞧得出神了，他奶奶在后面连叫了他三遍，却莫曾听到一声，他正想到一个主意，把脑袋一昂，突然后面一只手捉住了他的布衫领子，像钓鱼般的，把他一把提了起来。

“你作死呀！玩得连魂都没有了！”奶奶摆紧着一张南瓜脸，怒气冲冲地望着他，“给我回去！”

金狗肚子一挺，站住了。他没有听清楚奶奶嚷些什么。依旧恋恋地望着水里，把泥污的手背在狮子鼻头上一擦，棕褐色的脸腮上立刻拖出一条乌痕。

“好多田鸡秧啊！奶奶——你给我一个——”

“走！”

金狗“瓶”字还不曾说出口，奶奶的手又从颈根旁边叉过来，拉着他的膊子，脚不着地地望家门口趺趺跶跶地拖去。

“你快活些什么啊，小孽种！”奶奶咬咬牙齿，把他望堂屋里狠命地一摔，“生下你这种讨债鬼，给你老子做幌子，你还快活哩！”

金狗跄踉地望前一冲，几乎撞到桌子角上，他把嘴唇一拱，朝着墙壁做了个鬼脸，心里忿忿地说：

“哼！怎么不快活？搬了新房子还不快活？”

一想到新房子，金狗的气忿立刻忘记了。可不是，这新房子多宽敞，多齐整！妈妈一间房，奶奶一间房，还有堂屋，还有前门，后门，还有门前的塘，塘里还有田鸡秧，嗨，比伏龙巷的老家才阔气哩！伏龙巷那茅草篷子算什么，黑湫湫的连个玩儿的地方也没有，真丑死啦！

“妈妈，”他叫了一声，正想望前房里奔去，奶奶的老鸦喉咙倒又在后面喊了：

“把这桶水提到你妈妈房里去，帮你妈妈把房里抹抹，懂得吗?”

奶奶高高地卷起两只袖管，一只手提木桶。那只胳膊上挽了一条抹布，站在廊檐底下，脸上依旧绷得紧紧的；太阳晒在她黧黑的额角上，亮晶晶地闪出一头汗珠。

“噢。”金狗反感地应着，把水桶和抹布接过来，他顶不高兴看奶奶那张南瓜脸，韦驮菩萨一样，一天到晚拉得长长的，连搬新房子都不开心一下子，倒说越发愁眉打百结了。大人们又没有谁打谁骂，有什么不高兴的呢？真莫名其妙！

他把水提到前房里，妈妈正在铺床，床上换了一张雪白的被单，连那帐子都洗得干干净净，照得房里格外光亮起来。

“妈妈，水。”

妈妈回过头来，瞧了他一眼，没有作声，依旧默默地铺着床上的被单。金狗翻了一白眼，以为妈妈也在怪他看田鸡秧了，他望望水桶蠢蠢地说：

“奶奶叫我来抹抹的……”

“你放着吧……”妈妈没劲儿地说，从床上爬下来，扯扯被单的下角，又不说话了，她把抹布浸到水桶里，只顾低着头在那里淅淅沥沥地绞着。金狗碰了个钉子，瘪索索地退到靠窗口桌子旁边去，望着妈妈的背影发愣。妈妈今天打扮得特别整齐——金狗从来不曾看见她那么整齐过——穿着高高领子的花布短衫，连头发也跟假洋婆子一样，烫得好像要飞起来。这教金狗觉得有点好笑，可是他却不敢笑出来。妈妈也和奶奶一样，这几天来，不知道为什么，脸上老是阴阳怪气的，仿佛跟谁在生气，连看也懒得看他一眼。妈妈就是不像奶奶那样老虎性子会骂人，可是那副愁苦相，却教金狗觉得比挨骂更难受。有时候半夜里，他分明看见她悄悄地在哭，他又不敢问。起先，还以为她跟奶奶吵了架，可是又不像，这几天里妈妈倒常跟奶奶在一块儿切切地谈些什么。金狗越想越不懂，只会在心里嘟哝着：

“大人们真古怪!”

妈妈拿着抹巾在抹左首的窗格子。这屋子的墙壁是松板做的。黄澄澄地泛着亮光,比伏龙巷那涂着黄泥的篱笆墙才好看哩。那木格子的窗上,挂着一块蓝色的窗帘,窗子旁边,还有一张不知道哪里弄来半新旧的月份牌,月份牌上画着一个女人,也和妈妈一样,头发烫得好像要飞了起来。

看看这一些,金狗又高兴起来了。他回过身去,趴在桌子边沿上玩,这桌子也是新从旧货店里买来的。涂着一层黄漆很好看,桌子上放着一些茶杯什么的,还有一只绿玻璃做的好插火柴的香烟灰缸,这又是他家里从来没见过的一件玩意儿。那绿玻璃多好玩,映在阳光里,一闪一闪地发着光彩。金狗拿起来,眯着一只眼睛,把它在脸孔前面旋转着,满屋子仿佛绿了起来。

妈妈抹好了窗子,向他走过来,金狗回头看了她一眼,连忙把烟灰缸放下,怯怯地缩回手来。

出乎意外,妈妈并没责怪他,只是把烟灰缸略略推进一些,一只手放在他头发上,轻轻地抚摸着。

“阿狗……”

金狗仰起眼睛,偷偷地瞧了她一眼,妈妈的睫毛低垂着,眼光正和自己的眼光接触了一下。金狗把脸孔向她胸脯上贴紧一些,听到她心脏跳动的声音。

“阿狗,搬到这里来,你该听话一些,”妈妈柔声地说,“别跟外面那些孩子去瞎混,这里的孩子们都很坏,跟他们一起会学坏的。——还有伏龙巷,你也别再去了,别告诉他们,我们住在这块,那里的人会欺负你的。听妈妈的话,乖金狗……”

好几天来，金狗不曾听到妈妈这样柔和的声音，心里倒觉得有点难过起来。妈妈抱着他的肩膀，他紧贴着妈妈的身体，一壁剥弄着她右襟上的纽扣轻轻地说：

“伏龙巷那老烂眼顶可恶，他老欺负我，他说爸爸不会回来了。他还骂我哩……”

“别理他，”妈妈撇撇嘴唇说，“老烂眼是什么好货，狗嘴里长不出象牙，有什么好话说的！以后别去伏龙巷了，晓得吗？”

不知道什么时候，奶奶悄悄地走进房里来了，她在妈妈耳朵旁边，说了一句什么，妈妈从衣柜里摸出一张钞票给她，奶奶塞在怀里，没有望他又出去了。

纸窗上映着一些竹叶和梧桐的影子，微微拂动着。窗子外面一群什么鸟儿啾啾地叫着飞过，金狗的心又给勾到阳光的院子里去了。

“那些田鸡秧……乖乖，把它来养在这绿玻璃缸子里…………那才好玩……”他呆着两只眼睛，迷迷糊糊地想，妈妈的手又放到他脸上来。

“你瞧，才一会儿又这么脏了？”妈妈拿绢子替他擦着脸上的泥污，金狗偷偷把只乌黑的手缩到背后去，使劲地在屁股上抹着，想擦掉手背上的泥巴，一壁歪着脸孔说：

“妈妈，那塘子里好多田鸡秧哪，墨黑墨黑的！”

“你别尽野心了，可怜的心肝，”妈妈又替他把胸前的扣子一颗颗扣起来，“妈妈是不能跟从前一样照顾你了……”

妈妈眼睛不自然地眏动了一下子，好像脱了力气似的，蓦地在凳子上坐下来，望着低窗上的竹影呆了半天，才接下去说：

“今天夜里起，妈妈要到工厂里去上工……”

“上工?”金狗吃了一惊，旋着两只眼睛说，“也跟小毛爸爸一样到电厂去上工吗？——啊，妈妈，电厂里好大哪!”

“不是电厂里，——”妈妈把眼睛避开去，喉咙里像有泥沙什么塞着似的喃喃地说，“阿狗，你要晓得，米粮这样贵，你爸爸又不回来，可怜心肝连饭也吃不饱，妈妈不去上工，你跟奶奶吃什么呢？……”

妈妈的身体有点微微发抖，把金狗抱得紧紧的，面颊暖暖地贴着他的耳朵，一阵阵热气喷到他脸孔上，怪痒的。

“今天夜里起，你跟奶奶一起睡吧，妈妈怕得半夜里才回来哩。”

“啊，什么?”金狗呆了一呆，突然把个头像拨浪鼓般的摇起来：

“我不陪奶奶睡！我要跟妈妈睡!”

“唉，听妈妈话！乖金狗!”妈妈恳求地摇着他的肩膀叫，“你妈妈回来迟，你等不了的!”

“我不，我要等妈妈回来!”

“胡说！你等到半夜三更去!”

“我不要跟奶奶睡，奶奶床上有虱子!”金狗赌气地摔开妈妈的手，奔到对面，望床上一趴，仿佛这一趴就在那里永远生了根似的。

“啊，快起来，阿狗，看你脚把雪白被单踩黑了!”妈妈焦灼地赶过去，一壁拉他，一壁勃勃地掸着被单。被单的下沿，已经拖出一条微黄的泥痕。

“听妈话，妈妈疼你，……乖心肝……”

金狗索性抱牢一个枕头，死赖着不肯起来了。妈妈扑在他的身上，这样那样地哄他，他老是堵起一张嘴不开腔，最后妈妈忽然不响了，把个脸呆呆地偎着他，这样过了半天，屋子里静悄悄的，只听到两个人沉重的呼吸声音。

金狗感到好像妈妈要把他丢开，有点心酸起来，他把只手伸过去搂着她的脖子，忽然听到妈妈发出一声低沉的叹息。一缕黏冷的东西慢慢地淌到他的头发边，把两个人的脸颊黏了起来。

“金狗呀！你的水桶呢?”奶奶沙嗄的声音又在堂屋里叫了起来。妈妈连忙把他一推，掠掠鬓角说：

“快起来吧，乖金狗，奶奶要骂你哩！”

金狗刚欠起半个身体，奶奶已经掀起门帘进来了。

“快去打水！要淘米烧饭了，这样大的孩子，成天缠着娘做什么！”

一看见那张老黄瓜脸孔，金狗的嘴唇便格外翘到鼻子上去，他倔着脖子，一动不动地望着地下那只水桶，奶奶硬石头样的声音，望他耳朵里在凿过来：

“你娘没得空呀！一双手要养三张嘴，你倒呒心呒事的，只晓得吃玩！快打水去！以后不许去缠着娘！”

“去吧，乖金狗，”妈妈连忙拉拉他的衣角，“听奶奶的话，陪奶奶睡，奶奶会疼你的！”

“我不！”金狗把身体一扭，挣开妈妈的手。奶奶又暴着眼睛骂起来。

“谁说不！又不是吃奶的毛头，作甚要跟娘睡，再不听话，我明儿送你到乡下去看牛！”

金狗眼睛一睐，偷偷地瞧了妈妈一眼，一肚子的闷气忍不住，"哇"的一声突然哭了出来，捧着脸，像支箭似的窜到院子里去了。

太阳已经把对面房子的黑影，推到塘子这边来了，塘边那几株杨柳树梢头，抹着一壁嫩黄的太阳，在晚风里微微拂动，新房子是西晒的，傍晚的太阳正照满那新糊的纸窗上，门框上面钉着一面包铜的八卦盘，从屋檐下闪烁着黄澄澄的亮光。

金狗哭了一会子，闷闷地蹲在塘子旁边，死水塘里的蝌蚪，依旧和刚才一样的默默地蠕动，金狗木然地望着它们，却提不起一点兴趣，褐红的小脸上被泪水和泥污抹出好几条乌黑的纹痕。

吃过晚饭，妈妈端了一大脸盆水到房里去，她像有什么心事似的，脸色一阵青一阵黄的，奶奶也不大说话，只顾呆呆地瞅着风炉里的柴火，新房子里本来就比伏龙巷的茅草篷宽敞，大家都不作声，只让蜡烛火在桌子上幽幽地飘动，堂屋里便格外显得辽阔起来。

金狗想挨到妈妈房里去，刚走近门帘，奶奶便喊起来：

"别进去！妈妈有事情！"

金狗把个手指放在嘴里，怯怯地站住了。风炉里的木柴毕剥地在爆裂，火光一闪一闪地映着奶奶那张老南瓜脸孔，他忽然记起下午奶奶说过的话来——妈妈要到厂里去上工。

"嗯……"一想到工厂，金狗眼前立刻显现出一座巍峨的大洋房子，都是西门外的电厂，住在伏龙巷的时候，一出巷口就看见的。乖乖，都洋房子好高好大，上上下下金光发亮的玻璃窗子，最有趣的是那呜呜会叫的大烟囱，叫起来就活像牛吼一样。它怎么会叫的，真有点奇里古怪，妈妈莫非也是到那种有大烟囱的厂里去做工吗？那她一定会知道是怎么叫法的了。

“我也跟妈妈去瞧瞧！”他忽然肩膀一耸，转出一个念头，“我将来也去做工……”

炉子上的铜吊，吱吱地在叫起来，金狗听去就仿佛远远地那大烟囱在吼着……

眼前骤然一阵亮，妈妈掀起门帘走出来。

金狗吓一跳，妈妈几乎认不得了！他面前是站着一个那么时髦的女人：穿着一件簇新的血红色绸旗袍，走起路来都一闪一闪发亮的，旗袍的袖管短到肩膀上，露出两条肥白的胳膊，一只胳膊上还箍着颗黄澄澄的镯头，颧骨上涂着两颗红冬冬的颜色，好像两滴红墨水要向全脸红渗漾开去，她端着盆水，望门外院子里泼了，当她转过身来的时候，金狗还闻到她身上一股奇怪的香气。

“妈妈！”他怔怔地叫了一声，声音很低弱的。

妈妈瞥了他一眼，把脸孔别过去，奶奶走近来，把个钥匙放到妈妈的手里。妈妈拉下绢子，叹了一口气，回过来望了金狗，半晌才说：

“阿狗，听妈妈话，陪奶奶早点睡吧。”

“你去吧，阿狗妈，”奶奶不安地挥挥手，“我会料理他的。”

金狗突然奔过去，抱紧了妈妈的大腿：

“你到哪里去？妈！”

“妈去上工呀，阿狗，”妈妈拉开他的手，轻轻地拍着他头顶说，“你在家里陪奶奶睡，明儿妈妈替你买个泥菩萨来玩儿。”

“不是的，你骗我！你不是去上工的！”金狗仰着脸孔，眼泪汪汪地叫起来。

妈妈猛的一震，脸色立地发青了！

“什么？”

“你不是去上工，你是去看戏的，我也要去呀！”

金狗吊牢妈妈的手，把屁股尽往地下荡，仿佛要把妈拉倒似的；两只脚板在泥地上敲得噼啪噼啪响，一壁带哭带嚷地喊着：

“我也要去呀……荷荷荷……我也要去呀……”

“别瞎说，起来！”妈妈颤声地叫，“你几时看见妈妈一个人去看过戏呀？妈妈看戏怎么会不带带狗狗呢？”

这显然已经骗不了他。他记得清清楚楚，小毛爸爸是怎样去上工的：穿着青衣服，提着一只饭篮子——厂里的人都有一只饭篮子的。妈妈打扮得这样红红绿绿，又没有饭篮子，怎么说是去上工呢？

“我不要……你骗我呀……我也要去看戏呀……荷荷荷……”

他索性胡赖到底，吊在妈妈手里，大声大气地嚎起来。妈妈呻吟了一声，靠着桌子颓然地坐下去。

“唉——真作孽呀！”

她把头埋在肘弯里幽幽地啜泣起来。

“小孩子家嘛，总是这个样子的呵。”奶奶向妈妈丢了一眼色，一壁赶过来哄着金狗。“阿狗乖，快起来，别缠你妈妈，你看，妈妈的新衣服都给你揉烂了。”

她捉着金狗一只胳膊，往旁边拉开去，金狗把脚钩住桌脚，死命地挣扎着，桌子都被拖得格格地叫起来。

奶奶的力气挺大，金狗把脑袋顶着她肚皮，扭了半天，好容易才挣脱出一只手来，等他回过头去，妈妈已经不知道什么时候走了。

“哇——”像决了堤似的，金狗一屁股坐到泥地上，望着黑暗的门外放声大哭起来。

“快起来！快起来！有什么哭的！”奶奶厉声地在吆喝着。

金狗不管，突地跳起来，像匹小熊似的望着门口虎的蹿过去。

“妈妈呀！——妈妈呀！”

“你疯了！小鬼！”奶奶一把抓着他的衣领子，往后面一拖，那只手在屁股上劈劈地敲起来，“你妈妈没办法，去赚几个养活钱，你来嚎些什么丧！孽种！”

金狗给奶奶一直拖到后房里，望床上一摔，她转过身来，把房门砰地关上了。

“你去嚎罢！你去嚎罢！看你嚎给谁听！”

金狗把脸埋在被窝上，掼手掼脚地乱哭着。床板给擂得嗵嗵地响，奶奶黑起脸孔在数说什么，他一句也不曾听见。他莫名其妙地对一切愤怒着，连对这新房子也突然憎恨起来。可不是，都是搬了这新房子，连妈妈也不要他了。

他哀哀地哭着，哭着，也不知道哭到什么时候，就糊里糊涂地睡去了。

半夜里，他忽然给一种什么声音惊醒了，四面黑洞洞的，什么也看不见，也不知道是什么地方，他害怕起来，推推他身边的妈妈，低声地叫：

“妈妈！妈妈！”

“做什么？不挺你的尸！”

一个石头样的声音在轻轻地应着他，他才恍然记起是睡在奶奶的床上，心里一阵子酸，正想哭出来，忽然前面妈妈的房里，透出来一个奇怪的笑声，把他吓得怔住了。

妈妈不知什么时候回来的，房里的灯好像点得很亮，几点亮光从板壁缝里透了过来，妈妈也在说着话，却听不清楚在说些什么，又听见茶杯碰撞和擦火柴的声音。

“咦？——”他愕然地回过头去，想望望他的妈妈，奶奶一只手把他拖住了。

“别作声！管你睡觉！”

他格外惊异，把脑袋贴到里床的帐子上去，帐子外面板壁上有条细缝在黑暗里像金线般透着光，他眯着眼睛望过去，那边又是帐子，模模糊糊一点也瞧不清，只觉得前面房子里烟雾腾腾的，有些人影子在灯光里移动，一只皮鞋脚在地板上发出咭咯的声音，随着又是一阵嘻嘻的笑声。

“啊——”他脑子里蓦然一亮，赶快回到奶奶的身边去，“是爸爸回来了吗？”

“嗤！”奶奶一只手突然把他嘴巴扪住了，“不许响——是一个亲眷，你莫去管他，你睡你的觉！”

奶奶的声音很低又很急，好像要出什么事情的样子，金狗吓得怔怔的，只顾瞅着板壁缝里透过来的灯光发呆，奶奶把他翻到外床上去，又吓了他一句：

“别响，当心明天你妈妈打你！”

前房里说话声音格外低了，妈妈似乎已经躺在床上，那个陌生的喉咙在咳嗽着，忽然，板壁缝里的灯光不见了。

远远巷子里，传来一阵笃笃敲梆子的声音。

金狗木愣着，不知道是怎么一回事，躺在这黑洞洞的房里，就像鬼子飞机要来以前躲在防空洞里一样，有点害怕，又有点迷惑。妈的！大人们的事情真是难懂呵！他胡乱地瞎想着，连对他奶奶的嫌恶也忘记了。四周的黑暗仿佛更浓重地压到他眼皮上来，他又渐渐地睡着了。

这天晚上，他做了一个梦：

新房子里，灯火照得明晃晃的，好像在等什么客人。妈妈房间收拾得挺整齐，那个绿玻璃香烟灰缸上，点了一盏灯，照着满房间都是烟雾腾腾的，奶奶蹲在堂屋烧茶。一下子说是爸爸回来了，金狗第一个抢到院子里去。院子里太阳很猛，满地都是树影子。忽然从那些杨柳树底下，一匹高头白马唧唧地跑过来，爸爸骑在马背上，穿着一身草绿色的军装，胸前一排黄铜纽扣，霍霍地闪着亮光，皮带旁边还挂着一只洋号，金狗摇着手高兴地叫起来：

“爸爸！爸爸！”

爸爸跳下马，抱着金狗走进屋子里来，皮鞋脚在泥地上踏得咭咯咭咯地响，妈妈笑着走出来，那件血红的旗袍，在灯光底下一闪一闪地发亮，他正要告诉爸爸，他们搬了新房子，拉着爸爸到一个个房间里去看，正要告诉爸爸田鸡秧的事情，爸爸忽然从口袋里摸出一只玻璃瓶来，里面正装着十来只墨黑的田鸡秧，一扭一扭地游着。

“咦！”金狗抢过来，眉开眼笑地捧着瞧，那些田鸡秧忽然一齐抬起头，像要望瓶口外跳出来，他吓了一跳，想要叫妈妈，忽然爸爸跟妈妈都不见了，他到处地乱找着，好像跑到那座电厂的大洋房子前面来了，那大烟囱正在呜呜地叫着，刚巧碰见伏龙巷的老烂眼从里面出来，瞅着一只红眼睛向他狞笑着！

“你妈妈到厂里上工去了。”

“你骗我！老鬼！”他骂了一声，又回头跑，恍惚他妈妈和爸爸是看戏去了，他心里一急，蹬蹬地赶回家里来，家里黑洞洞的不见一个人。他正在害怕，忽然听见妈妈和爸爸在房里切切地说笑，他刚要进去，奶奶在后面恶狠狠地吆喝着赶过来：

“不许进去！你死到哪里去了！小鬼！”

奶奶板着一张黄瓜脸，手里握着一根柴梗，捋起两只袖管，望他劈头打过来，他往后一缩，抱着脑袋向门外逃去，门外一片漆黑，没有房子，也没有树木，他心急气喘地乱跑着，奶奶紧紧不舍地从后面追过来，他吓得浑身是汗，惶急地喊起来：

“妈妈！妈妈！”

他好像踩了一个空，身体突地沉了下去，拼命睁开眼睛，四周黑洞洞的，自己依旧躺在奶奶的床上，心头还卜卜地跳着哩。

他觉得浑身很吃力，过了一会儿，倒又呼呼地睡熟了。

第二天早晨一起来，就给奶奶打发到街上去买木柴，他挽着一只篮子，没精打采地在街上走着，清早，街上很静寂，只有一些乡下人挑着些菜篮子赶进城来，他拐过一条巷子，看见一队兵吹着洋号从街上走过去，他呆呆地瞅着，心里想：“我爸爸……”

兵队过去了，他才赶到柴店上买了两捆木柴回来，当他走到家里，妈妈已经起来了，头发蓬松地坐在自己的房里，他放下柴捆，怯怯地走进房里，在桌角边站住了。

妈妈依旧穿着昨天那件花布短衫，大概还没有洗脸，脸色很黄，很难看，好像生过病一样。她凄怨地望了他一眼，他也用同样神情看着她，停了一下，她才招招手叫他过去。

金狗把脑袋靠在妈妈胸前，仿佛刚受了什么委屈似的，只顾把手指在她膝盖里轻轻抹着，妈妈摸摸他的头发轻轻地说：

“昨晚陪奶奶睡得好吗？”

“啊，妈妈，”他忽然眼睛一旋，仰着脑袋文不对题地说，“我昨天夜里做了一个梦——说是爸爸回来啦！”

“嗯……”

“爸爸穿着军装，骑着马，怪神气哩……”

他嘈杂地告诉着，一壁睖起两只眼睛，瞅住对面的纸窗，竭力回想着昨夜的梦境，忽然，一滴冰凉的什么，扑的滴落到他额角上，他抬起头来，妈妈一双包着眼泪的眼睛，凝凝地望着他。

一九四一，十一月于桂林

《文艺生活》第1卷第5期

# 一个女人和一条牛

## 一

这天晚上，村庄上差不多都已经睡静了，增福公家里却还是栗栗碌碌的，连顿夜饭也不曾吃，木格窗里荧然地亮着几点暗红的灯火，灯光里只见老头儿伛偻的影子，憧憧地摸进摸出，仿佛在忙乱着什么，这时正是旧历的二月天气，乡村的夜间异常阴冷和寂静，黑沉沉的只有几只野狗或断或续地在发出悲惨的嗥叫，在这死一般的静夜中，这木格窗里闪耀的灯光和忙乱的神情，格外显出一种教人感到不祥的扰攘与不安的气氛。

增福公是这个村庄上一个新发的土财主，旧前两年靠谷子涨价多下几个钱，添置了十几亩水田和一条耕牛，雇用了一个长工，不料打前天起，那条新买的牛忽然病倒啦。两天两夜那牲口不曾吃一点料，老头儿的心也就吊了两天两夜不曾放下。今天下午请了牛医李白眼来看过，李白眼皱皱眉头没有说什么，丢下一包草药走了。增福公口里不说，心里却忐忑着，恐怕是撞上那个了。开春以来，邻近村坊上就一直闹着牲口不太平，县里也派人来看过，没有什么办法。万一真的是那个的话，那才……老头儿心里一沉，他觉得这一年的指望是完蛋啦！

这条牛，是去年腊月初四才买进来的，十十足足花了三千大洋，把去年囤了麦子一些钱全赔上了。牛贩子替他换牛绳的时候，拍拍牛背脊对他说："福老板，这回算是便宜你啦，介样毛色，介样身坯，你捧着银子往哪里去找呀！"真的，这条牛可不坏，牛贩子的话并没有骗他，三千大洋花得没有半分吃亏。可是人碰上了晦气有什么说的，到手了的金子还会变黄铜呢。买进来才不过三个月，连田都不曾下过一回，倒忽然害起这瘟病来啦。眼看着再个把月就过清明，难道像他这样人家，还要向人家租牛来下田吗？（而且眼下的牛租又是什么价钱啊！）

"总不会是那个罢……"他找出各种各样的理由向自己譬解，可是越譬解，这种不安越发增强起来，一种恐怖的暗影在追逐着他，迫得他无法安静下来，他心情变得暴躁而没有主意。两夜不曾好好睡觉，脸色憔悴而又苍白。他在牛棚里屋子里四处乱闯，咒骂着一切，憎嫌着一切，有时又突然怔住了，失神似的朝着那幽暗的天空喃喃地抖动着他贫血的嘴唇。

天黑以前，已经给那牛灌下药去了，到现在还看不出一点什么光景，偶然那牲口平静了一会子，希望便立刻从增福公心里涌出来，他提心吊胆地等望着，可是不到一刻钟，这希望又给那牲口一阵剧烈的痉挛和喘息惨痛地摧毁了。

他叫长工小梅头在廊檐下摆好一张小板桌，他亲自端出一盘素酒素饭来，点上香烛，敛着神默默地祷告了一会。稻场上的草蓬堆给夜风吹得瑟瑟地作响，远处的野狗又在悲嗥起来了。过了一会他亲自把纸烧化了，惘然地望着暗红的火星被风卷着，向黑暗的空中吹去，搓搓手背，发出一声幽幽的叹息。

忽然灶房里啷一声响，他听见他老婆直着喉咙嚷起来！

“什么冤魂缠住了你呀，这个时候你还来碰碗打盏的，难道一定要咒它死了，你才快活！”

他刚要赶进去，灶房门口人影一闪，像阴魂似的走出一个裹着黑布头巾的女人来。那女人看见他震了一震，低下头正待往右首牛棚那边走去，增福公早忍不住骂起来。

“你又昏头啦！你！贱货！”

那女人立刻像段木头一样在阶沿上站住了。这是他去年年底向城里福隆小客栈的老板娘手里买来的一个河南女人。那条牛正是交给她看的，鬼知道她怎么弄，给那牲口搅来这一场病。老头儿一肚子正没好气，瞧见她这副瘪息息的阴死鬼样子，便格外火冒起来。

“你死到哪里去，呆虫！东西摊在这边你没看见？失神落魄的想着什么心思！”他狠狠地啐了一口，走进灶房里去了。

灶山上点着一盏青油灯，他老婆握着一支长旱烟管站在灯影里，咭咭呱呱地向隔壁一个堂房嫂子在诉说着什么，一看见他进来，长烟杆立刻望他脸孔上戳过来。

“喏！都是这个老悖时的好算盘呀！三千银子一条牛，一千八百一个人，还说是手壮脚健抵得上一个长工哩。前世里瞎了眼，把个白虎星当活宝去娶进来，偏偏还拣个买牛的日子！活该是那牲口倒楣罢了，一进门就碰上那白虎星，把那股晦气都栽到它身上去了。——你现在怎么说呀!”她瞪她男人又补了一句。

她是一个长脸孔,高颧骨的性急女人,说起话来就像放花炮似的,她男人简直没有插话的余地。老头儿木着一张脸,一声不响,走到灶头前面,捧起一只大瓦壶骨嘟嘟地喝着水。增福婆又指到他面前骂下去:

“存着银子怕烂完吗?怕花不掉吗?结巴巴地把这种掗不掉的货去拖进来。我花三百五百买个童养媳,着实中用呢。现世现报,活该!”

那河南女人端着供神的素食进来了。三双眼睛紧张地朝她盯着。她低着睫毛把东西放到板桌上,怯怯地想退出去,老头儿突然把瓦壶一碰,向她虎地赶过去。

“你跟我站住!”

那女人惊惶地眼睛一大,脸色惨白的。朝门外踉跟地跌过去。那个堂房嫂子连忙把增福公拉住了,劝着说:

“好啦,好啦,不要紧的,一只畜生上工落落总是有的啊,你们发财人家,财丁俱旺又怕什么呢?”

“什么发财人家!”增福婆也抢过去抓着那堂房嫂子的膀子说,“长庚嫂,不瞒你说,去年前年靠菩萨保佑多置了几亩田,碰着这种扫帚星一扫,还发什么呢!告诉你不得——”她叹了一口气,“去年腊月初四娶进来,第三天灶头下就断了一柄火锨,我早知道不是好兆头了,你想,活脱滚壮的一条牛,草是草,料是料,怎么,怎么平白地会害病呢?”

米缸上面一只猫,呜的一声跳下来逃走了,增福婆猛力地踢了它一脚,回过来指着她丈夫的脸孔说:

“哼，我看有一天她克到你头上来，你才是怎么个办法啊！菩萨！”

增福公蓦地把头上的毡帽一拉，红起眼睛望着她老婆说：

“你用不到跟我嚷，有什么三长两短，看老子明天收拾她的狗命！”

他戴上帽子，又气咻咻地出去了。

直到起了更，这家人才记起晚饭来。白米饭的香气似乎把他们的怒气和焦虑暂时缓和了。但是那河南女人照例是不能跟他们一桌吃饭的。她这时仍旧守在灶房隔壁的牛棚里。

牛棚是靠着正屋的墙建筑的，只有人那么高，一抬头就会碰着上面的横梁，逼窄窄的，阴郁而潮湿，屋顶和泥壁之间露出一条通气用的狭窄的空隙，不时的灌进一阵阵的冷风来。泥壁上挂着一只幽暗的竹油盏，一粒微红的火光被风吹得左右乱飘，满屋子里阴森森的黑影便跟着摇晃起来。牛棚中间的地上，静静地躺着那条庞大的病牛，它的四周都是些稀烂的稻草，零乱地散在一些污臭的牛粪中间。那畜生这时似乎平静一点了，伸长着颈项，把下颚贴着潮湿的泥地，微微地喘着气，尾巴在背上无力地拂动着，偶然腿弯或什么地方痉挛地抽搐了一下，一层淡淡的暗影便从柔润的牛毛上轻滑过去。河南女人捧着脑袋，呆呆地坐在靠墙脚一块大石头上。昨晚她一夜不曾睡觉，这时瞌睡不断地向她袭来，她竭力地支撑着，不让眼睛闭拢去，但是沉重的脑袋还是止不住地往下压。牛棚里异常寂静，除了轻微的牛喘以外，只有夜风刮着屋瓦上的灰尘，沙沙地响着。她每隔几分钟，陡然地惊醒一次，仓皇地向四面望了望，脑袋又慢慢地沉下去。

在她旁边靠壁的地上，放着一只料桶，那牛已经两天不吃料，料桶里蒸发出一阵阵窒人的气味，跟地下那些牛屎腐草的气息，混合成一种叫人恶心的奇臭，充塞着这低窄而潮湿的屋子。

隔壁灶房里，这时大概已经吃过晚饭了，灶头上叮当地响着碗盏的声音。增福婆跟那长工叽叽喳喳地在说着什么，忽然砰的一响，增福婆的喉咙骤然大起来：

“吃饭！吃饭！我有那么多白米白粥不会去喂狗喂鸡！”

河南女人抬起头来，望着牛棚外面默暗的天空，轻轻地呼出一口气。这时是二月下旬，月亮还不曾出来，只有几颗寒冷的小星在株槐树角上向她闪烁着。她身上又冷又饥，望着那些星星，忽然觉得心里空空荡荡起来，仿佛坐在一只断了缆的小船上，听悲风涛飘荡着。头脑里有点晕又有点涨。她索索地抖了一阵子，不知不觉的渐渐睡去了。

不知隔了多久，她突然给什么碰了一下，猛地跳起来，长工小梅头拿着一碗冷饭站在她的前面，皱起眉头朝她望着。

“什么？”她惊疑地叫。

“嘘——”小梅头做了一个手势止住她，朝后面望了望，“别作声，拿去吃罢，”他把碗递给她，“这是我私下拿给你的呢，看在我们以前那点私情分上。”

她似乎给什么东西突然刺了一下，身体微微的一震，她没有立刻地接碗，咬着牙齿，直直地望着对方那张大麻脸，一种带绿色的怨毒的眼光从她失神的眼睛里闪射出来。这个长工曾经在上个月一个夜里强奸过她，事后又把她给抛弃了。而现在他忽然又提到私情两个字，这仿佛在她伤痕上骤然划了一下，她简直抖了起来。

“喏，拿去呀！还等他们来看见吗?”小梅头受不住那眼光，催促着说。

她机械地举起一只手，把碗接过来了。小梅头俯下身体，用严重的口吻看着她低声地说：

“你提防着点罢！河南人，这畜生看来是保不住的了！一千八百银子的人抵不上三千银子的牛半条命！老板娘已经说过了。你自己打算罢，亏你这个时候还会打瞌睡！”

河南人没有作声，依旧直直地凝望着他，仿佛不曾听到似的。小梅头瞧着她那样子，心里似乎有些惭恧起来，他在她肩膀上捏了一把，她没有推开他，也没有动。

“这怨谁呢?”小梅头叹了一口气说，“只怪你自己八字罢了。偏偏拣着这种刻啬鬼老公，还加上那位活阎王，雌老虎！她自己三个儿子倒给克死两个了，还说别人白虎星！你以为这畜生还会有命吗？哼，不是今夜就是明朝，东河头已经困倒三条了，李白眼的药有个屁用！”

他摇摇头，弓着身体出去了。木拖鞋在阶沿石上发出铁秃铁秃的声音，河南人捧着饭碗愣了半天，勉强扒了一口冷饭，一颗热泪扑的滴落到碗里。

对面泥壁上的油盏，已经黑累累地结下一大颗灯花，越发幽暗了。那火光变成一种惨绿的颜色，鬼火一般照着四堵阴沉的泥壁。忽然灯草上爆出一个微弱的火花，从模糊的泪翳后面望过去，仿佛无数道金光在向她飞过来。她怔了一怔低下头去，蓦地里看见阴暗的泥地上，一双绿幽幽的大眼睛在朝她凝望着。那双眼睛里也在流着眼泪，一条一条的尽往下挂。

她痴痴地看着它。那眼神里是那样充满着一种绝望的悲哀，痛苦与怜悯，仿佛一个垂死的囚徒在凄凉的午夜里向他唯一的伴侣诉说着他最后的心事。这种诉说是无声的，然而却比有声的说话更强烈地刺戳着她的心坎。她莫名其妙地战栗起来。这眼睛好像是多少年以前曾经在哪里看见过的，有点陌生然而又非常熟悉。那牛抬了一下下颚，好像要昂起头来，却没有一点力气，眼泪便更加扑扑地滴落下来。这眼泪唤起河南女人一种奇怪的感觉，似乎一种什么东西从她心窝里在慢慢流出来，温暖而凄酸的，渗蚀着她全身的神经。突然之间，她想起她的娘和姐姐来。娘和姐姐死去已经好多年了，她也几乎把她们忘记了；不知怎么的这刹那间却忽然从她心里活了过来；她仿佛看到她们的脸孔，她们的眼睛——那样慈祥的痛苦脸孔和眼睛；娘的灰白头发，姐姐贫血的嘴唇，越来越清楚地显现在她眼前，她的嘴唇无声地哆嗦起来。接着，一切忘去的东西都一齐活过来了：他第一个逃走了的丈夫，和第二个死了的做木匠的丈夫，丢在家乡的小女儿和害天花痘死在路上的儿子——一大群熟悉的眼睛，都从黑影里如怨如诉地向她灼灼地逼过来。她脸色发白，浑身乱战，突然像给谁推了一把似的，一个跄踉，身体坐倒在泥地上，那只饭碗从手中翻落来，骨碌碌地朝壁角里滚去……

牛棚外一阵夜风吹过，乌桕树瑟瑟地乱响起来。

病牛发出一声微弱的喘吼，一片冰凉的舌头舐到她颤栗的手背上。

## 二

她蹲在病牛前面，默默地流着眼泪，十年来的苦楚一齐涌上心来。这仿佛是一个奇怪而恐怖的梦境；她自己也不明白究竟怎样像做梦般的挨过来的。十年，是一个悠长的岁月啊。这十年中间，她从没有去想一想过去，也没有想想将来，好像一个充军的犯人似的，不敢去记忆她走过的路程，更无从去想象自己的前途，只好走一步是一步在眼前的荆棘路上挨着过去。然而现在这记忆之门却突然打开了。一切事情都仿佛就在昨天一样；一件一件，清楚地，残酷地，重新刺戳着她麻痹的心脏。伤口的旧瘢破裂了，里面的血依旧是新鲜的；这鲜血从她心的创口上一滴一滴地流出来，唤起她一种模糊的，几乎是不可捉摸的奇怪意识。三十五岁了，她今天的晚上才第一次作为一个人在开始想念她自己的问题。

十年以前，她才是二十四岁（她记得很清楚），那一年，她酒鬼爸爸把她嫁给了邻村一个摆赌摊的癞疤，那时她什么事也不懂，碰到癞疤是个糊涂蛋，一个月倒有半个月在各处庙会或戏场上厮混，常常三天五天不回来，不丢下一块钱或半斤米，就让她在家里开着门饿。这样过了两年，癞疤拖下一白箩债，拍拍屁股逃走了。那些债主们着了慌，一天黑夜里，七八个人拥到她家里，把她拉到一座关帝庙里扣押起来，大家商量着把她公卖给兰封县一个赵木匠，拿身价银子来抵债。她爸爸是个出名的酒鬼，几两银子一壶酒就把他嘴堵住了。她哭哭啼啼给人抬到兰封，从此以后，就跟着那木匠住下来。赵木匠倒是个老实人，可是一个婆婆凶得可怕，欺她是个买来的回炉货，没有事情也要扮几分嘴脸给她瞧。她嫁过去三年，居然替他生下了一男一女。到了三十岁那一年春天，日本鬼子打到河南，婆婆给炮弹炸死了，赵木匠丢下小女儿带着她逃到安徽，从安徽又转到浙江，在逃难的路上，那个两岁的男孩子害了一场天花痘死了。两口子千辛万苦好容易在金华搭起了一个小木匠作，刚才有点头绪，不料去年日本鬼子又打到金华来，赵木匠只抢出一点随身衣物，同着她仓皇地逃到江西省，在这县城的一家小客栈里住了还不上两个礼拜，赵木匠忽然害起伤寒病来，一连两个月，把盘费衣物都花光当光，还拖下一笔房饭钱。不料病势却突然变重了，在一个风雪漫天的冬夜里，终于抛弃下她这个没脚蟹死去了。她一时着了慌，几乎一头碰死在小客栈的墙壁上。幸亏客栈老板娘好慷慨，一手拉着她，一手拍拍胸脯大声说，“大嫂子，别伤心，出门人谁没有三灾八难，聪明人不走断头路，你男人的事全包在我身上！”果然，第二天棺材衣服全由她一手包办，干脆爽快，当天下午就抬出去埋了。她正在感激得无话可说，老板娘却领了一个媒婆来，当面逼着她嫁人。她跪在地上哭着不肯答应，老板娘立刻变了脸，从怀里摸出一大篇账单，往她面前一摊：

“上天入地随你去，你付清了账款再说！算是老娘碰到鬼，白操了一番好心！”

她慌得没有主意了，老板娘连哄带吓，终于压着她在张空白文书上盖了手印。媒婆去了三天，说妥了一千八百元大洋，卖给南乡的新发财主增福公。老板娘送了两套旧棉袄裤，在一个月黑朦胧的黄昏里，一顶小轿把她昏天黑地地抬到这陌生的老头儿家里来了。

过了门以后，她连名字都没有一个。起初老头儿倒是打算替她想一个吉祥一点的名字，可是第二天清早起来，增福婆一开口就叫她河南人，接着全家上下都跟她叫起来，老头儿也就不提了。全村庄上只知道增福公家里买了一个河南婆娘，谁也没有想到，她该有一个另外的名字，好像买株萝卜或青菜，又何必需要另外起一个名字呢？

不到十天，老头儿就不进她房了。增福公原本不是想娶她做小老婆的。他只是计算着眼下人工贵，多雇一个长年不如讨一个小，三顿白饭以外，叫她做什么就做什么，铜钱银子买来的还能不听话吗？他贪图她手脚壮健，身价便宜，自然说不上什么恩情，何况他老婆是个有名泼辣货，原来就限定好的，只准他同七天房。第八天早晨，老头儿拿出一把柴刀，把牛牵了来，叫她到村子后面的山坡上去放牛带砍柴。那条牛是跟她同一天买进来的，一时还不大驯服。她拴着牛绳，在北风地里整天地砍着毛柴；一回到家里，自然又是挑水做饭，听骂挨打。她却一句话也没有，从早到晚默默地做着。“反正是买过来了，”她想，“有口饭吃还想什么呢。”到了大年下，她还不曾满月，增福婆又压着她从房里搬出来，撵到旁边堆柴草的披屋去睡。她还是没有说话。反正晚上清静点也好，她本来也不会计算她是这家里的什么人，做一天吃一天，也就这样度过去算了。

大正月里，她穿着老板娘送她的棉袄，向她的男人和大老婆磕头拜年。老头儿给了她六块押岁钱，不到两天却又向她要回去了。这时，她比较闲了一点，有一天，她在屋后池子边洗衣服，长工小梅头走来在她肩胛上捏了一把，做着鬼脸说：

“河南人，大正月里怎么不去找乐儿呢，这样守活寡的日子亏你怎么过的？”

她惘然地望着他，似乎不曾懂得他的话，小梅头又拧了她一把，做个眉眼溜走了。这天晚上，她睡到半夜里，忽然给一阵撬窗户的声音惊醒。她正要发喊，黑暗里一只手突然扪住了她的嘴。

“别响，是我！”

她一听，正是小梅头的声音。那粗壮的胳膊已经把她抱住了，她浑身颤抖起来，拼命地挣扎着。那长工强暴的声音在威吓着她。

“别跟我装假正经！你敢喊起来，我就说你偷我，我大不了滚蛋，你呢，你还想活命？”

这样，她终于在暴力之下毫无抵抗地给奸污了。她伤心地哭了一夜，小梅头哄着她说：

“哭什么，傻瓜，你难道真的要替那老鬼守活寡？你几时是他家的什么人啊，廊檐下的一条狗罢了。趁着眼前不快活，还等那阎王来磨死你？你依着我，我将来把你带出去，带到外江码头去快活一世……我们也是人，我们怎么不能跑出去……”

接着几天，她都在疑惧的战栗中间。那大麻子的横暴和这种罪行使她有点害怕。但是等这种战栗慢慢过去以后，她渺渺茫茫的似乎对他发生一点希望的时候，那长工却忽然憎嫌她起来了。最后一次他简直对她揶揄地说：

“呆木鸟，一点儿风情也不懂！烂泥菩萨一样，干巴巴的。

我看你就配给那老乌龟磨一世，我白白地结识你。”

这个打击，简直就在她灵魂里插下一把毒刀。她仿佛犯下了什么巨大的罪孽，成天不敢抬起眼睛来瞧人。脸上罩着一层黑气，做起事来恍恍惚惚地有点失神的样子。增福婆瞧着她这副模样，越发嫌恶起来，说她在大正月里故意给他们晦气，老头儿也对她凶暴起来，动不动就是扫帚柄劈头打过来。她默默地承受着这一切，一句话不敢说。只有当她牵牛到山里的时候，常常一个人痴坐在石头上，干枯的眼睛望着遥远的白云，嘴唇没有声音地哆嗦着。春天已经来了，山野里慢慢透出绿色来。山里放牛那些牧童瞧见她那可笑的样子，老是拿她来开玩笑，到后来索性编出一支小歌跟着她唱起来：

河南婆
嫁老公
嫁着一个老蝗虫
蝗虫毒，蝗虫凶
打得河南婆娘昏懂懂

她受不住这些揶揄和讥笑，只好牵着牛躲到荒坟堆里去。那牛有时倔强起来，撅着角不肯听她的调度。她瞧着那畜生，心里忽然发恨，仿佛在她手下也还有这么一个可以发泄忿恨的东西，她就该拿它来报复似的。她会无端地拿起竹竿往牛身上抽，可是那牛也是木钝，简直就没有一点反应。于是她又忏悔起来，觉得自己是太不该来磨难一只畜生了。

过了正月，增福婆又拿出活计来叫她晚上做。一个人坐在菜油灯底下要做到二更天，连躲在稻草铺流眼泪的幸福都没有了，她有时望着油盏火对自己譬解着：今世的苦是为了前世不修，苦过今世，来生也许会好一点罢。但是当她一想小梅头那件事情，心里又突然地恐怖起来。她听人说过：再醮的女人还不要紧，要是这世犯过奸淫，死后就要落血污地狱，再也不能超生的。一想到这，她简直心都冻住了。

一天一天过去，到后来她索性什么也不想了。心里空空洞洞的，倒反而觉得平静一点。不料现在这条牛又忽然害起病来。这又是一场天外的灾祸！牛是她看的，不消说，这一切罪过都推到她头上来啦。老太婆咬定是她闯的祸，老头儿自然也不会饶她。昨天夜里她已经吃了老头儿一顿棍棒，不许她睡觉，并且要她守在牛棚里，把牛照顾好来。

已经快交三更了，稻场上铺上一层淡淡的月光。风静了一点，只有远处的狗依旧零零落落在叫着。隔壁屋子里这时很静寂，那些人大概已经睡觉了。

河南人依旧痴痴地蹲在牛的前面，牛的喘息逐渐在快起来，鼻子翕动得很厉害，那种间歇的痉挛也更加来得紧了。但是她却似乎不大注意，她只是茫然地望着牛的眼睛，那眼睛仿佛在向她乞求着什么，她摸摸它的颈项，叹口气说：

“你望着我做什么呢？你的苦也许已经受完哩，早点超生也好啊。活着又怎么样呢？……”

横梁上一阵索索的声音窜过去，她愕然地抬起头来，一只极大的老鼠在墙头上朝她睐着眼，吱吱叫了两声，钻到墙洞里去了。

“前世不修今生苦，你前世造下什么罪孽，今生变牛变马来受这样苦难啊？修修你的……”

牛头突然一昂，吐出一声痛苦的喘息，身体暴烈地抽搐起来，四只蹄子在泥地上挣扎着，把些烂稻草都踢开去。她吓了一跳，直站起来，看着那牛颤声地喊：

“你，你怎么的啦？”

牛吼了一声，似乎想挣起来，但立刻又躺下去，呒呒地尽喘着气。

“怎么啦，你怎么啦？……”她害怕起来了。

“怎么啦？呃，你疯了吗？”

突然背后一个粗粝的声音应着她叫起来。她蓦地回过头去，牛棚门口，增福公像凶神一般的站着，身上斜披着一件老羊皮袄，一只手里握着一支旱烟杆。

“你在做什么？你要谋死它？贱×！”

她气都闭住了。增福公的旱烟杆望她直劈下来，她惊叫了一声，躲到料桶角落去。

“你淌眼抹泪的在嚎什么丧！你要咒死它？你给我晦气！”

老头儿咆哮地叫，俯下身去察看那只牛。牛依旧呒呒地急喘着，两只大眼睛乏力地向他望了望，增福公瞧着这光景，眉头紧皱拢来。他摸摸它的前腿又扣扣它的嘴巴，站了起来茫无主意地朝四面望望。

“你！”他的眼光又突然落在河南人的身上，把旱烟杆指着她脸孔暴怒地叫，“你给我当心一点！风吹草动，我要问到你！”

他走到门口，又旋过脸来。

"警醒点！有什么事情马上来叫我。天一光，就给我去找李白眼来——这贼坯！骗了人家的钱，一点不放在心上！"

牛棚里又回到恐怖的静寂。牛的喘息紧了一阵之后倒又变得微弱了。壁上的油灯慢慢暗下去，只剩得一粒蚕豆大小的绿火，河南人也忘记去添油。她把脸孔埋在手里，一种愤怒、凄酸和恐怖混合的感情在她胸中激荡着。她抑不住地呜咽起来，喉咙被泪水所壅塞住了。

饥饿、疲乏、寒冷、痛楚和悲辛，重重地压着她破碎的心，破碎的灵魂，不知什么时候，她捧着脑袋睡去了。

## 三

过了好久，她突然被一种扑门似的声音所惊醒。油盏里的火已经熄灭了，牛棚里黑漆漆的，一道月光从屋顶与泥壁间的隙缝里射进来，在对面墙脚上画出银白色的一个长条。四周是肃静的，只有隔壁猪圈里的猪公在打着咕噜。她疑心刚才听到的是梦里的声音，正在迷惑着，陡的那声音又起来了。那只牛发狂似的在翻腾着，四只蹄子噼啪地踢蹴着地上的泥土，夹着急促的喘息，那声势就像几个人在黑地里拼着命打架。她跳了起来，几乎给牛角刮了一下。

"啊，啊！"她恐怖地喊着，不知道该怎么办，四周是漆黑的，又看不到那牛究竟是怎么个样子，她彷徨了一下，突然向牛棚门口逃奔出去。

外面稻场上，月光像水银似的浸浴着一切，稍远的地方漫起一层薄薄的白雾。整个村庄像沉睡着的少女般的，美丽而恬静。她站定了，喘了一口气。寒冷的露水拂着她的脸孔，头脑有点发晕。她向着阶沿上走去，想去叫醒她的主人，屋子里黑洞洞的，月光映在木窗格上，像些乌溜溜的眼睛朝她看着。她怯怯地走到增福公房间的窗子前面，正待去叩窗，忽然窗子里传出一阵粗浊的鼾声，那是增福婆在抽呼，她那声音连在梦里都是这样惨厉可怖，好像在跟谁发气似的。一听到那声音，河南人就禁不住心悸起来，她仿佛已经看到一张高颧骨的长脸孔从木格窗上窥探出来，两只凶恶的眼睛暴出着在瞪她。她蓦地记起了小梅头警告过她的话："一千八的人抵不过三千银子牛的半条命！"一阵颤栗，那只手便又缩回来了。

她茫然不知所措地在廊檐下站着，廊檐下堆着那些风箱水车都似乎担心地在望着她。她轻轻地向窗里叫了两声，那声音几乎连她自己都听不清楚。她踌躇了一会，忽然奔到左首的小间仓屋前面去，那里是小梅头睡觉的地方。

"小梅头！小梅头！"

她敲着窗棂低声地叫，里面没有回答。

"小梅头！"

里面一个沉重的翻身声音，接着一个含糊的口音在问。

"谁？"

"是我，快起来！"

里面又没有声音了。过了一会小梅头忽然梦呓似的发出一声狞笑。

"怎么？你倒找到我门上来哩。……哈，去你的吧，我不要你这臭……"

仿佛一个铁锤子突然击落到她脑门上，她踉跄地一退，撞到阶沿下来。几乎有半分钟工夫，她不能透过气来，她握紧拳头，张着嘴巴，愣愣地望着天心的月亮。接着忽然撕着自己的头发，咬着嘴唇，像只无头苍蝇似的在稻场上疾走起来。月亮照着她的影子在地上狂奔，连乌柏树上的宿鸟都给惊醒，拍着翅膀向别的树上飞去了。

这样走了一会以后，这种剧烈的歇斯底里状态过去了，她在一块石头上坐下来，怔怔地喘着气。这时牛棚里似乎很平静，乌柏树的影子慢慢地往宅屋顶上爬过去。她记起那牛来，又向着牛棚门口走去。

牛棚里意外的静寂，引起她一种沉重的恐怖。"莫非已经……"她不敢想下去，伸出一只手抖抖地去摸躺在黑地里的牛。一个冰凉的鼻头触着她的手背，她骤然一栗，拿手心去试试它的鼻息，一阵寒颤从她背脊上直奔下去——那只牛死了！

"完啦！"她喃喃地叫了一声，在石头上瘫痪着了。一种奇怪的凄酸和迷惘涌上她的心头，她掉下几滴眼泪来。这条牛是和她同一天被卖到这人家来的，和她同一起生活了三个月的，现在想起来，在这份人家中间，还算它是和自己最亲的了。她仿佛看见那熟悉的绿幽幽的眼睛还在黑暗中间向她闪烁着，向她诉说着……渐渐的，这种幻觉强烈起来了。一下子似乎全个牛棚里，上上下下，前前后后，都是些牛的眼睛，在向她自己包围过来。她吓得浑身汗毛都直竖起来，捧着脸孔向门外狂奔出去。

她奔到一堆干稻草上，昏昏沉沉地坐下了。这时已经快近黎明，正是一天最冷的时候，干草堆被露水浸得很湿，把她的衣服也弄潮了。但是她却一点不觉得，一夜的饥寒、苦痛、羞辱，把她的神经刺激得够了。最初几分钟里，她心中简直是空无所有，只管呆呆地望着前面的田野。天亮以前田野上的夜雾特别浓重，白濛濛的仿佛一片大海，那些黑色的树林和村舍就像是些海上的岛屿。靠西边的天上，冷冷地挂着一钩残月，从浓雾里看过去，似乎显得格外渗淡了。她望着这片景色，不知怎么的，忽然迷迷糊糊地想起幼年时候一天夜里的光景来，那时她约莫十二三岁，一天晚上黄河忽然决了口子，大水冲进村子里来，一家人从睡梦里仓皇逃出，她跟着姐姐逃到一个小山头上，一下子水就把村庄淹没了。她跟姐姐在山头上坐了一夜，听着满山满谷凄惨的号哭。那天恰巧也是一个月夜，白茫茫地照着一片汪洋，很有几分像今夜这情景，她们爸爸妈妈都不知逃在哪里还是淹死了。直到近天亮时候，有只挂着红灯笼的船向她们驶了拢来，才把她们接到大山头和爸妈见面了。那天晚上恐怖、焦急和饥寒的情形，她现在一一地记了起来。仿佛就是眼前的事情，并且也仿佛看到了那只挂红灯笼的船在向她慢慢驶过来——那灯笼是给她多大的兴奋和希望啊！

这一切幻觉，实际上只是一刹那间的事情。当她从稻草堆上站起来的时候，一切幻象立地消失了。她像梦游病者似的，恍恍惚惚地向着稻场外面的大路边走去。黎明以前的微风吹着她发烧的额角，重新清醒了她的知觉。她这在做什么啊？她突然惊栗起来了。现在一切事情已经摆定了。牛已经死了。只要天一光，她立刻会遭遇到怎样的事情！她知道，深深地知道，那老头儿纵然残暴，或许还能最后饶恕她，因为她究竟是花了铜钱银子被买来的，但是那老太婆，那狠毒的母夜叉啊，她一想到她，血就凝住了。那老女人早就存心要毁掉她啦。一个小老婆！不管怎样，在她看来总是个将来的祸根啊。

一种陌生的感情从她心底里在激荡起来，她第一次感到了愤怒："我到底犯了什么罪过，要受这样的折磨呀？"她的心在反抗地叫。这真正是她的第一次，这之前，她连这类问题想都不曾想过的。她神经地在路边蹀躞着，恐怖和疑惧在迫胁着她。她感到极度的迷乱和纷扰；路边的树叶在沙沙地微响，她仿佛觉得有什么人在她耳边叫着，在警告她逃开去，又仿佛有什么东西在追逐着她，她昏乱地摇了摇头，突然朝前面奔跑起来。

月光躲到云里去了，田野上掠过一片淡淡的暗影。

"我这跑到哪里去啊！"她忽然又站住了，愤怒地咬着自己的手。前面是黑越越的树林，远处是白茫茫的浓雾，她连路都还认不清啊，她孤零零一个人，没有一文钱，没有一个熟人，又到哪里去呢？

"娘啊！"她突然热泪迸流了。

树林里的狗突然向她狂吠起来，从一只立刻变成许多只，四方八面都向她叫起，那叫声越来越凶，有几只已经虎虎地向她窜过来了。

在狗的狂吠声中，她蓦地直觉地一震，回过头去，那边堂屋的廊檐底下，一支蜡烛在闪动着，蜡烛后面，她看到一张在扭动着的脸和一件斜披着的老羊皮袄。

老头儿似乎被猛烈的狗吠声所惊惑了，他把只手遮在帽檐上，向这边狐疑地窥察着，河南人怔了半晌，一种什么力量突然从她身体里在生长出来，她觉得好像有谁把她推了一把，她身体一挺，迎着堂屋走过去。

"谁?"老头儿厉声地在问。

"我!"这边用同样的声音回答着。

两个人的距离不到十步了，增福公似乎已经看清楚是她，脸色突然变纸一样的惨白，两只通红的血眼，像在冒烟似的直盯住她，颤抖着嘶哑的嗓子怒叫起来：

"你？你？你在干什么？牛呢?"

"死了!"河南人把手一抛，回答出一个炸裂似的声音。

"啊!"老头儿狂叫一声，蜡烛从手里掉下去了。

河南人只觉得一道火光从眼前飞越过去，天地突然地狂旋起来，她没有来得及发出什么声音，两腿一软晕倒在稻场上了。

屋子后面的鸡埘里，一只雄鸡喔喔地啼起来。

一九四三，四月于桂林

1943 年 6 月 1 日，《文学创作》第 2 卷第 2 期

# 宿　店

七月的傍晚，太阳像要在云层里溶化似的，远远的地平线上，漫起了一层白濛濛的热雾。

我和孙班长押着一列手车队，在公路上走。我们已经在太阳底下整整走了一天，路面上飞扬着黄色的灰沙，跟身上的汗水混合起来像芒针般的刺着背脊发痛。血红的落日正迎对着我们，眩耀得眼睛都抬不起来——我可羡慕孙班长，他不知道哪里搞来一副墨晶眼镜，大模大样架在他那扁平的鼻梁上。我们过一片荒漠的原野，那公路仿佛也受不住阳光的烤炙了，像条挣命的巨蟒似的在一座小山坡前面昂然崛起头来。

一看见那昂然的坡道，队士们就皱起眉毛，拉手车最怕上坡道；何况又是这三伏天气。有几个队士嘘了一口气，把车子歇了，拉下肩膀上的汗巾不停地抹着脸，孙班长立刻扬起他手里那根哭丧棒，吆喝着从后面赶上去：

"走！走！走！歇你个娘！过了坡就宿营啦！"

这条坡道是从一座荒秃的小土山开出来的，夹在两边赭红的土岩中间，热气便益发逼压拢来。从坡底下望上去，土山顶上一株半枯小树，在傍晚静止的空气里，默默地垂低了头。

"走——啰！"一串沉重的叫声，从队伍中间激荡过去，人们一齐伛缩了身体，脑袋俯到车杠底下，几乎贴着地面。几十只脚板在灼热的砂砾上使劲地往后踩，手车的橡皮轮子便在一阵激起的灰雾中间沙沙地响起来。

队伍往上爬，太阳便把这一群人的影子渐渐拉长来，队士中间有人发出用力的低沉的喘声，夕阳映着他们汗水浸淋的皮肤，闪烁出赤铜般的亮光。

孙班长挥着短杖，走在队伍的后面。他是一个矮小的南方人，生着一张扁平的三角脸，草绿色军装敞开着，露出一件血红的汗背心，被汗水紧黏在胸脯上。他一壁走，一壁不时地掀着那副黑眼镜。跟他一起走着的，除了我以外，还有一个是队里的司书和他的一个朋友老李。

“这是马铺坡，过了坡里把路就是薛家集，喏，你瞧，那边有棵大松树的就是。”他像老旅客似的，用短杖指点着说。“到薛家集，我们住王大娘店，哈！——那地方好玩！”

他忽然低下头，发出一阵咯咯的笑声，接着做了一个怪脸，望着我说：

“指导员，你得请请客哪，今晚我给你介绍一个人。”

手车已经陆续拉到坡顶上，队士们吐出一阵大声的呻吟，把车柜陡的耸起来，仰着身体，和车杠形成交叉的姿态，紧握着车杠的上端，顺势往下坡道飞溜下去，车轮子发出一阵阵格拉拉的叫声，一会就把我们四个远远地抛在后面了。

从坡顶上望下去，果然不远的前面有一座小小的村落，靠着公路旁边，有几家新盖不久的茅屋，黄亮的屋顶高高耸起，在夕阳光里，显得异常耀目。

“喏，就是靠右手那一家——王大娘店，”孙班长挺挺腰板，像个指挥官般的指着一座茅屋说，“就是这一家——今天晚上我们得痛痛快快玩它一夜！”

“不错，指导员请客，我们一定奉陪。”老李晃着头笑。他是一个赋闲的军人，正在靠孙班长替他找差使。一副谄媚相，看见孙班长说什么就说什么的。

一辆小包车迎面疾驰过来，呼的从我们身旁掠过去，撩起了一地的黄尘。

“呸！神气你的鸟！”孙班长朝着那汽车的后面狠狠地唾了一口，旋过脸来向我牢骚地说：

“指导员，你别见怪，我们外面混差使的谁不是这样？妈的，我们又没有公馆，又没有太太，这几块饷银，大热天还跟他们跑腿，不找个空儿乐一下，我才是他妈的孙子大傻瓜呢！——你们说，对不对？”

他说着一口刺耳的浙江官话，说话时候老喜欢咧着牙齿，牙齿中间有一颗是包金的，黄澄澄的好像随时要从嘴里跳跃出来。

我笑了笑，没有说话，老李却早抢着接下去了：

“对，对，班长的话再没有错的，做人就是那么一回事，谁又不想修仙成佛，干吗不找乐呢！”他把肩膀上一个小包裹耸了一耸，“指导员，你是个读书人，不像我们老粗，可还不是一样，大热天赶旱路，鬼才耐烦，所以我说你老兄得请请客呀……”

一阵桀桀的笑声，跟着满嘴白沫喷溅到我脸上。孙班长推了我一下肩膀说：

“对，你请客，我做媒，那女人包管你中意。一点儿不含糊——清水货!”

“好!”老李喝起彩来。

“是王大娘店里那李三姐吗?”那个司书,才二十来岁一个小伙子,眯着眼睛问。

“怎么?”孙班长横了他一眼,“莫非你这小子也在打她的主意?”

他发出一阵狞笑,那小子脸孔飞红了。

“呃,指导员,”孙班长又突然一把抓住我的胳膊,“你别瞧不起她呀,她可不是那种乡下土货,相貌好,又聪明,能干,是见过世面的呀,咳,这雌儿落在王大娘手里,才叫是桂花树当柴烧,他妈的,凤凰落在老鸦窝呢!”

“唔?”司书脑袋一偏,讪讪地说,“那她怎么不去跑大码头呀?”

“唔?”孙班长从眼角里瞟了他一下,“你倒说得轻松,你怎么不带她到府上去呀!”

司书碰了一鼻子灰,不敢再响了,孙班长摇摇头,把手杖在路旁的青草上忽的一削,又继续说:

“要说来呢,倒是怪可怜的,年纪才二十七八,也是好人家的儿女呢,不知怎么吃人骗了,孤单单地给抛在这小地方,还拖了一个吃奶的毛头,这年头儿怎么过呀!这才便宜了王大娘,把她没本钱地弄来当女茶房——这老王婆,妈的,不晓得在她身上刮了多少油水!”

“那么,跟孙班长你,倒是一对儿呀!”老李掀着眉毛嘻嘻地说。

“指导员呀!”孙班长猛力推了我一下笑起来,“你那文绉绉样儿，她才喜欢呢。告诉你——”他把短杖直指到我的鼻尖上，声音压得扁扁的，“——她那小模样儿才讨人喜欢哩，皮肤雪白，粉嫩……”

他接着吐出一串猥亵不堪的话，那颗金牙齿在我眼前一闪一闪，我憎厌地避开脸去，看见背后的老李浮出一股淫欲的馋相，喹喋着嘴唇在傻笑。

对于队士和班长的放荡行为，我是有责任劝告或纠正的。但是这样的人，我有什么办法呢？我的权力也许还没有那个司书来得大，我只好默不作声，慢慢地退到后面去，少让他们来把我当作开玩笑的对象。

前面的村庄已经近拢来，村子里的狗在叫，公路南边是一片黄色的稻田，稻子已经成熟了，丰盛的稻穗在夕阳底下翻腾着黄色的微浪。

孙班长和老李依旧喋喋地在谈着关于女人的猥亵的话，不时发出咯咯的轻笑，司书睖着眼睛听，一壁拿自己的制服不停地拭着头上的汗水。

我默默地望着前面那群骡马样的队士，在黄昏的热雾中行进。他们是那样沉默，在整整一天中，除了喘息的呻吟以外，我简直就听不到他们说过话。他们是在想着些什么呢？——一想到他们，我的心就莫名其妙重起来。

一只林雀从天空中飞过，太阳沉入到山后去了。

我们到达王大娘店的时候，这些手车早已七横八竖地歇在门前的院子里了，队士们乱哄哄地挤在茅檐底下抹身擦脸，泼了一院子的脏水，有的坐在阶沿上抽着手卷的土烟，黄昏的薄灰空气里，充满着汗水和土烟的混合臭味。青苍蝇在营营地飞，和人们喃喃的咒骂，织成一片沉闷的嚣声。

我们一跨入篱笆门，孙班长就直着嗓子，一路嚷进去。

“喂，老板娘，老板娘，屋子准备好没有？——”

他一壁嚷，一壁脱下军衣，露出那件血红的汗背心，又把那根短杖在屋柱上敲着。“喂，快点——快点呀！”

“嗳唷，怎么啦，我的孙班长，发了脾气哇！”

跟着一串尖锐的叫声，一个几乎是半裸的肥胖的中年女人，只穿着一件紧身背心，从屋子的烟雾里直奔出来。她一把抓着孙班长的胳膊，老鸭似的呷呷地笑起来：

“嗳唷，好难得的稀客呀，快请呀，大热天气，毒日头底下亏你走得来的。”接着，又尖起嗓子朝里喊：

“快打洗脸水！泡茶！送到上屋去呀！”

我们走进昏暗的屋子里，旁边厨房里冲出来的柴烟，熏得我吭吭地咳嗽，穿过这幢屋子，又是一个天井，天井里七歪八斜地晾着许多衣服，几个男人在水槽旁边刷刷地洗米，淌了一地的脏水。我们从那些衣服底下钻过去，被引到天井对面一座房子里。这屋子是三开间的，用芦苇隔成好几个房，中间一间客堂，暗蒙蒙地只听见蚊子在乱叫，孙班长摘下那顶稀湿的军帽在手里扇着，又嚷了起来：

“啊——嘘！好热，到外面坐吧，搬张桌子到外面来！”

茅檐底下是条宽阔的走廊，预备打尖的客人歇脚的，壁上挂着一些干肉皮，满钉着黑色的苍蝇。

老板娘摇着两条肥白的胳膊，旋磨似的忙着张罗，咭咭呱呱地嘈杂着一些不三不四的本地土话。一会儿就跟老李厮混熟了。

我们洗着脸，孙班长摘下那副墨晶眼镜，黑红的脸上忽然多出了两个白色的圆圈，白圆圈里那双乌溜的眼珠一映一映，就像是戏台上的孙行者。他忽然把毛巾按着下巴，那颗金牙齿猛地俯到老板娘的脸上。

“唉，老三呢？在哪里——她在哪里呀？”

“唷！”老板娘的手指在他额角上一戳，尖着鼻子笑起来，“真是老相好呀！一刻儿不见就查理了，她在烧茶呀，心上的人儿来了，茶也要烧得透一点儿呀……”

忽然像刮过一阵风似的，那肥圆的脸上笑容顿时消失了。她胖着喉咙厉声地叫起来：

“喂，三姐，你怎么啦，客人来了半天啦！”

大家的眼睛一齐跟着她脸孔旋向前屋右首的厨房门口去，厨房里有些男人女人在叽叽喳喳地说笑，夹着一阵呱呱的孩子哭声从闷热的空气里荡漾过来。

“哼，她奶了小的才奶你这大的呢。”老板娘不高兴的样子，朝孙班长尖尖嘴。

“我自己去找她！”孙班长手朝空里一推，大踏步跨下阶沿去，老板娘在后面啰啰着：

“嗳，嗳，我去，我去，”抖着一身肥肉，登登地跟进厨房里去了。

“唏，”老李朝她背影咂了一下嘴唇，牙齿缝里发出一个奇怪的笑声。

厨房里爆出一阵笑的风暴，司书叫了起来：“来了，来了！”接着孙班长拖着一个二十七八岁颀长的女人，从晒衣杆下钻过来。那女人蓬着一头土烫的头发，一件粉红色的洋布衫，纽扣全敞开着，露出几条新刮过的紫色痧痕；趿着一双木拖，铁铁塔塔的几乎给孙班长拖得直跌下去，一壁尖着喉咙叫：

"嗳，你作死呀，拉拉扯扯的干什么！你这短命……"

孙班长哈哈大笑着，把她围在胳膊里，"哎！哎！装什么腔儿？李三姐还怕难为情吗？"

"有你这种蛮劲儿！"女人堵着嘴，朝他狠狠地堵了一口："手臂骨都给你拗断了，还算是大班长呢！"

"班长怎么样？"孙班长涎着脸皮说："班长就配不上我们的三姐吗？"

"唷，得了吧，"女人推开孙班长的手向旁边逃去，"刮刮叫两粒星的大班长，谁敢瞧不起呀！"

"你这调皮！"孙班长绕着桌子追过去，一下把女的掀倒在凳上，使劲地捧着她的脸皮，女的像宰猪似的尖叫起来。随着那叫声，老李嘴角边的一层皮狞然一扯，似乎感到一种残忍的满足。

"饶了你吧！"孙班长发出一声得意的喘吼，手一抛，把那女人放起来，随着，又捉住她肩胛，朝我面前猛地一推，用一种发沙的喉咙说，"我给你介绍。这是我们的指导员。人家是大学堂毕过业的啵，比不得我们穿二尺半的！你瞧——小白脸儿呀！"

他翘起一只大拇指，朝我晃晃。那女人红着脸，矗立在我面前，微微地喘着气，高颧骨的脸上涂着一层厚厚的铅粉，几处地方已经被汗水渗蚀了。那双水汪汪的眼睛，像蛇一样地盯着我。

“指导员，”她扑嗤一笑，高颧骨的脸就向我逼过来，“你得指导指导你们这位班长呀，你瞧——”

一股夹着汗气的恶浊香味，直刺入我鼻孔里，我往后退了一步，老李挨着肩胛挤过来，向那女人睐睐眼说：

“指导员是读书人，人家是规规矩矩的呵。”

“嗄，”李三姐头一仰，从腋窝底下扯出一条花手帕，望我肩膀上一掸，格格地笑起来，“指导员自然是看不起我们乡下人的啵。”

碰到了鬼！我憎恶地望着自己那双吃饱了灰沙的橡胶底鞋。淤积在天井里的死水上，几只黄色小鸭在刷刷地啄着自己的羽毛，台阶上东一堆西一堆的鸡屎鸭粪，一种窒人的恶臭，熏得我脑袋都要涨大起来。

“过来罢！”孙班长像耍猴子似的，又把那女人一把拉过去。她猛地一仰，挂着的干肉皮上，苍蝇轰地飞散开来。

我抬起头，孙班长那张三角脸正对着我，他眯着一只右眼说，“怎么样？指导员，请客啵？”

“请客，好呀！”老李在我肩膀上用力一拍。我瞪了他一眼，没作声。李三姐背靠着屋柱，翀起两只肩胛，尽望着我笑，她好像把我当作小孩子似的。我感到一种侮辱，脸上顿时热了起来。

“怎么啦，干脆点儿呀！”孙班长又在催逼着。

“唷，要脸哦，”李三姐身体一扭，刮刮他的脸，“你倒真是个虾鱼龙，只进勿出哩！”她飞了我一眼，格格地笑起来。

“喂！李三姐！你昏了头么！”一个粗粝的声音从天井对面突射过来，厨房门口探出一颗光秃的大脑袋，瞪起两只眼睛望着她，“饭烧好了半天，还等别人来开吗?”

“……”像挨了一下巴掌似的，李三姐脸孔一绷，低着头朝着厨房里走去了。

天色渐渐暗了，七月中旬的月亮，从对面茅檐上空的白云里浮现出来，浅蓝色的天壁上散射出一种爽人的清辉。外面那些队士们，大概已经吃过饭了，哄哄地在争吵着什么，那喧声像是一阵风涛，从远海上汹涌着。这些浑浑噩噩的人们，沉默了一天，这时好像才从麻木中间突然觉醒过来了。

我从溪里洗了澡回来，月亮已经照到廊檐的屋柱上了。堂屋里蜡烛点得通亮，满屋子弥漫着一层雾腾腾的白气，一个劈毛竹样的声音从雾气里爆射出来。

“快找她来！妈特皮，老子又不是不出钱，别把老子当瘟生!”

我刚跨上阶沿，一个肥圆的身体从里面直撞出来，几乎和我撞个满怀。

“嗳唷，是指导员吗？班长找了你半天呢，快去喝酒呀……”

她还没有说完，又一旋一旋奔下阶沿去，嘴里咕噜地骂着：

“这娼妇，在发昏啦……把个短命的拖油瓶当作活宝……”

我走进屋子里，一股辛烈的大蒜气味夹着那土蚊烟香的气息直冲入我脑门。老李伛在桌子上正在咬一根鸡骨头，咬得格支格支地响，司书坐在下首，对面是孙班长，精赤着半个身体，跨坐在板凳上，两只发红的眼睛直盯着我：

"嗐！指导员，你这个人！这个小东你不请我还请得起呀，躲起来干什么呢？"

"不，我在招呼弟兄呀。"我分辩说，

"那么，好，罚你一杯！"他把酒瓶往我面前送过来，老李连忙替我端起酒杯，嘴里依旧衔着那根鸡骨头。

老板娘和李三姐进来了。李三姐把那块花手帕抿在嘴上，望着孙班长嘻嘻地笑：

"喂，怎么啦，大班长有什么火急的公事哪？"

"问你呀！"孙班长掀起两个鼻孔，抓着她的手，"谁蒸着馒头在等你呀？"

"唷——我还当是天塌下来呢，"她扭着腰扑哧一笑，"好啦，替你洒杯酒平平气罢。"

"不，你替我敬指导员一杯，非得要他喝完不行。"

"我不能喝，我头疼。"我说。

孙班长有点微愠了，把酒瓶在桌子上呯地一搡，直着喉咙嚷起来：

"你不喝，她不喝，是不是嫌老子客请错了！"

"唷，又来了。"李三姐飞了他一个媚眼，在他肩胛上一拍，"又不是霸王请客，谁会怪你呢。"

"那你——你替我喝下去！"孙班长捉住她手腕用力一翻，李三姐身体骤地斜过去，几乎把酒瓶碰翻了。

"我头先不是已经喝了三杯吗？"李三姐苦笑着说。

"再喝一杯，凑个四季相思。"

"好个四季相思！"老李喝起彩来，"三姐，你跟孙班长四季相思呀！”

她惶惑地望了众人一眼，端起酒杯，轻轻尝了一口，接着仰着脖子喝下去了。满屋子都喊起好来。蜡烛火随着狂乱的叫嚣，扑扑地跳动着，连墙壁都在打颤了。

李三姐皱着眉毛，咽了口气，脸上泛出一层淡淡的红晕。

屋子里的喧嚣逐渐强烈起来。孙班长抡起乌红的臂膀跟老李五魁八马的划拳。李三姐陪着替他们洒酒。司书傻傻地坐在旁边，只管拿眼睛瞟她，忽然发出一声莫名其妙的怪笑。老板娘站在孙班长的背后，拿柄大蒲扇忽达忽达地替他打着扇，孙班长赢了一拳她就像老鸭叫般呷呷地笑起来。

孙班长接连赢了几拳，兴致格外高了。他忽然把眼光旋到我面前，“呃，怎么？你还不曾喝？来！来！”乌红的臂膀向我一挥，“我们来它个十二拳！”

“我不能喝！”我断然说。

“不能喝也得喝！今天晚上非得玩个痛快不可！”

“明天一早还得赶路呀。”

“管他个鸟！”孙班长不耐烦地把头一晃，“我们来了再说！”

“……”

我没有说话，老板娘一拐一拐地转到我旁边，用扇子拍着我的背说：“嗳唷，指导员，喝几杯解解暑，怕什么呢。你们贵队这条路是常来常往的，住熟了还不跟亲眷一样呀！你怕热，我替你打扇。”

我憎厌地别过脸去，司书触触我肘子轻轻地说：

“喝吧，三姐都喝了，你不陪陪她吗？”

“那你请吧!”我忿忿地冲了他一句。

什么地方传来阵孩子的哭声,李三姐骤然一愣,一层什么东西从她脸上掠过,老板娘偷偷地瞅了一眼,她咬咬嘴唇低下头去。

“嗳!”孙班长突然把筷子在桌沿上猛地敲着,发出个呻吟似的巨声,“指导员,你这老兄,怎么这样别扭呀,你当真以为你们政治工作人员也不能喝酒玩女人吗,嘿! 你这才傻瓜呢!”他掉过头去,秃的吐出一口痰,“老实说,照了王法要打煞,照了佛法要饿煞,干我们这门差使的,谁不把事情看得透一点儿呀!”

“指导员大概是怕太太说话吧?”老板娘吱地一笑。

“太太? 就是有太太也管不着呀,”孙班长朝那肥胖的女人眨了一眼,“我们这样的人,成年地跑码头,谁又顶着屋子走路呀? 就说我吧,吃了这么五六年饷,哪里不跑过,火线也上过,九死一生,留了这么一条命,他妈的,还不是这么一个光棍,趁这会有酒不喝,有女人不玩,还等着骨头打了鼓再来懊悔吗? ——你说对不对,三姐?”

他斜着眼睛朝那女人淫荡地一笑,顺手又把她拉到怀里去了。

我脑子里嗡嗡叫起来,仿佛被一群野兽的眼睛紧视着,喉咙里干得要命,四周的芦苇墙都嘲笑似的在向我逼拢来。

我愤然地推开酒杯,站起来。老板娘站在我背后,我不高兴去看她,便望堂屋后门一道小门直走出去。

仿佛一个囚徒从郁闷的地牢里走到自由的天空底下,一阵凉爽的夜风和晶莹的月光蓦地扑到我发热的脸上，使我感到一种强烈的晕眩。堂屋的后面是片广阔的菜园，这时正静悄悄地躺在月光下，一层稀薄的白雾轻轻升起。树木、篱笆、菜畦，什么东西看去都好像笼罩在一副从碧净的天空中洒下来的绢纱帐里似的。屋檐边几棵稠密的柚子树，撒满一地的黑影，偶然微风吹过，树影里银屑般的月光便随着拂动起来。

我张开臂膀，深深地吸了一口气，堂屋里的喧嚣仿佛突然退落到远远的后面，虽然我耳朵里依旧听到那女招待颤抖的声音在唱小调，可是那好像从江船上听岸上的嚣声，隔了一个世界似的。我从柚子树底下穿过去，月光的碎屑轻轻地拂过我的肩膀，那边有口小小的池塘，月亮正反照在水里，池塘旁边的青草丛中，一些小虫唧唧地叫了起来。

我在池边一块石头上坐下，默然地望着浩瀚的天空，天空上一片清光，没有半丝云彩，只有那轮快要成圆的月亮，寂寞地窥望着我这飘泊的旅客。奔波了一天，这时才感觉有点疲乏，一种睡意轻轻地在爬上来，我听着抑扬的虫声，渐渐堕入到梦幻样的沉思中去。

夏夜在静寂中慢慢溜过去，不知隔了多久，一阵宿鸟扑着翅膀从树梢飞起，把我惊醒了。月亮已经移到天中，草地发出一种沁人的露水气息，前面屋子里似乎没有刚才那么喧闹了——这批没头脑的家伙，也该满足了罢？

我正要站起来，忽然似乎有阵窸窣的声音，在我背后不远的地方响着。我愕然地旋过头去，那边家屋子右首的篱笆旁边，有一间低矮的茅屋，一个颀长的女人背影，在月光下从茅屋门口向篱笆那首走去。她手里抱了什么，蹑着脚一步一步慢慢地走着，月光照着她白色的衣衫，样子是那么庄严，仿佛一个虔诚的童贞女，在静静地走向祭坛。

她走到篱笆前面，又回身来。头低垂着，看不清她的脸孔，洁白的月光射在她袒露的前胸上，一个裹着白布的婴孩，在她手里安静地吮着乳头。

她走了两个来回，渐渐地向我这边过来了，青草在她脚下发出轻微的声音，随着她脚步的拍节，她在低声哼着一种催眠的曲子。

我陷入一种睡梦般的奇异感觉中间，茫然地望着草地的露珠在她脚下轻轻跳动。一棵树枝的黑影从她身上滑过去，她快走近我身边了，我一抬头几乎惊叫出来：

“啊，李三姐！”

但是我立刻噤住了，似乎一只手在扪着我的嘴。出现在我面前的竟是这下贱的娼妇呀！我简直晕眩起来。她是那样宁静，那样安详，从我旁边轻轻走过去，整个心神好像都贯注在那孩子的身上。她离开我只有两尺多远，但显然一直不曾注意到我。

一种崇高的母性把我慑住了，我仿佛看到她的背影在渐渐高大起来，从她身上散射出一种纯洁的光辉。好久以前，曾经在哪里看过的一幅圣母像，那玛利亚抱着婴孩的姿态，忽然在我眼前浮现出来。

我屏着呼吸，怔怔地望着她来回地走。偶然那孩子发出一点声音，她站住了把嘴唇贴到婴孩的脸上，忽然抬起头来望着月亮，发出一声低沉的叹息。

我不敢去惊扰她，想轻轻地退走，但是她已经发现了我，吃惊地站着了，两只眼睛恐怖地向我凝视着。

“谁？”

“我，三姐。”我站了起来。

“指导员吗？”她吐了一口气，歇了歇又说，“怎么在这儿呀？”

“我在这儿乘凉。”

她没有说什么，眼睛又落到孩子的身上，一只火萤从她头发边飞过，没入到柚子树影里。

她依旧哼着催眠歌，轻轻地走起来。那歌声带着微微的颤抖，仿佛一种飞虫膀上发出的声音。我默然地望着她从篱笆那边回过来，忍不住说：

“三姐。”

“什么？”她瞥了我一眼，低声说：

“这孩子——是你的？”

“嗯，”她应了一声，把脸偎到婴孩的额角上，轻轻地拍着他的背，又补了一句，“他病哩。”

“病！”从她嘴上滑出来这轻微的声音，却似乎在我耳朵里骤然大开来，我立刻看出她内心里那种做母亲的忧虑和焦灼的心情，这种心情，我们无论谁都曾经亲切地体会过，深深地感动过的，然而她——这个女人……啊，我没有想完，就战栗起来。

远远天边，有颗流星箭似的飞溜下去，屋角上吹过一阵夜风，柚子树的叶子瑟瑟地响起来。

我似乎想说句什么话，却想不出。那女人又朝篱笆那边走去了，突然一个粗粝的声音从我背后射过来，孙班长在屋子里喊：

“喂，老三！老三！妈特皮！看老子输了钱，人就不见了！”

李三姐猛地旋过身来，匆匆走到我面前，仰着脸哀恳地说：

“指导员，请你向孙班长说一声，等毛头睡熟了我就来。”

“但是……”

“一会儿——一会儿就好了。”

她显然误会了我的意思，我惶惑地望她一眼，她已经急促地向披屋走去，一下子消失在那道黑越越的小门里了。

我回到堂屋里，孙班长、老李和司书，三颗脑袋拱在蜡烛底下掷骰子，司书拉着一张小鸡喉咙怪声地叫：

“五梅花！五梅花！五梅花！”

他们没有看见我，我也不高兴去告诉他们，我管自己走到后客房里去了。

客房里点着幽暗的青油灯，灯花结得垒垒垂垂的，满屋都是幢幢的黑影，蚊子兜头扑面地乱撞。我揭开帐门，一股闷热的臭味直钻出来。床上热得和火炕一样，席子摸着都发烫，才躺下去，浑身就淌起汗来，堂屋里一阵阵的笑声和骰子跳跃的叮叮声音，锥子似的刺着我的耳朵。我听到自己的太阳穴扑扑地跳，血尽管往脑袋上冲，刚才一点睡意完全消失了。

李三姐又在隔壁堂屋里吱吱地笑了。那笑声和刚才吃酒的时候一样：浮荡、虚伪、恶俗，教人听了心里就发毛。孙班长在呶呶地说着些什么。我没心去理会他们。帐门是那么窄，蚊子不停地往里钻，枕头底下的臭虫又在爬出来。我只得坐了起来，扬亮青油灯，慢慢地来对付这些虫豸。

一会儿，外面的赌局散了，我听见孙班长拉着李三姐往我面前一间客房里走去。斜对面一间里，老李拉着一张破锣嗓子在唉唉地唱：

“一轮……明月……”

我索性不睡了，隔着一层芦苇墙，孙班长在吐着一些极不堪听的下流话，那女人又是笑。妈的，我才倒楣，刚刚拣着这间后客房。

我趿着鞋子又走到外面院子去。大概已经快半夜了，月色益发清朗起来。我穿过前面那座屋子，静悄悄的，只有一些沉浊的鼾声起伏着。

外面院子里露水很重，手车歇在一排茅蓬边，车杠斜斜矗起，指着天空里那稀疏的小星。那些队士们就七横八竖地躺在露天底下，他们睡得很熟，月亮照在他们赤裸的胸膛上，反射出一种难看的青铜样颜色；他们的脸皮松弛着，有的张大着嘴，露出白森森的牙齿，有的似闭非闭地眊着一双死鱼眼睛，那种样子立刻引起我一种战栗的恐怖，仿佛是走到一群死尸中间来了。

我刚想离开他们，突然背后传来一个低沉的声音：“唔……唔……”我打了一个寒噤，浑身汗毛直竖起来。旋过脸看时，一个队士直挺挺地仰躺在张木板上，正在喃喃地说些梦话，那声音像是骂人又像是在赌咒，听不清楚，一会儿忽然又不响了。

我心头说不出的沉重起来。所谓生活，就是这样的么？今天晚上，我从前院赶到后院，就像一只可笑的狗般东西逃窜着，直到现在夜深了，还没有找到一个可以安息的地方，这是碰到什么鬼呀！我望着一片浮云从月亮上轻轻滑过，满腹的抑郁忍不住要仰对长空，迸出一声悲愤的狂啸。

我无心再在这儿停留下去，摸回屋子里，闷闷地睡了。

不知什么时候，忽然又被一种声音惊醒过来，月亮已经照到后窗上，映着满窗的树叶影子。后面菜园的披屋里，传来一阵强烈的婴孩哭声，那声音尖锐而愤愤，仿佛一把刀子在空气里乱割乱画，哭的时间也许很久了，偶尔窒息地间歇一下而后更猛烈地哭起来。

正在这时，我听见一阵窸窣的轻轻脚步声从我房门外走过去，而同时，就在芦苇墙的那边，却透过来一阵牛喘样的叫声——一种男人在淫欲满足后的粗浊的鼾声。

1942年4月25日，《文化杂志》第2卷第2号

# 大铜山的一夜

大铜山，上十三，下十八，是S县到D县一座必经的大岭。

这是一个阴暗的腊月下午，北风吹得很紧，快要下雪的样子，浓重的灰暗色云块，被风推着，从天边慢慢包拢来，把些山头都包住了，偶然云层上露出一角山尖，立刻又被灰濛濛的雪雾所吞噬。云雾和北风中间，只听见满山的树木排山倒海似的哗哗地狂鸣，极底下的深壑里，有道白练似的泉水，急剧地在奔湍着，那声音跟风声松涛混合在一起，分不清楚了。这样天气，照例是很少有人过山的。石级上吹落着许多松针和黄叶，伴着山岩边的尘土，在老北风里沙沙地打着旋。

二等兵刘德奎，这时却正在半山里往山顶上爬，他是从S县回到D县去的，他虽然并不怕风雪，但是那迎面刮过来的剪刀般的北风，还是使他几乎挡不住。他把脑袋缩在拉起的棉大衣领子里，弓着背，一步一步往上捱。旧棉大衣掉了扣子，给风鼓起来，好像一只扑起翅膀的肥鹅，要给风刮到半空里去似的。他站了下来，解下里面军服上的腰带，把它紧紧地箍在大衣外面，接着，又昂起脖子来扣军服领子的风纪扣，由于平时不习惯，左扣右扣，老扣不上，扣了半天火冒起来了。

“妈的鬼东西，真是在穿他祖奶奶的绣花针！”

为了这风纪扣，刘德奎不知挨过多少耳刮子。一上操，一上讲堂，老是看见他光着脖子，骂了打了，不到三天，倒又忘记了依旧是个老样子。他始终不明白，紧绑绑的扣上这劳什子究竟有什么用处（虽然他现在觉得很需要了），而且不扣上它为什么又算是犯营规？他在乡下做活的时候，不是向来从里到外的领子都是一起敞散着的吗？

他就是这样一个人：他不喜欢的事情，永世也弄不惯，老是忘记，可是他所喜欢的事情，却又顶起劲，顶热心。他的当兵就是这样的。

两年以前，他还在D县乡里替人家赶牲口，有一回听说要抽兵，乡里的人着了慌，他也莫名其妙地慌起来，跟着几个伙伴逃到邻县去，在那里他看了一次宣传队演戏，又听了一个政治工作队员跟他讲的话，忽然觉得当兵是应该的了。于是托别人带了个口信给他老娘，自己便跟着那演剧队投到部队里去了。

在部队里住了两年，大家都喜欢他爽快坦直，不到一年就补上了二等兵。这回听说他老娘害了重病，才忽然记起家来，千恳万求地请准了假，急巴巴赶回家去。

越到山上面，天气越发冷起来，灰一样的寒雾望他脸上不断地扑过来。雾里似乎有种看不见的极尖利而细微的东西，碰着皮肤就刺裂开来。他的鼻子好像被咬掉似的发痛，后来索性麻木了。他站住，擤了一把鼻涕，忽然一片冰冷的东西贴到他的脸颊上，他摸了摸，抬起头来望望，咂着舌头诅咒起来——

“妈妈的，下雪啦！”

说下雪，一下子满天里就像白鹅毛般的飞起来。那些雪片被北风卷着，舞旋着，无声地飘落在山石上。他有点慌急了，望望前面，一座阴沉沉的山头，仿佛一个黑石和尚那样地木着脸孔，从雪雾中间在朝他落寞地俯视着。

“这该到了顶吧？”他狐疑而烦躁地想着。这条岭他虽然并不熟悉，也走过两三回，叫的上十三下十八，其实上去却不过十里光景，往常个把钟头也就到顶了，今天可碰到了鬼，老是爬不完。明明看见前面只剩得最后一个山头了，等爬上去时，前面却又伸出一个高耸的山峰来。这样不知几回了，刘德奎简直暴躁起来了。由于焦灼和疲劳，里面的衬衣已经给汗水濡湿了，而风又不知打哪里钻进去的，那衬衣就冷冰冰地黏着背脊，好难受呀。他也不知道现在是什么时候了，虽然离开中午还不很久，可是天空是那么昏暗而又低沉，黑云就在他头顶，仿佛已经黄昏一般，风依旧在山谷里呜呜地发出可怕的啸声。他觉得肚子里异常地饥饿起来，早上吃过一点东西，给这一阵子爬山，早已经消化得干干净净了。他摸摸大衣袋里的几张钞票，懊悔没有在山脚下打个中火。当他经过山脚下那村庄，正是吃午饭的时候，他到饭店里问了一声，最起码的客饭得四块钱，而他袋里却剩得三块几毛。他想了想，还是过了山到那边去吃吧，其实他也明知道山那边的饭店也决不会比这边便宜的。但是没有理由的却把钱留下了。他现在却懊恼起来，干吗不买一些干粮带着呢，反正这几个钱要上饭店也到不了家的。

一想到饿，人就突然地软起来了，肚子里咕噜噜地直叫，两条腿尽是的拖不起来，他尽是的把身体缩紧在棉大衣里，却依旧觉得浑身的皮肤在打起鸡皮疙瘩来了。

但是他的心里却闪出一个希望来。他记得这山顶上有一座山神庙，山神庙的亭子里面向来有个老太婆在卖热食和酒的。要是到了上面，这个时候，能喝那么一盅儿白干，再吃那么一点儿滚烫的熟食，那该是多么暖和又多么舒服啊！而且这样一顿火至少比山脚下的饭店里要便宜一半。他是拿得准的，这一想，他的懊恼全部消失了。“嗐——妈妈的！”他昂一昂头，向山坑里吐出一口水，精神抖擞地踏着石级上去了。

他又爬过两个山头，雪花已经在四周山岭上铺一层薄薄的银屑，那座山神庙的灰白色屋脊，从一块青色的岩石旁边露现出来了。他眼睛骤然一亮——已经到了山顶啦。

山神庙是背着一座石岩建筑着的，年代已久，早朽旧得不堪，门前朝南一座凉亭，恰恰窝着风，亭子里放着一张茶桌，几只冻不死的麻雀在梁木上啾啾唧唧地叫着。从亭子上面望下去，漫天风雪中，只见一片起伏的山峦和无数伸突的山峰，那情景十分凄清，靠壁一块字迹模糊的石碑底下，摆着一个小摊子。一个老太婆坐在后面，垂着脑袋在打盹。摊子上放着一些香烟和几盒陈旧的豆粉糕米花球之类，她的脚下一只竹火篮，早已熄灭了，只有旁边一只茶炉子，还在微微地冒着白气。那老太婆头发已经灰白了，瘪着一张没牙齿的嘴，连睡梦里都在一扁一扁的。她正睡得迷迷糊糊，忽然摊子上砰的一声，把她惊醒了。她愕然地张开蒙眬的小眼睛，前面矗立着一个又高又大的灰色人影，一件臃肿的棉大衣高高地耸起在他肩背上，简直就像一尊门神。她骇了一跳，哆嗦着嘴唇叫起来：

“你……？”

“喂，睡着干什么呀？”刘德奎拍着身上的雪花，露出牙齿狞笑着，“搅些东西来吃吃——这鬼天气！”

老太婆没有回答，惘然地向四周望了望，揉揉眼睛，自言自语地叹息起来，“唉，又下雪啦！”

“下雪啦，”刘德奎机械地重复一遍，忧郁地瞅着漫山的风雪，忽然搓搓自己冻僵的手，焦躁地喊起来。

“喂，快点，有什么吃的吗？”

老太婆拨拨篮子里的余火，把嘴巴朝摊子上一拱，说：“这个嘛，你吃就是了。”

刘德奎望着那些陈腻百古的糕饼，皱皱眉头。老太婆回身去，提过那只铜吊子来，抓出几个米花球，替他热腾腾地泡上一碗。一面像梦呓似的喃喃地说着：

“东西好贵罗……这年月……米要卖到五百几呢……唉，出门人……”

梁木上的麻雀看见有人吃东西，一只一只飞了下来，想找觅一些什么吃食，刘德奎稀里呼噜一连喝了两碗米花球，身体似乎暖和一点了，但是肚子里却越发饿得慌起来，他东西地张望了一下，抓起一个饼来不满足地说：“还有什么吗？弄点饭来吃吃吧——呃，你不是有熟食卖的吗？”

“早没有了，大哥，卖不起哇……”老太婆依旧梦呓般地说，“我们自己也没得吃啊。”

“嗐，胡乱搅点来吃吧，我还没打中火，五脏神闹得凶哩——呃，这儿有酒，”他忽然唏地一笑，伸过手去从壁角落里提起一只玻璃瓶来，朝空里一照，“——高粱吗？”

他一旋身，地下的麻雀又忽地飞上去了。

老太婆扁扁嘴巴，算是回答了。她替他倒了一杯酒，放在茶桌上，伸伸五个指头，意思是说五毛钱一杯，刘德奎不理会，顺手从盒子里抓过一把花生米来，笑嘻嘻地说：

“那么，这个就别算钱了罢，老奶奶。”

亭子里又静寂起来，两个人默默地望着亭外的雪花漫山遍谷地静静飞舞，北风住了一点了。山谷异常幽静，远山近峰仿佛在一阵狂烈的风暴以后，现在披上一层白纱，在肃穆的黄昏前作起晚祷来了。老太婆拾了几片碎柴，丢到炉子里，随着柴片哔剥的爆裂声，她又自言自语起来。

“下雪啦，明天怎么办呵……这天气，谁过山呢……”

几杯酒一落肚，刘德奎心情渐渐粗暴起来，空肚喝酒本来就容易醉，再加上山风一吹，便格外觉得肚里空空荡荡的，他原定在晚饭以前赶到D县城里的兵站，而现在却还留在这山顶上看雪，看来到城里这四十里地要赶夜路了。那老太婆哀郁的喃喃独语，教他感到怪不耐烦，他把棉大衣领子猛地拉开，拍着桌子大声地说：

“老奶奶，你怎么搅的？孤拐儿一个在山上做生意，难道真的就不带一点儿隔宿粮吗？”

“唉，这年月呐！……”老太婆两只手插在棉背心的挂肩里，忧郁地霎着小眼睛，“……莫得办法呵！”

“哼，莫得办法！”刘德奎发出一声狞恶的冷笑，“人家都赶着在捡金子呢，这年头儿就是做买卖的走运，狗入的，四块钱一客饭，够得上老子十天饷哩！你怎么不去捞个份儿？——”

他把身体骤地向老太婆俯过来，两只眼睛被酒一冲，有点发红了，他狠狠地盯着她，半晌，又补了一句，“总得弄点东西来吃呀!”

“告诉你没有东西嘛。”“你自己吃的也好呀,难道你……”刘德奎不高兴地朝老太婆鼻子上一指,声音大了起来。

“我?”老太婆慌乱地摆着两只手,“有,我还不卖给你吃,都是日本鬼子害人呀,唉,兵荒马乱地逃难出来……”

庙门里面走出一个苍白的小姑娘来。她约莫有十来岁,穿着一件不知哪里捡来的破烂棉军衣,宽里廓落地直拖到她的小腿边,蓬乱的头发底下,两只乌黑的眼睛灼灼地瞅着这个吃酒的客人。

“这是你的什么人?”刘德奎坐回到板凳上,指着那小女孩问。

“我的孙女儿。”

“哼,”他沉默了一下,“难道你们两个人都不吃饭吗?我就不信两个人没有一点儿隔宿粮,你别弄鬼,老奶奶,你怕我不给钱吗?你怕我穿老虎皮的吗?”他把手一摆愤激地站了起来,“现在是什么时候呀?我们替你们老百姓在抗战,在打鬼子,保国保民,要讲军民合作呀,你懂得吗?一顿饭,又不是不给钱,龟儿子才不给钱!干吗措着不卖呢,妈的,当兵的就不是人?就该挨饿?就该拼命?就该……”

他越说越激昂起来,在桌子上砰地敲了一下,暴躁地站起来,高粱酒涌上来了,四周的山峰和亭子仿佛在他眼前摇晃着。小女孩子怯怯地躲到她奶奶的身边去,他突然旋过来,两只手撑在摊板上,直盯着老太婆大声说:

“难道你们稀饭都不喝一口的吗?”

“大哥,你真是,这年月我们穷人还想米饭吃……”老太婆颤声地回答说，小眼睛霎动得格外厉害了。

“那么吃什么呢？”

“苞萝粉，观音粉呀！”

“嘿！”刘德奎烦闷地把头一昂，又走起来。肚子里的胃水翻腾得格外猛烈了，由于过度的饥饿，背脊上感觉有点热燥，像要冒汗似的。那风纪扣紧邦邦地扣着脖子，又在作怪了。他要解开来，偏偏解不开，他突的暴怒起来。“妈的，鬼扣子！”他火冒地把领子一撕，瞪着老太婆叫，“我去搜！要是搜出什么来，你可别怪我！”

“啊！”老太婆浑身乱战起来，颤着两只小脚，像只受惊的鸡婆似的，追着刘德奎向庙门里赶进去，小女孩也吓慌了，“奶奶！奶奶！”跟在后面连声的狂叫着。

“天地良心啊……别欺侮孤老太婆呀……罪过的哪……”老太婆边跑边喊着，刘德奎直着脚走到里面，三间朽烂的大殿，满地都是青苔，山神菩萨身上，颜色都剥落得不成样了，院子旁边一垛破墙转过去，有两间板屋，一间已经倒掉了，另一间前面阶沿上安着一只泥灶，一口锅冰冷气出的盖着。他揭开来，果然只剩得小半锅苞萝糊，老太婆抢过来把只勺子夺走了，刘德奎抽了一口冷气，把锅盖砰地盖上，忿忿地唾了一口涎沫：

“碰到了鬼！”

老太婆和小女孩乞索索地站在破墙底下抖着，他斜瞥了她们一眼，想要走了，摸摸口袋里那三张钞票，计算着还酒茶钱还勉强，天又快晚了，赶到城里，人家晚饭早吃过，还哪儿去找吃喝，而且下了山还有四十里地，空着肚子又怎么跑呢？

“嗐!”他烦闷地发出一个大声,把腰带束一束紧,身体有点摇摇晃晃了。

他正待走出去,忽然大殿上靠壁的稻草堆背后,咭咭咯咯地走出一只鸡婆来,他眼睛一亮,指着老太婆狂笑起来。

“哈哈! 你这老虔婆,还哄我没东西可吃,这是什么呀!”

老太婆脸色顿时发白了,她发出一声恐怖的锐叫,拼命地奔过去,一壁乱摆着手喊。

“啊,啊,啊,莫伤它,这是下蛋鸡啊,同志老爷,我求求您……”

那只鸡一惊,颠着翅膀乱窜起来,刘德奎七冲八跌地在大殿上赶着捉,老太婆在中间抢,小女孩吓得哇哇地哭了起来,鸡婆飞到神坛上,从山神菩萨的肩膀上扑过去,咯咯地乱叫,扬起了一地的灰尘。刘德奎越发冒火了。把老太婆一推,冲到大殿角落里,一把把鸡抓住了。

“你还逃! 你还逃! 畜生!”

鸡在他手里拼命地挣扎着,他冲到破墙后面去,在泥灶旁边找到一把菜刀,拿起来就杀。

“开开恩啊,同志老爷,莫伤它呀! 莫伤它呀!”老太婆赶过去扑地跪下了,拉着他的胳膊,眼泪鼻涕地叫起来。

“走开!”刘德奎把刀一扬,睁着通红的两只醉眼,气咻咻地骂:

“什么鸟事情,一只鸡值什么的!”

“救命呀,菩萨啊……”老太婆死命地吊着他的胳膊,只管哭。

“走开!”刘德奎狂怒地把她一踢,凶恶地瞪着她叫,“你再嚷，看老子宰了你！”

老太婆一跤跌到阶沿上，一道鲜血从鸡脖上直喷到洁白的雪地里，她一看见拍着泥地号啕大哭起来了。

“黑心黑肺呀……欺侮我孤儿寡妇呀……菩萨有灵的呀……吃了我的鸡罪过的呀……”

刘德奎不去理她，一会儿把血放完了，红血白雪淌乱了一院子。他提着死鸡走到亭子里，把那壶开水拿回来，洗了，拔掉鸡毛，把肠子挖掉，丢在雪地里。接着，把锅子里的苞萝糊倒在一只钵头里，望老太婆前面一推：

“喏，不吃你的！”

老太婆坐在阶沿上，拍手拍脚地边哭边数说着，棉背心的前襟上抹黏了一大片眼泪鼻涕。那小女孩完全吓怔了，紧紧地贴住墙壁木立着。两只因恐怖而扩大的眼睛，一瞬不瞬地直看着那个兵，仿佛给什么压得透不过气来似的，她瘦小的身体显然在那件宽大的破军服里面索索地发抖，连牙齿碰撞的声音都偶然可以听得出来。

鸡的香气从锅盖边沿在喷出来，刘德奎抱着双膝蹲坐在泥灶前面，舒适地烤着灶门里的火。这时他似乎满足了，带着一种残忍的快乐，瞅住那哭泣着的老太婆，嘻嘻地说：

“有什么好伤心的啊，傻老太婆，穷人到口就是粮呀，有现成的不享受，倒去吃苞萝巴巴，这多傻呀，难道你还等着这鸡婆替你下金蛋不成？唏……唏……唏……”

老太婆擤了一把鼻涕，更伤心地呜咽起来。

“鸡又不是你的仔，哭什么呢，这年头儿，告诉你，有吃的就得吃，有喝的就得喝，做人讲痛快，爽气，鳖鳖息息的干什么。你保得住日本鬼子几时来，来了就跟他拼。大丈夫，男子汉，一条命尚且不稀罕，一只鸡婆值什么的……”

一会儿，鸡熟了，他把锅盖揭开来，一阵熟气直冒到屋檐边。他也忘记放盐，用手试了试，就湿淋淋地捞起来。

“啧！好肥！”

他咂咂舌头，对自己赞美起来。

他去了火，把鸡放在锅盖上，就用手撕着吃起来，饿得太久了，一下子简直是不辨味道地狂吞下去，骨头在他的牙齿中间格拉拉地响着，汁水和口涎从嘴角边淋漓地挂下来。

他发出一声满足的叹息，一面啮，一面递了一只鸡脚给老太婆。

“喏，你也尝一块，好吃得很呀，还有你！”他又撕了一块伸向墙屋前面的小女孩，小女孩身体一扭，旋过去面着墙哭起来了。

“怕什么的，吃呀！刘德奎不是老虎，”他带着一种恶毒的狞笑，走过去把那只鸡脚往老太婆嘴唇上乱塞，“吃，吃呀！”

老太婆愤然地一拍，鸡脚掉到雪地里了，站起来，眼睛要冒出烟来似的说：

“你就是老虎！”

她说着，拉了那小女孩躲到屋子里去。砰的一声，把门关上了。

刘德奎有些不好意思起来。他对自己打了一个哈哈，捧着那只汁水淋漓的鸡，讪讪地走到大殿上去。大殿上一群麻雀正在草堆旁边啄觅东西吃，他把脚一抬，发出一个醉声：

“嗬——嘘！”

他跨着腿坐在稻草堆上,咭咭格格地啃着残余的鸡骨,院子里雪已经有点积起了,映着那朽老的大殿倒反而显得明亮,他乜着眼睛瞅瞅神坛上那座剥落的泥像,忽然叱喝着说:

"你暴出乌珠看老子什么!你也馋?"他捡起地下一根骨头望泥像的脸上丢过去,"喏!怪你不得的,成年累月,连口清汤淡水都没有个份儿,可怜!可怜!"

他把嚼过的骨头渣子,像小孩玩打靶子似的,一把一把地望泥像的脸上打去,泥像上松脆的土片铁铁扑扑翻了下来,他看了哈哈大笑起来。

鸡吃完了,身上顿时暖和了不少,眼皮慢慢觉得沉重起来。他伸了一个懒腰,揉揉眼睛,忽然低声地哼出一句悲凉京的调,接着,身体一翻,就倒在草堆上,人事不知地呼呼地睡去了。

等他酒醒来,已经是半夜了,他半醒半睡地迷惘着,仿佛是睡在兵营里,又仿佛睡在自己的老家里,他好像听见老娘在外面堂屋里替自己料理着饭食,一壁责怪地然而却是亲昵地在喃喃独语着:

"——翅膀长大了,就管自己飞走哩,丢下娘在家里,三餐接不上两餐的,也莫管。……黑心黑肺的,罪过都不怕呀……"

他吃了一惊。这最后两句话,仿佛在哪里听见过,他凝神想了想,人就苏醒了。

四周是肃静的,连老鼠的声音都听不见,外面白漾漾的泛进一抹微光来。他一时还想不起究竟是在什么地方,浑身软绵绵得像四肢都脱了骱似的，身上冷得紧，仿佛背上浸着水，他把身体一欠，坐起来，而就在这瞬间，白天的事情陡地记起来了。

“该死！怎么睡在这儿呢，老娘还在家里病着哪！”

他对自己诅咒着，站了起来，走到屋檐底下望了望，院子里的雪已经积起几寸了，大门开着，雪光映着大殿，仿佛黎明时候一样。他回到殿上，忽然踏着一些什么，脚底下窸窸窣窣响起来，他低头看时，满地都是鸡骨渣子，一抬脸，眼睛刚碰到那白胡子的泥像，那山神菩萨仿佛申斥似的在朝他瞪着眼。他怔了半晌，突然战栗起来了。他做了什么样的事情啊！他记起他怎样拿起刀来吓唬老太婆，怎样推倒她，怎样把鸡骨头塞到嘴里，怎样对她笑——这一切就像一个拳头猛烈击落在他脑壳上。“妈的，刘德奎，你这个什么男子汉，大丈夫呀！欺侮寡妇孤女算是你狠吗！你有脸孔瞧着她哭，吃她的鸡，你怎么不索性宰了她呢！没志气的歪种，你自己还有老娘哩！”

他感到一种沉重的犯罪的痛苦，像个做错了事的大孩子，撒开两只手在神像前面木立着，檐前的雪依旧在默默地飞飘，映着他灰黑的高大的身体轮廓一动不动，就像个雕塑着的被审问的犯人似的。他站了一会儿，颓丧地向着破墙里面走去，阶沿前面那些锅子钵子都给藏起来了，只有泥灶凹着一个黑黝黝的窟窿。他那些犯罪的痕迹——鸡毛呀，鸡血呀，骨头渣子呀，一齐给白雪遮盖着了，屋子的板门紧闭着，他轻轻地走过去，面着板门站定了，想要说些什么，却又不知该说些什么，忽然，他听见里面一阵轻微的声音，那女孩子似乎在低低地啜泣着。

"奶奶,我睡不着……我饿哪!"

"乖心肝,你别哭,"那老太婆在拍着她,"明儿那恶鬼走了,奶奶带你到舅舅家里去,舅舅家里有大米饭吃。"

"奶奶,那恶鬼,我怕。"

老太婆没有回答,幽幽地叹了一口气,那声音仿佛是从坟墓里透出来似的,刘德奎嘴唇剧烈地哆嗦着,正要叫,里面却又在断断续续地说起来。

"唉！恶鬼是没有好报的……他吃了我的下蛋鸡,吃了我东西,不给钱,欺侮穷人,菩萨是有眼睛的……!"

"老奶奶,"刘德奎忍不住叫起来,轻轻地敲着板门,声音是颤抖的。

里面起了一阵急促的稻草磨擦的声音,似乎两个人在偎抱着,接着肃然了,一点声音也没有。

"老奶奶,"刘德奎又叫了一声,一只手无力地按在板门上,"我刘德奎喝醉了酒,对不起您,我宰了您的鸡,我欺侮了您,是我不该,请您……看我喝醉了酒,别……我是说,请您原谅我糊涂罢……"

里面没有回答,墙外远处的山谷里,风在低声地呼啸着。刘德奎叹了一口气,又接下去说:

"我叫刘德奎,D县人,我在S县第××师第××旅旅部里当兵,我犯了营规啦,我要去报告长官的,我今天短了钱,没办法,我实在是饿呀,老奶奶,请您包涵点儿,回头再走过这儿,我刘德奎决不忘记,准补报您……"

里面始终没有回答,但却偶然可以听到一些沉重而急促的呼吸声音,显然里面的人是紧张地坐起着的。

“您……不说话吗？……”最后，他无力地说一句，几乎连自己也听不见，他等了一会绝望地向左右望了望，四周的暗影里仿佛无数眼睛在一齐盯着他，他搔搔头皮，把手一撒，拖着颓丧的脚步，又走向大殿上去了。

老太婆一夜不敢睡熟。她听见那兵的沉重脚步在大殿上不住地发出回声，他喃喃地像跟谁在说着一些什么，又像在咒骂着什么。直到快天亮的时候，庙门格拉一声响。他似乎出去了。

隔了半天，黎明的微光已经从墙壁的破隙里漏了进来，亭子外面麻雀又在啾啾叫了，老太婆才大胆开出门来，庙门洞开着，外面是一片银白世界。大殿上一地的鸡骨头，像给乱踢乱踩过。神坛上放着三张法币和几张毛票，用砖头压着，东边的墙壁上，用炭条写了两行歪歪斜斜的字——这大概是天亮时候才写上的。

过了四五天，天晴了，雪也融了，过山的人又多了起来。老太婆请一位斯文人，把那两行字念着她听。那字是这样写着——

刘德奎大不该灾（疑是“宰”字误）了老奶奶鸡，欺无（疑“侮”字误）孤儿寡妇，天地不用（疑“容”字误），来生犬马报恩。（以上标点均系作者加上去的。）

1944年2月1日，《当代文艺》第1卷第2期

# 旅途小景

一九四零初夏，我从太平县搭公路车到屯溪去。这条路约莫有两百公里长，中间要翻过峻陡的黄山山脉，但是一共只有两辆没有顶篷的大卡车来回地行驶。车子本来就是破旧不堪，再加上路局贪图生意，非挤足客人不肯开车，虽然照章最多只能搭三十二位客，事实上可没有一班不搭到四十开外，所以要这车子一直开到屯溪不抛锚，那简直是不可能的事。

车子原定七点半开出的，可是过了八点一刻，还没有一点动静，起先是等搭客，后来是等司机：眼巴巴等着司机吃饱早饭来了，察看了一下引擎，倒又说螺丝松了，得修理几分钟。车上的人早已等得不耐烦，性子躁的人把拳头嗵嗵地敲着司机座的顶篷，大声地叱骂站长，可是骂也不中用，站长反正是天天听惯了的。这样一直闹到进城赶早市的乡下人都回来了，这才听得车头上马达勃勃地吼叫起来。

车上的人好容易透出一口气，正待挨挤着坐下去，蓦地站房门口又窜出一个兵来，在太阳底下没命地摇着手喊：

“慢一慢！还有一个，还有一个！”

这一下，全车的人都捺不住发火了，大家像爬在城头上抗拒敌人似的，伸长着脖子向车栏下面齐声地吆喝着：

“不行！不行！挤不下啦！”

“不能上！不能上！妈特皮，这会儿才来……搭下班去，滚！”

可是尽管骂，那个兵的手已经扳住后面的车栏了。车子像打摆子似的勃勃地狂抖着，轮子已经慢慢在移动，那个兵一只脚踏在车尾的一个什么铁辫上，吊起半个身体，那只脚板还在沙砾的公路上嚓嚓地拖着。

“去！去！去！你找死啦！下去！”

俯在车栏上的人依旧向他猛烈地抗拒着，有的想去扳掉他的手，有的推着他的肩膀，又有人在吆喝着叫宪兵，乱哄哄地嚷成一片，那个兵仰起两只白果般的大眼球，迎着劈脸洒下来的叱骂和唾沫的暴雨，脱气脱的喘吼着，挣扎了半天，终于“嗯”的一声，身体一耸爬上来了。

“对不起……对不起……”他用河南腔急促地说，像只受惊的大猫似的，把只灰扑扑的脚向人堆里插进来，当第二只脚刚要回进来的时候，车子就虎的一声开走了。那笨重的身体猛地一仰，好危险不曾把他摔出去。他连忙扳紧车栏的边沿，弓起一个背，随着车子的颠簸，像株秋风里的枯树般摇晃起来。

说句公道话，车子里确实是不容易挤得下，人同人就和篓子里螃蟹似的挨挤着，中间还乱七八糟地塞着客人的铺盖行李，又是做生意的篓子蒲包，邮政局的邮袋，车子上的预备车胎，那个兵刚把膝盖一动，一个戴瓜皮帽的瘦小徽州客人就尖着嗓子叫起来：

“啊，啊，啊，我个玻璃瓶子！”

他的腿往右一掷，那边又是一只手推过来。

“踩不得，踩不得，纸烟盒子！”

他睁着一双窘惑的眼睛，望望这又望望那，一点摆布不得，车子里一大堆眼睛像戒备强盗似的，紧紧朝他瞪着，车子越开越快了，坐着的人都前晃后摇起来，突然车子一蹦，那兵的身体望人堆里直扑倒去。

“啊——哎！”

这一下，就像打翻了一锅稀饭似的，半车子的人都一齐叫起来。一个穿红旗袍的瘦削的女人，像盘子里一只活虾突地一蹦，直眉瞪眼地指着那兵骂：

“你要死啦，猪猡！”

那兵还没有站稳，女人旁边一个穿黄呢中山装的大个子绅士，一个巴掌朝着他打过去。那兵猛地往后一缩，恰恰退到后面车栏边，一屁股坐住了。大个子绅士扑了一个空，虎起一张肥油的脸孔咆哮地叫：

“叫你别上来，别上来，这会儿找死觅活碰什么！”

“……”那兵朝他眨了眨眼睛，没作声。

“你瞎了眼？车子里挤不下你不看！”

“是呀！早不来，迟不来，车子开了来显什么魂！”

接着，大家都骂了起来，那个戴瓜皮帽的徽州客人，吓青了一张脸，扶住他那双玻璃瓶篓子扁着喉咙叫：“篓子压坏了，你赔不赔得起？”

那兵却是作怪，一句口也不回，示众般地高高地坐在后面车栏上，没有畏怯也没有一点惊愕，一张脑壳大腮巴瘦的土褐色脸孔上，蠢蠢地突出着两片笨厚的嘴唇，就活像一头北方的狗熊。两只眼睛骨碌碌地望着大家转——谁骂他，他就望着谁。

瞧着这副样子，大个子绅士越发生气了，他拍着一顶几乎压扁了的呢帽，冲着那兵说：

"你以为这样坐着就算了吗？哼，停会儿不摔下去，你才问我！"

"你管他？摔下去才活该！"那红旗袍的太太忿忿地啐了一口说。

"我管他？他管出了毛病可不要连累别人！那一回子就是——"

车子骤然转了一个弯，大个子身体像只笨重的布袋似的，望瓜皮帽的玻璃瓶篓上倒过去，瓜皮帽慌得连忙挡住了。那兵微微地一笑，低下头去望他大腿旁边一个乡下老太婆，那老太婆弓在车栏角落里。正在寂寞地啃着一个芝麻饼。

"唔，那回子——"大个子坐起来。抹一抹脸孔望着众人说，"——在江西仙霞岭上，亲眼目睹的，一个后生家就是像他那样坐着，车子一震，砰的往后面直翻出去，哎呀！那才惨哪！鲜龙活跳一个人，眼睛一霎，天灵盖跌作了两半，白腻腻的脑浆哪，淌了一地……"

一座赤色的土岩，从车子外面"轰"的飞削过去，不知谁从牙齿缝里迸出一个惊栗的声音，大家毛骨悚然地一愣，所有眼睛几乎是同时的，一齐落到那个兵的身上。

那个兵依旧冷着脸一声不响。风刮杂杂地吹着他那件半黄不绿的破军衣，车子后面卷着一股滚滚的黄尘，似乎要把他吞没般的。忽然，他鼻子孔慢慢地掀高起来，身体蓦地望前一冲："溘——涕！"一个巨大的喷嚏向着人堆里爆散开去。

"啊！"大家出乎不意地愕然地一震，那兵摸了摸鼻子又坐着了，大个子绅士瞪了他半晌，摇摇头，叹出一口气说：

"唉，毫无办法，这种人，简直就是OX！"

车子越过几个小站，向着一座险峻的山谷驰去。山坑里的雾气已经消散了，五月的太阳耀目地照着山谷和原野，车子里本来就挤得慌，这会子格外炎热起来。那瓜皮帽徽州客人把长衫脱掉，穿着一件紧身的蓝湖绉夹袄，跟那大个子喋喋地攀谈起来。车子在上坡了，引擎发出盎盎的沉重声音，一阵难闻的汽油气味，从旅客中间穿流过去，那个红旗袍的太太打了几个恶心，好像要呕了，因为后面给那兵挡住，又喃喃地咒骂起来。

车子驶进了山谷，沿着溪边的崖壁弯弯曲曲地奔驰着。溪边的公路高低不平，车身颠簸得格外厉害起来，有时砰的一下，坐在车子里的人都会凭空地给抛起尺把高，红旗袍太太骇得怪声地叫，瓜皮帽脸色发白，扶牢他那只玻璃瓶篓子，一抛一顿地震荡着。司机嘟嘟的连声按着喇叭，嘈杂的谈话自然地打断了，只有马达的怒吼震栗着四周的山谷，谷底里那些树木，仿佛在岩壁下东奔西窜，黄色的公路在我们前面骤然地涌起来，又骤然地沉落下去。

这时，我却担心着那个兵。他坐的地位确实太危险了。半个屁股突出车栏外面，那些狰狞的崖壁就仿佛从他身旁削过去，有时崖壁上一丛野草或是什么，呼喇地掠过他的头顶，像要把他攫去似的，好几次我看见他身体一仰，分明是掉下去了，可是奇怪，他却一点也无所谓，身体就跟黏牢在车栏上似的，尽管晃得凶，终是那样子。人家在发慌他却连脸上肌肉都不曾搐动一下。这种中国士兵所特有的出乎意外的忍受力，使我吃惊并且感动了。我望着他那张满蒙灰沙的脸孔，那灰沙简直把五官都遮满，只露出两只白果样的大眼睛，灼灼地闪烁着一种永不疲乏的光芒，这是在山村中所常见的那种纯朴的农民眼睛，然而在纯朴之外显然还含着一些什么，那仿佛是寒夜的星光，一种凛然不可侵犯的神情。他正用这种神情俯视着蜷伏在他脚下那些旅客，这些曾经嘲骂过他的人，现在却狼狈透了。有的翻胃抖肠地在呕吐，有的断气般地哼着，有的在打瞌睡，那车子仿佛是一个恶作剧的怪魔，把他们无情地抛掷着颠簸着。大个子绅士睡着了，瓜皮帽生怕大个子的身体望他篓子上倒过来，把两只膝盖死顶住他，一壁却把屁股望老太婆那边暗暗侵占过去。那老太婆也睡熟了，一颗滚圆的小脑袋仰靠在那兵的大腿上，摆动着。

我向那兵努努嘴，意思叫他坐到车栏里面来，我看见那瓜皮帽旁边分明有一块空隙，可以容得下一个人，他却故意把件长衫堵塞了。那兵并不理会，冷冷地对我翻了一白眼，仿佛说："我可不稀罕！"

愈是他那种冷漠的神情，愈增强我想跟他说话的欲望。那家伙分明不是一个沉默的人物，那种冷漠中间，显然还带着一种蔑视。我感到一种无端的侮辱。我要想说些什么，可是似乎有什么在阻碍着我，仿佛我们之间是隔着一条河，我刚要出声，那瓜皮帽的眼睛立刻向我横过来。

靠在那兵腿上的老太婆，忽然呼呼地扯起鼾来，一张缺了牙齿的瘪嘴，松弛地张开着。那兵低头看了她一眼，没有去惊动她，笨厚的嘴角上，轻轻地弯出一丝微笑，仿佛冬天寒云中间掠过一丝温暖的阳光似的，立刻又消失了。

车子已经爬到岭上，速度慢了一点，车身也没有刚才那样颠得厉害了，山坡上那些绿色的梯田，像在我们底下慢慢地侧沉着，那黄色的公路却从车子后面弯弯曲曲地抛出去，仿佛抛出一条极长的黄色绸带，把那些苍翠的山壁一层一层地缠绕起来。

这时已经快近日中了，太阳正在我们的顶上。越到上面，空气越发灼热起来，干燥的灰沙在强烈的阳光里狂乱地飞旋着，在阳光和灰沙中间，听着那单调的马达声音，眼睛前面就渐渐地觉得迷糊起来。那些山谷和岩壁变成了一片绿的黄的颜色，从车子外面飕飕地飞过去。起先，我仍然注视着那个兵，慢慢的兵的轮廓也模糊了，融成了一片灰色的影子，跟那黄的绿的颜色一起在瞌睡蒙眬中消失了。

当我被一种异样的震动惊醒的时候，车子已经停住了，人们像倒牌似的往着后面倾侧过去。大个子绅士突然醒来，揉着渴睡的眼睛，仓皇地问："怎么啦，掉下去了吗？"当他一眼瞅见那兵还依旧坐在那里，又揉揉眼睛地叹了口气说："我的天，又抛锚啦！"

于是，他伸着脖子向车外吆喝起来：

"喂，司机怎么啦？哪儿坏啦？得多少工夫哪？……"

太阳底下的公路上，一个戴黑眼镜的司机在呶呶地咒骂什么，他把手一扬，向着车上焦躁地叫：

"下来吧！下来吧！前轮车胎坏啦！"

副司机把后面车栏板放下来，大家抢着爬下车去。这是一座没有人烟的荒山，前前后后尽是起伏的山峦，连看不到一家茅棚的影子。公路左边是白石嶙嶙的岩壁，右面是幽深的溪谷，底下什么地方，一道泉水在哗哗地流着，太阳静荡荡地照着绿色的山谷，几只鹁鸪从耀眼的白云底下叫着飞过去。瓜皮帽望望那鹁鸪，叹口气说：

“伤脑筋，再半个钟头就到汤口啦，偏偏这早晚出毛病！”

沿着公路的溪边，有株大松树，大家都赶到树荫里去坐地，虽然是五月天气，在这近午时候，却和六月里一样炎热，大家把衣襟敞开来，拿帽子当扇子扇着。副司机搬出一副“压勿杀”，把车子顶起来。司机半个身体仰卧在车子底下，旋着车轮上的螺丝，大个子绅士看了一会，走过来，把手杖敲着地下说：

“这是邓禄普的车胎，花旗货，现在要值到几千银子一个哩。”

那个兵满头灰沙的从我们前面走过去。他朝着大个子的脸上望了望，管自己走到丈把外一株柳树底下去，那边已经坐着吃麻饼的老太婆了。

大个子秃地吐出一口痰，继续发挥着他关于汽车的博识。他把件黄呢中山装敞开着，一张肥油的脸孔给汗水蒸得通红，仿佛刚从浴室里闷出来似的。山下的泉水在哗哗地流，有人在打哈欠，偶然一阵微风吹过，头顶上的松树便沙沙地响起来。

“老实说，这种车子在上海时候，给我们装货都不要，现在抗了战却当宝贝呢，什么东西，这种超过车龄的车子，照例是不准走的，它却有搭没搭地装了这许多客人。——嘘，好热！”

司机从车子底下钻了出来，像从煤灰堆里爬出来似的，一头一脸污黑的煤油和灰沙跟汗水混合起来。他朝着地下呸呸地唾了几口涎沫，走到车座旁边，摸出一只军用水壶，仰起脸孔，骨嘟嘟地喝了一阵，嘴唇一翕，发出一个满足的声音：

"呃——"

这声音仿佛有什么魅力似的，立刻每个人都觉得自己舌头底下干渣渣的，像含着一片棉花。白森森的阳光从对面岩壁上逼过来，越发像在火炉边烤着一般。瓜皮帽左右望了望，咂咂嘴唇说：

"唔，往哪儿去弄壶茶来喝喝才好。"

"我们的热水瓶子呢？"大个子绅士问他太太说。

"热水瓶子？做什么？"太太愣了愣说。

"怎么？水呀？"

"嗳唷，什么人家还装着水走路吗？"她把嘴一堵，朝那司机努努嘴说，"你不会同人家去要一点？"

大个子踌躇了一下，走到司机旁边去。

"同志，借光倒一点水喝喝，好不好？"

司机朝他白了一眼，把水壶望车座上一挂，声音硬邦邦地说："对不起，我们不是开茶馆的。"

"一点点……"

"你一点点，他一点点，我总共才一壶水呀！"司机说着，又钻到车子底下去了。

柳树底下忽然传过来一阵咿咿啊啊的歌声，那兵靠住树根上唱起山歌来了。

大个子绅士怔了半天，讪讪地踱了回来，一到这边，手杖一顿又发作起来。

“什么东西！神气活现，不是你们这种老爷车子抛锚，谁稀罕你这点水！活见了鬼！”

骂尽管骂，口里却干得更加难受起来，口干比肚子饿还难挨，喉咙里很像塞着一把糖似的，每一秒钟都在榨拢来，人的心理就是这样：越是想不到的东西，越想得厉害。本来还没有那么渴，现在却真有点熬不住了。副司机又跑来喝水了，又是“呃”的一声，妈的，那简直就是向我们开玩笑！大家彼此探询着，谁可带着什么可以解渴的东西，瓜皮帽原本有一块八卦丹，可惜在车上已经嚼完了，另外一个八字胡子的祁门客苦笑了一声说：

“茶我倒有，可惜是茶叶子。”

不知怎么一来大个子绅士和他太太吵起嘴来了。大个子埋怨她为什么不在热水瓶子里装点水来，太太不服气，顶着说，从来出门贪图行李轻便，没有为了一瓶水还去过磅加行李费的道理。

“你不知道这条路上常常抛锚的吗？”

“我有你的聪明！”太太生气地把眼睛一瞪，“我知道会抛在这种鬼地方吗？肚痛怨床脚，真有你这种人，起先我要买点甘蔗，你怎么又说不好带呢。”

一辆过路的小包车，呼的一声从我们前面掠过去，示威般地向我们抛下一道灰沙的烟雾，那汽车叭叭地叫了两声，翻过一个山坡不见了。

大家没精打采的，默默地望着两个司机把旧车胎换下来。太阳越爬越高，汽车的影子完全躲到车盘底下去了。中午的山谷异常寂静，沿溪的树上一些什么虫子在吱吱地叫着：忽然一个客人，指着溪谷里高声地叫起来：

"啊，他弄到了水！"

这叫声是那样地激动了众人，大家都俯到溪边去看。在离开路基约莫一二丈底下的溪坡上，那个兵蹲在一道泉水旁边，把手捧着水在喝，那泉水白练似的从条狭窄而峻陡的斜坡上弯弯曲曲地流下来，向着很深的溪坑里哗哗地冲去，那兵喝了水，又捧着水洗脸，溪坡上恰巧有丛乱草，把阳光也给挡住了，绿荫荫显得分外阴凉。那兵洗完了脸，又脱了鞋子把脚浸在水里，踢着玩儿，那诱人的银屑般水花在他脚跟上飞溅着，他忽然仰着脸，朝对面的山壁发出一个顽皮的啸声，那声音立刻从对面回应过来：

"O——Hai!"

大家妒羡地望着他，有人说："早知道，我们也下去。"

可是当大家赶到柳树跟前去看时，却怔住了，那里根本没有路，公路基路很陡地削下去，中间只有树根断枝和些野草藤萝，乱蓬蓬地蔓生着，那兵也不知道是怎样爬下去的。大家脸对脸地觑着，谁也不敢去冒险，那老太婆尖起嘴巴朝我们摆了摆手说：

"下不得，下不得，阿弥陀佛，不是作耍的啊。"

"喂，同志，带点水上来喝喝吧！"有人等不得了，大声地向着那兵叫起来。

"没——家伙——啊。"

底下回答上来一个懒洋洋的声音。

"啊，快把我们那只热水瓶子去拿来。"大个子绅士连忙催促着他太太说，“泉水是很卫生的，快去拿。”

“你自己不会去?”太太余怒未息地瞪了他一眼。

“嗯……”大个子绅士搔一搔头皮，提着手杖秃秃地跑去了。大家看着又笑了起来。

等大个子绅士把热水瓶从车上拿回来的时候，那兵已经爬上来了。那张紫褐色脸孔洗得一干二净，连脖子上的灰土都洗掉了，他丢了几颗野莓子给那老太婆，拍去手上和衣服上的泥屑，依旧靠着柳树根坐下来。

大家妒羡地望望老太婆手里的野莓子，又望望他那个祁门客人——在那兵没有上来以前，大家已经推定他做交涉的代表了——摸着八字胡须，慢慢地走上前去。

“同志，对不起，大家都是出门人，麻烦你，替我们去弄壶水来解解口渴。”

一只有皮带的五磅热水瓶，从大个子绅士手上，一个一个的传过去，传到八字须的手里。那兵望了望发亮的水瓶，淡淡地说：

“水？水就在那底下?”

“这个——嘻嘻，麻烦你，”八字须赔着笑说，“不好下哇，同志，天气实在太热啦。出门出路，彼此方便……”

那兵牙齿一咧也笑了起来。

“是呀，出门出路，彼此方便，”他瞥了大个子一眼，“可是到了车上怕就不方便哩。”

“……”

大个子绅士却耐不住了。他把手杖一顿，从口袋拉出一张钞票来。

“不白麻烦你，给你钱就得了罢。”

那兵脸色突然沉住了。两只眼睛直直地瞪着大个子绅士，半晌，从口袋里刷的也拉出一张钞票来，在手里嗯喇一抖：

“麻烦你好不好，我给你钱，你给我去打一壶来！怎么样？”

像吹过一阵怪风似的，笑容从大家脸上悠的敛去了。热水瓶子又从祁门客人手上迅速地退回到红旗袍女人手里。大个子一张肥脸涨得和猪肝似的，翻起两只眼睛，正待要发作出来，忽然，那老太婆摇着手说，“好啦，好啦，出门人吵什么呢，大哥，你肯去就去，大热天气，大家面红筋赤做什么？”

大个子还不曾说什么，那兵霍地站了起来，把手一伸，指着那热水瓶子大声说：

“拿来罢！”

“是，是，”祁门客人眉开眼笑地点着头说，热水瓶子又从一双双手上飞回来，那兵接在手时，掂了掂，冷笑说：

“哼，摔了下去，可赔不起哩。”

他把水瓶挂在背上，俯着身体，扳住柳树根从路基旁边爬下去，他小心地踏着那些树根断枝，攀牢溪坡上的藤萝和草根，慢慢地往下退，背上的热水瓶在阳光里一闪一闪地发光。大家担心地望着他，约莫两分钟工夫，他已经到达那泉边了。

“唉，这才叫做秀才碰着兵，有理讲不清，这家伙！”八字须抹着额角上的汗，吐出一口重重的气。

正在这时，车子上嘟嘟的叫起来，司机站在踏脚板上大声地喊着：

“喂，喂，开车啦！”

“啊哎!”大家发了一声喊,抢火似的朝车子这边奔过去,红旗袍的太太跑两步,又回一步,尖着嗓子急促地叫:

“啊啊,我的热水瓶子!”

“去,去,上车去再说,”大个子绅士拉着她,夹在人丛里乱碰乱撞,大家争先恐后地往车上爬,爬了上去又乱哄哄地抢位子,大个子绅士和他太太挤落在后面,连叠声地喊:

“各就各位,不要抢,不要抢……秩序!秩序呀!”

好容易,等大家都爬上去了,红旗袍太太又摇着手叫起来:

“慢慢开,我的热水瓶子,还有一只热水瓶子!”

等那兵赶着爬上来,奔到车子后面看时,后面车栏板已经关上了。司机按着喇叭在催促着,车子里早已挤得水泄不通,每个人都挺胸凸肚地占牢自己的地盘,谁也不肯吃亏一分,瓜皮帽索性把几只箱子横转来,护住他那只玻璃瓶篓子,连那兵放脚的一点空隙,都给大个子绅士的身体填满了。

那兵正待爬上去,大个子命令似的叫起来。

“拿来!拿来!我的热水瓶子,”

“唔?”那兵望了他一眼,从鼻孔里发出一声短促的狞笑。他把热水瓶从背上卸下来,往黄泥公路一搁,扳着车栏就爬上来。

“喂,喂,你——”大个子绅士着急地推着他。

“什么呀?”

“咦,热水瓶子呀!”

“哪,”那兵把嘴一歪,“在那儿!”

“怎么……”

“怎么啦!”那兵眼睛一圆,凶暴地喝起来,“替你取了水来,还要两只手捧给你不成?”

车子勃勃地颤动起来。

那绅士满脸大汗,窘得像给什么人打了一下耳刮子似的,梗起一头的青筋,望望前面司机座,又望望自己的位子:

“慢慢开,慢慢开! 司机,还有东西。妈妈的,碰到了活鬼,开什么玩笑——喂,太太,把我的位子看牢。”

那兵在车栏上跨着一条腿,冷冷地看着他爬下去,汽车的喇叭又嘟嘟地叫起来。

一九四二年,十一月于桂林

# 歌　手

## 一

桂生连睫毛也不敢霎动一下，紧紧地盯住舞台上那个穿绿制服的颀长的人，那人手里握着一支短短的指挥棒，站在台口挥动着，脚灯从他底下照上去，在黑色的幕布上投出一个晃动的高大黑影。台底下千百只发亮的眼睛，仿佛给磁力吸住似的，一齐跟着那棒上下旋动。一片洪涛般的歌声，就像钩住在那指挥棒的尖端，一会儿被捺下去，一会儿又挑了起来。

桂生像只雄鹅样的，伸出了一只通红的长头颈，挤在汗臭的人群中间，跟着大家齐唱，他盯住台上那个人，那个人也在紧紧地盯住他，一种难以抵抗的力量，贯刺着他整个身体，似乎要把他的灵魂都摄了去。舞台，汽灯和四周狂乱的兴奋的人影，渐渐在他眼前消失了，他只看见那个穿绿制服的人一双烧燃般黑眼睛在向自己逼近来，逼近来，那支指挥棒几乎敲到自己的鼻尖上了。一阵窒息的狂悦遏抑不住要从他身体里爆炸开来……

突然，什么人在他肘子上一碰，脑袋陡的向前扑过去，接着眼前一片乌黑，那穿绿制服的人不见了。

他睁开眼来，依旧是坐在茂昌茶食号作坊里的板桌前面。黄梅天下午的灰白阳光，从木栅窗上淡淡地泛漾进来。鼻子底下一堆湿面粉已经被大拇指压出一个深深的穴，一缕水从自己嘴角上淌下来，像条棉纱线似的一晃一晃，快要和面粉连在一起了。

他愕然一怔，连忙把自己口水抹掉了，狠狠地回头过去。坐在他旁边的师弟——一个猴子脸的孩子，正在拿凉水调着面粉，朝他鬼头鬼脑地把舌头一伸。

"师父来啦！"

"嗡！"桂生微微地一震，撅着大脑袋把面粉使劲地搓，师弟笑了起来；他这才知道是在哄他，顺手挑起一块湿面粉向猴子脸上弹过去：

"去你妈的，小鬼！"

下午的作坊里，阴郁郁地显出一种异常的疲惫的神气，面对面坐在板桌两旁的八个糕饼司务，都像喝过酒似的昏昏沉沉的，只顾低着头把手指在一些小巧的模型上胡乱地按捺着，从那里不断地吐出来一块梅花形或桃子形的饼块。没有人在说话，也没有人留心到他的打盹。只有成群的青苍蝇在微弱的阳光中嗡嗡地乱飞，争吃着满堆在板桌上的面粉，洋糖，豆沙，芝麻一类的东西。板桌上插着一只小小的五彩纸做的风轮，在闷热空气中很难得地旋动一下。隔壁炉房里闪着一忽一忽的火光，一只手拉风箱，似乎永远不歇地在那里"轧达轧——轧达轧"地叫。

桂生打了一个哈欠，提起肘弯来揉一揉渴睡的眼睛，开始认真地工作起来。把一条搓好的面坯往板桌中间抛过去，顺手又拖了一团过来。他做得很纯熟，不差给那些请来的师父们。他是一个十七岁的孩子，由于较早的发育，看起来已经像二十来岁的人，一颗又圆又光的大脑袋，剃得和青芋头一样，不大相称地配在他细长的颈项上。虽然这作坊的生活把他脸上的红润已经剥去了，但是那两只几乎像暴出在眼皮外的大眼睛，却和一只小牛的眼睛似的，十足地显出了一副倔强的神情。

屋子里依旧像止水般沉默着，只有板桌和模型击触的声音，偶然有人拿起一块印糕板，在板桌上笃笃地敲着，于是师弟便放下面钵，默默地走过去，端起一笼做好的饼坯，送到隔壁炉房里去。桂生低着头，两手在黏湿面粉中间机械地揉搓着，一壁又慢慢地沉入到昨晚的歌咏大会的回忆中去。这几个月来，他是给歌咏的狂热魔住了。一天到晚，那些歌仿佛就钻在他的喉咙底里，一放松就要奔腾出来似的，他竭力地忍耐着，只让它在喉咙里轻轻地哼。隔壁炉房里那有规律的风箱声音，好像故意在逗着他，替他打着拍子——那么单调而落寞的拍子。

木棚窗外的巷子里，有辆包车"叮……当……"地过去，那清脆的铃声划过这沉郁的空气，从窗外抛进来一缕颤抖的余音。

"唉——他妈的！"背坐在窗槛下一个烂红眼的老司务突然莫名其妙地诅咒起来，把团豆沙馅子向板桌上一推。他旁边一个酒糟鼻子的人朝他阴郁地瞟了一眼，吁出一口气，忽然咿咿唔唔地唱起来，那幽哀的土调泣诉似的从人们中间流淌过去，立刻那边的人也在轻轻地应和着唱了。

这样，就好像一块石子投到池塘里般的，沉闷的空气随着轻轻地浮动起来。所有的司务都仿佛从睡梦里突然醒来似的，有人在发出沉闷的咳嗽和梦呓一般的呻吟。炉房里的烘糕司务，把铁铲在地上当当地敲着，吐出一串含糊不清的诅骂，猴子脸的师弟又匆匆赶了过去。

那咿咿唔唔的土调，像是什么东西在扒着桂生的喉咙，强烈地挑起他唱歌的欲望。起初他还是低声地哼，接着把肩膀一耸，使劲地揉着面粉，跟着那两只裸露的翅膀骨像扳桨似的一起一落，歌声渐渐地高了起来。

生活像泥河一样地流
机器吃我们的肉
煤烟熏黑我们的脸
火酒烧焦了心窝
……
……

“吓，这是哪一门呀？”酒糟鼻子把头一偏，眏起一只左眼，朝桂生滑稽地瞅着。桂生脸孔一红，歌声立刻煞住了。酒糟鼻子仰着脸呷呷地大笑起来。

笑声像阵风般激撞在霉湿的墙壁上，桂生大着两只牛眼睛，讪讪地傻望着，酒糟鼻朝他挥挥手：

“唱一个吧，小鬼头，换换味道也不错呀。”

“唱啊，唱啊，”其他司务们向他鼓励着，师弟把个膝盖使劲地在他屁股上撞，“怕什么难为情，难为情背过脸去呀！”

桂生不高兴地瞪了他师弟一眼，咽了一口涎水，嘴唇哆嗦了一下子，终于轻轻地发出第一个音。

当他唱完第一句的时候，胆子立刻壮起来，声音突然地提高了。那声音激越而颤抖地，逐渐地更高起来，仿佛一片看不见的波浪，从郁热的空气中汇聚拢来，要撑开这些霉潮的墙壁，洋溢到窗外的巷子里去。他凝望着屋梁上乌黑的承尘。两条粗浓眉毛随着脸颊的肌肉一松一紧地扭动着。

“唔——”酒糟鼻子闭着眼睛，把脑袋画着圈子。有人在吱吱地笑。人们的忧郁似乎暂被忘掉了，古旧而霉湿的作坊里现在是荡漾着一种不相称的年轻的气氛——虽然这气氛是那样稀薄而暂时的。

“嗐！”那烂红眼的老年司务又突然地吼了一声。他旋起那双永远在流泪的小眼睛，朝桂生憎厌地瞥了一下，没有说什么，从板桌底下摸出一杆旱烟筒，默默地燃着了。

桂生没有理会，依旧唱下去，炉房的风箱声音陡然紧起来，他正待把最末一段，逼到更高的调子上去，蓦地，师弟在他裤管上急骤地一拉，屋子里像吹进一阵怪风，各人的头一齐低了下去。

“师父！”桂生吃了一惊，仿佛踩了一个空。炉房的门口，出现一个肥胖的汉子，裸着半身白肉，胸前挂着一块白布肚兜，饱满地包着那耸突的肚皮。他在门口停立了一下，眼睛朝屋子里一扫，腆着大肚皮过来了。肚皮上围着一条蓝布的褡裢，挂着一串巨大的钥匙，随着他身体的移动，那钥匙发出一阵轻轻的金属击撞的声音。屋子里显着一种恐怖的肃静，人们不自然地呼吸着。

“哼！天天三顿白饭喂着你，你倒越来越没有规矩了！”

拍的一个巴掌落到桂生的后脑上。酒糟鼻子把头陡地往前一拱——仿佛那巴掌是落在他自己的头颈上。

桂生撅着脑袋，一动也不动地坐着，瘦长的脖子上梗起一根一根的青筋，直直地盯着师父腰围上的褡裢。随着师父急促的呼吸，那褡裢一起一落地在颤动着。

“我就是喂只狗，也比你听话些！你天天夜里失魂落魄地闯到什么地方去！你要学这种歪样，叫你娘来替我领回去！”

“拍！”第二个巴掌又下来了，这一下是落在耳根上，震得桂生牙根都蹦了起来，他咬一咬牙关，仍然死犟着。师父扭着他耳朵往后一扳，又猛地往前摔过去，几乎把他摔倒在板桌上。

半天没有响动，师父大概是走了。炉房里的风箱声音又像火车刚煞住似的“轧达——轧达”地松弛下来。屋子里依旧像止水一样地沉默着。

黄梅天灰白的阳光，已经缩出木栅窗的外面去了。朦胧的暗影从屋角里在爬过来。只有红眼眶老司务的烟斗，在窗槛底下一暗一亮地闪烁着。

“嗯！”酒糟鼻子把头一扬，忽然发出一声病人般的幽哀的呻吟。

桂生慢慢抬起头来，他除了觉得耳根上略有疼痛以外，并没有去想什么。学徒为什么要挨师父打，那样问题，在做了两年半学徒的桂生看来，也许是个可笑的愚问。

## 二

初夏的傍晚，空气特别清新，一跨出那湫溢和霉湿的作坊，他就觉得浑身一轻，仿佛人都长高了三寸，他吁了一口气，看看天色还亮，大概还来得及赶上那歌咏班，便急急地望大街上走去。

“唔，你又要上哪里去?”

才拐到巷子口，忽然一个声音又把他叫住了。

他掉过脸去，看见酒糟鼻子握着一杆短旱烟筒，坐在电杆底下一块大石头上，电杆顶上那盏暗淡的街灯，在他伛偻的背上寂寞地投出一层黄浊的微光。

“怎么?你又跑出来了?”他带着责备的神气望着他说。

桂生望着他严厉的眼睛踌躇了一下，“到巡回歌咏团去呀。”他嗫嚅地说，“今晚有一个歌咏会。”

“唉!真是个铁打罗汉不怕痛，”酒糟鼻子把背一挺，呻吟似的叫起来，“吃过苦头，又忘记了吗?”

“我怕他怎的，我又不犯法?”桂生脸孔一绷忿忿地说，“他打我，我就偏出去!”

“算了吧，我的老弟!你还犟得过他吗?他是这个——”他翘起一只大拇指，把眼睛一眯，又弯了弯小手指说，“——你呀，只是这个啊!”

桂生惘然地望着这个老司务的脸孔，那满切着皱纹的脸皮，就像是一张补缝过多的陈旧皮革，红鼻头上面一对细小的眼睛，映在那惨黄的街灯下，仿佛在哭泣一样的霎动着。他喷

了一口烟,又接着说下去:

“人穷志气短,你要吃人家的饭,有什么话说呢?你的娘才是傻瓜!还以为这碗饭有出息,巴巴地送你来学了两年六个月,难道这半年工夫你还挨不过去吗?”

“我不管!”桂生不耐烦地把大眼睛一翻,“我又不是卖给他,他又不是我的爹!”

夜的暗影从巷子里偷偷地在爬过来,酒糟鼻子低下头去,把旱烟筒在石头上笃笃敲了两下,叹了口气站起来。五月黄昏的天空中,闪耀着苍白的小星。他嘘了一口气,拍拍身上的灰尘,自言自语地说:“我要回去啦,家里还有老的小的一大堆哩,做人吃饭哪有这样容易啊……”

桂生望着他寂寞的背影向大街上踽踽地走去,心里莫名其妙地重了起来,他怔怔地站着,一直望到那背影在人群里消失了,这才把大脑袋一歪,向地下秃地吐出一口涎沫:

“管他个鸟,老子干老子的!”

他怏怏地穿过大街,沿着对面巷子跑去了。

在这作坊中间,酒糟鼻子是唯一的和他亲近的人。这老司务是个奇怪的家伙。他在这家作坊里做了二十几年,从来就不和别的司务们来往,也没有一个亲戚朋友,别的司务们看他性情孤僻,背地里都叫他做“钝头”。但是不知为什么,他对桂生是有一种特别亲切的情感。他总是亲伯叔一样的照顾着这孩子;有时这孩子吃了一点亏,他就偷偷地带他到酒店里去安慰他一番。他的脾气有时极其温和,有时却又忧郁得可怕,而且有点近乎冷酷。他大概是个饱经忧患的人,半世来天天消磨在这腻人的面粉和饴糖中间,使他对于生活深深地厌倦了。他对于世事看得异常空虚，然而却未始不想找求一点安慰，于是酒店就成为他生活中绝对不能缺少的东西。他不管刮风下雨，每天总得到小酒店里去坐一会，嗜酒的结果，却使他的生活更加艰难了。

他常常在酒后，拉着桂生长篇大论地说些人生的道理，桂生却听得懵懵懂懂的，只会对着他傻笑，有时甚至别过头去注意别的东西，于是他又悲哀地笑起来。

“唉，你们的日子还早哩。做人就好比唐僧过黑水洋(他不知哪里听来这些杜撰的典故)，你们现在是连港口都还不会出哩!”

他确实很爱桂生，因此有时对他也很严厉。桂生感激他也有点怕他，譬如参加歌咏队的事情，起先就一直瞒着他的。他近来也很怀疑桂生的行动，担心他在交往什么下流的朋友，但是等他知道是在学什么唱歌，他却安慰地想，“这也没有什么啊，年轻的人喜欢热闹总是有的。”不过表面上他却仍然装作不赞成他，尤其因为学唱歌而引起老板对他说话，在他看来是太不值得了。

这天晚上，酒糟鼻子刚才睡下，忽然给一阵猛烈地敲门吵起来。他开出门去，桂生气吼吼地闯了进来。

“啊，怎么的啦?”他吓了一跳，以为发生什么事了。

桂生兴奋得满脸通红的，亮着两只大眼睛，一壁拭汗一壁喋喋地说。

“我来送你票子，这个礼拜天要开歌咏竞赛大会啦，歌咏团刘先生派我做独唱组的竞赛选手哩……”

“什么?”酒糟鼻子莫名其妙地睖着眼说。

"竞赛选手——派我到台上去比赛唱歌呀!"桂生指手画脚地说,"这次比赛的有十多个人哩,刘先生说,我有希望考第一名!"

"那么,怎么样呢?"酒糟鼻子还是摸不着头脑,怔怔地问。

"没有怎么样,我来送票子给你呀,喏,这里两张。"

搞了半天,酒糟鼻子才搞清楚了。他突然生起气来。

"这算什么呀,半夜三更,巴巴地跑来敲门打户,就是为这个吗?"

桂生好像给迎头泼了一盆冷水,翻着两只白眼愣住了。

"吃饱了饭,有这样空呀!"老头儿望着他脸孔说下去,"这是人家大少爷的玩意儿呵,你我什么人呀。老弟,你莫高兴得迷糊了心,唱唱玩儿没要紧,你难道真的想靠它吃饭吗?你几会看见有人靠唱歌出过头呀?"

"这又不是玩儿,"桂生撅着嘴巴沮丧地说,"人家刘先生不就是专门在办歌咏团吗?"

"刘先生?"酒糟鼻子叹口气,"人家是读过书进过学堂的人啊,你是什么呢,才会哼几句调门儿,就想望高枝儿爬吗,老弟,我说你早哩……你志气是高的,可惜这不是你的命啊……"

他突然忧郁起来了,眯起两只眼睛呆呆地望着桌上的油盏火。桂生知道他老脾气又发作了,挨着他身旁默默地坐下来。

两个年龄迥然不同的人,在油盏火下一块儿坐了半个钟,彼此响呶地争辩着,一会儿又彼此互相安慰起来。夏夜的蚊群在他们四周嗡嗡乱飞,老头儿拍着扇子,忽然从板桌上拉过一把陈年百古的锡酒壶，对着壶嘴吮吸起来，两只小眼睛，由于酒的刺激，闪出一种微红的发热的光，他把酒壶往桌上一搁，感伤地叹息起来：

“老弟，这些都是空的啊，我老头子年纪轻的时候，何尝不是很出脱的，告诉你，我小时候还到庙会上去唱过小生呢，唉……”他望着油盏火沉思地说，“可是现在又怎么样呢？做人就是做梦啊……”

最后，他终于接受了两张票子，桂生那种倔强和固热的热情把他感动了。他觉得过分扫他的兴是不应该的，年轻人总有年轻的心啊。

他站起来，拿油盏火照着桂生出去，当他望着那大光头的孩子在夏夜的黑暗中消失了，自言自语地叹息说：

“现在的年轻人哪——简直就是管不住的小牛仔啊！”

在归途上，这年轻人的心情，是活泼而愉快的。

## 三

星期天晚上，酒糟鼻子居然带了票子到民光戏院来了，这落寞的老司务已经快十年没进戏院了，今夜却为了桂生意外地来到这热闹场所。他带着一种奇怪的矛盾心理：一方面瞧不惯这种时髦的玩意儿，一方面却又因为桂生的成功希望而感到一种微微的骄傲，仿佛父亲听见儿子在赌场上赢了大笔钱时候那种感叹而又高兴的神情。戏场里拥挤的人群和雪亮的汽灯把他迷惑住了，他夹在人堆里，使劲抵住从背后压过的观众。那只发亮的大鼻子高高地拱起，仿佛一颗鲜红的辣椒倒栽在他暗褐色的脸上。他茫然地望着台上那些咿咿呀呀唱着的男女歌咏队员，一点也不莫名其妙，只顾瞪起眼睛朝着四周乱望。

忽然，他眼睛一亮。那小鬼头桂生出现在台口上了。那小子穿着那套今年春天老娘替他带来的新竹布衫裤，呆着一颗大脑袋，像只受惊的大公鸡似的木立着。

“哈！这小鬼！”

他没有等报告员说话，便尖着喉咙怪笑起来。那声音像支箭似的向人群中骤地射过去，旁边一大群脸孔向他愕然地旋过来。

桂生开始唱了起来，那洪亮的歌声立刻把台底下的喧嚣征服了。大家肃静地听着他，只有酒糟鼻子一个人依旧咯咯地在笑，人家憎恶地嘘了他好几次，他都不理会，直到一个拳头送到他的背上，这才抿紧嘴唇忍住了。

突然之间，歌声停止了，台底下像房子坍翻似的狂吼起来，他骇了一跳，听见一个怪声在叫：“再来一个呀呀！光郎头！”于是他又咯咯地狂笑起来，笑得背躬腰弯的。一壁吭吭地呛，一壁抹眼擦泪地跟着大家乱喊，直到桂生已经进去，另外的选手上场了，他还在赶鸭子样地叫着：“啊哇——啊哇——啊哇！”

一切歌咏节目都完毕了，县长和评判员刘先生出来，宣布结果和给奖，台下奏起音乐来，桂生获得市民组的第一名，他从县长手里领得了一枚奖牌，台底下又是一阵狂暴的喝彩。

当天会散的时候，酒糟鼻子在戏院门口等着桂生一路回去。他拍着桂生的光头咯咯地笑，“好哇，小鬼头，新出猫儿强似虎，也居然出山了，一个人能够专一门，总是好的啊，三十六行，那一行不会出状元？一年到头埋在糕饼屑子里又有什么好味道呢！”

午夜的微风抚摸着他们发热的脸孔，桂生两只兴奋的眼睛就亮得跟水钻石似的一闪一闪，似乎觉得马路都特别宽阔起来，他吊着酒糟鼻子的胳膊，一蹦一跳地走，走得太起劲了，几乎连那竹布裤子都缩了下来。

“我那最后一段——”他要紧地说，揉了揉身体，把裤腰一耸，“——还没有唱得好，妈的，要不然——”

“要不然，怎么？中了头名还不够么？”酒糟鼻子朝他翻了一个白眼。

桂生得意笑着。“你瞧，”他把那块奖牌摸出来，望酒糟鼻子脸孔前面一送，“这个！”

酒糟鼻子接过来，在小眼睛前面瞅了瞅，又放在舌头上舐一舐，摇摇头说：

“是黄铜的，要是金子的就值钱了。”

桂生把它一把抢过来，嘴巴一撅说，“什么铜的金的，又不是做生意！”

“唉唉！”酒糟鼻子摸摸自己鼻子点点头说，“可不是，县长老爷给的，究竟不容易啊……”

月光像水银似的泻在大街上，静荡荡的，只有远远街角上，挑卖馄饨的灯火，在摇曳着。

桂生忽然把背脊一耸，碰碰酒糟鼻子的肘子说：

“喂，我请你吃馄饨。怎么样？”

“别得宠了吧！我的老弟，”酒糟鼻子咯咯地大笑起来，

“中了头名就阔气啦，还要请客……”

在一个街角上，他们两个分手了。桂生踏着月光往店里走回来，碧净的天空上没有一丝云彩；他的心境也就和这夏夜晴空一样的旷阔。在他短短的一生中，从来没有过像今天这样的兴奋和快乐。他觉得浑身都是劲儿，得要紧找一个人来告诉告诉，可是街上都是肃静的，只有一只狗睡在人家檐下，他唬了它一下，那狗摇摇尾巴，懒洋洋地走开了。

他走到巷子里茶食店的后门口，趴着后窗的窗沿，吹起一声口哨，低低地叫：“喂，开门啰，小鬼！”

那张猴子脸从窗口里露出来，一只手还在抠着眼屎，“这么晚才回来……”那小子嘟哝着说。

“嗤！”桂生望他师弟脸上吹了一口气，笑起来，“别睡死啦，小鬼快开门，我告诉你。”

后门轻轻地打开了，桂生挨将进去，他回到房里，正待告诉师弟歌咏大会的事情，师弟却早沙哑着喉咙在埋怨了：

“你要糟糕哩……师父早就回来。知道你在民光戏院里唱歌，拍桌敲凳地发了一大会脾气呢。他说——”

“他说什么？”

“他说，要歇你生意呢……”

“管他！”桂生嘴唇一撇，不耐烦地钻进自己的帐门里。

他小心地藏好那块奖牌，心里记着，下回有人下乡时，他一定得寄回去给他妈瞧瞧。

第二天一清早，桂生正在把许多豆沙馅搬到作场上去，忽然他的保人金财公，摇着一柄板扇从前面店堂里匆匆地跑进来。

他还没来得及招呼，金财公早铁青着脸叫起来：

“你放着，跟我来！”

桂生知道是有事情了。他默默地跟着他走到后门口自己卧室里，金财公一旋身，就拿起油纸扇的柄，望桂生的鼻尖上戳过来：

“你，你这怎么弄的？好小子，吃了两年六个月生意饭，还这样不知高低……”

“什么呀？”桂生一闪，躲开戳过来的扇子柄，对方那双睁得滚圆的火眼睛却早又逼过来。

“什么？问你自己呀，自己拉的屎还不知道吗？我问你，你是来学生意还是学唱戏的？你师父七次八遍地关照过你，喔，你倒索性跟那些下流坯子到戏台上去露脸了！生意人有生意人规矩，你这是什么规矩，倒说给我听听哪！”

金财公歪着一张荸荠脸，一步一步地紧逼过来，把柄油纸扇忽喇地打开，又忽喇地合拢。桂生一直被逼到床角边，咬着下唇，一声不响。

“现在你师父要叫你滚蛋了！你听见没有！”金财公把脚重重地一跺，窗上的纸槅子格朗朗地震了起来，“我保了一个学生意，学到两年六个月，还要做回汤货，你把我的脸搁到哪里去呀！”金财公的声音就像榨油机里榨出来似的。

他叉起两只胳膊，直瞪着桂生的光头。这么过了半分钟，桂生掀去头上什么似的，把脖子一撅，肚子里狠狠地咒着：“你的脸！你们的脸比城墙还厚哩！”

“现在快到你师父前面去磕头吧，”金财公把手一挥又叫起来，"说下次再不犯了，算我晦气，再替你去说回情——去，听见没有？"

房子里只听得两个人唏呼唏呼的呼吸着，桂生眼睛通红的突然把头一昂，昏乱地喷出一个声音："不！"

"不？"金财公像遭着骤然的一击，要跌倒似的，锐声地怪叫起来，"不，你倒是生铁浇的，硬到底呀！那么又谁叫你老不死的娘千央万求来恳我作保呀。我倒瞧你们孤儿寡妇的行一行善，哪知道你死鬼老子生前作了什么孽，才养下你这种下流坯子……"

"金财兄，你也不必烦心了！"一个冷冷的声音从门外掷进来，师父肥胖的身体忽然出现在房门外面，捧着一支水烟筒布鲁鲁吹着："店有店规，行有行规，你老哥当然明白的。他眼里没有我这师父，我自然也没有他这种徒弟，我看你老哥请便吧。"

"好！好！好！"金财公把扇柄在手心里接连地拍着，"李掌柜，我不管了，你还我保信吧！我吃不下这小王八，我去叫他娘来跟你当面交涉，算我晦气，晦气！呸！"

他旋过脸来，朝桂生瞥了一眼，摇着板扇，一路贱爹贱娘地骂了出去。

"慢着，慢着，"师父连忙把手里煤头一口吹熄，急急地向店堂外面追出去，"金财兄，你别走，三头对六面，原人领来，原人领去……"

桂生猛然把身体投到床铺上，脸孔埋到枕头里，一动也不动地伏着，不管金财公怎样骂他，他都顶得住，可是一提到他的娘，却像一把刀刺入他的心窝里，他简直支持不了。他是他娘的命根子，娘一生的希望都靠着他，要是这样歇了生意回去，那简直会要她的命。他看见他娘瘦小的脸孔在向他逼过来，那脸孔是那么的充满焦灼和忧郁，仿佛向他颤抖地恳求着。他不敢看她，掉过脸去，那板壁上许多疤疤，仿佛又是一群冷笑的眼睛恶毒地在向他逼过来。

他把拳头在床板上暴怒地一捶，突地站起来，从床底下拉出一面包袱，把零碎东西一齐塞进去，和着板床上的铺盖乱七八糟地一卷，夹在肋下，一股风地从房门口向后门外奔出去。

"慢走！"

他听见有人在追了出来，益发放开脚步向前跑。那人追到了他，把只手在他肩膀上一扳，气急地叫起来："你这样跑到哪里去呀？"

他回过头去，酒糟鼻子满脸大汗地站在他背后，吁吁地喘着气。

"你这样就走了吗？"

桂生怔怔地望着他，一句话也说不出，半晌才从牙齿缝里迸出"嗯"的一声。

"你现在就回家吗？"

"不！"

"那么去哪里呢？"

"我不知道！"

"不知道？"

"是的，不知道！"桂生咬一咬牙齿，发出一声惨厉的嘶喊。

"唉，"酒糟鼻子叹了一口气，摇摇头说，"穷人使什么牛劲啊！兄弟，到我家里去待几天吧，你的老娘怕会急死哩。"

桂生把头一仰，似乎要叫出什么来，一颗莹晶的眼泪扑地滚出来，掉落到酒糟鼻子的手背上。

## 四

酒糟鼻子的家住在北门附近的一家破祠堂里，这祠堂在多年以前，曾经遭过大火，只剩下一片丛长着苎麻的院子和几堵破墙，酒糟鼻子的那间矮屋就在一垛枯黄的破墙旁边。

屋子里除了桌子和烧饭家伙以外，都是七横八竖的板铺，酒糟鼻子有四个孩子和一个害风湿病的老婆，房子里整年都是阴恻恻和乱糟糟的，就跟酒糟鼻子那脸孔一样。

桂生搬来那天，就在炉子旁边，用砖头搭两块破门板，开了一个铺。酒糟鼻子对他说，“老弟，你莫介意，我们这个野猪窝一天到晚就像齐天大圣闹天宫一样，多你一个，也不会挤到哪里去，你且待几天再设法吧。”

已经三天过去了，桂生的职业还没有一点头绪，酒糟鼻子替他到处去找门路，桂生自己也找遍了这城里一切认识的人，偏偏那巡回歌咏团出发到邻县去了，弄得一点办法也没有，整个下午就只好伴着那害风湿病的女人坐在板铺上，替她劈着木柴片子。

天黑的时候，酒糟鼻子回来了，一进门就叹气：

“兄弟，你可休想吃这口饭了。本街上哪一家不知道，茂昌茶食号出了一位唱歌大王，给师父赶出来了。你那金财公才好良心呢，到处替你在出名，说你师父好教训，倒教出一架活动无线电话来啦……”

桂生坐在自己的板铺上，没有回答，只顾呆呆地望着炉灶里抖动的火花，连脸孔都懒得抬动一下。这两天来不知道为什么，他简直有点怕去望酒糟鼻子的脸孔。炉子里的木柴在发出毕卜的微声，酒糟鼻子挨着他身边坐了下来。

桌上点起一盏幽暗的青油灯，一粒惨绿色的火在风里摇曳着，整个屋子里的黑影都随着乱晃起来，躺在屋角上的那个害风湿病的女人在低声地呻吟，两个小孩子坐在门槛上，呆呆地望着这新来的客人。酒糟鼻子拿起旱烟筒，把烟在炉子上燃着了，过了半天，才叹了一口气说：

“孩子，这样别扭下去不是办法啊。留得青山在，不怕没柴烧，你们年纪轻轻的人，怕将来会没有出头的日子？暂时终得回到乡下家里去待一下罢，慢慢地会有法子想的。”

“我不要！”桂生反感地把眼睛一眨，“我一定要找到事情才回去，”他丢了一片木材到炉子里去，“我就不相信，天地只有他那片茶食店那么大，不吃他的饭就会饿死！”

“咳——真有你的！”酒糟鼻子仰起脸，朝着阴暗的墙壁嘘了一口烟。“老弟，莫怪我说。你还什么都不懂呢。我老头子年纪轻的时候，脾气着实比你硬，可是有什么说吗，富人拗不过病，穷人拗不过命，这一辈子都过去了，你瞧，还不挨在人家屋檐下吃这口饭。你也该替你娘想想呀，这么大年纪，孤零零的……”

“你不要提起我的妈妈，好不好？”桂生把头皮一搔，突然抬起脸来，“就是为了妈妈，我才不回去，你不知道吗？”

“哼！”酒糟鼻子冷笑一声，把身体旋了一个向，背着桂生喃喃地说，“你的妈会给你急死哩，小孩儿家的，可以这样任性，只顾自己吗?”

炉子上的开水壶吱吱地叫起来，就仿佛他妈在那里嘤嘤低泣。妈那瘦黄的脸孔又在黑影里露出来，桂生把脸往掌巴心里一埋，咬着牙齿叫起来:“我找到事情自然会去瞧她的，我不要她知道——我不要她知道!”

“找到事情，我还不知道吗?”酒糟鼻子益发生气了，把头一旋过去，“我问你，你往哪里去找呀?”

“我有办法!”

“你有什么办法?”

“我终有办法!”

两个人的喉咙都粗了起来，桂生气得怔怔地只管望着那炉子里的火，“我去找歌咏团刘先生。”

“刘先生，刘先生开着饭店在等你?”

“要不然，我去当兵!”

“别替我见鬼!”酒糟鼻子把旱烟筒一舂，虎地站起来，“当兵，当你什么芝麻饼!”

窗外吹过一阵夜风，院子里那些苎蔴被拂得瑟瑟地响起来。

“别管我吧!”桂生几乎是嘶哑地叫了。他也跟着站起来，满头满脸暴出一颗颗黄豆般的汗珠。雨滴巨大的眼泪倒包着眼睛，只顾直眉瞪眼地噎着气，酒糟鼻子的老婆发出一声凄哀的呻吟，那两个孩子像受惊的鸡仔似的逃到她娘身旁去，吓得怪哭起来，酒糟鼻子大声地一吼，掉着烟筒赶过去:“嚎你妈的丧! 讨债鬼!”

“啊!”桂生把脚一顿，忍不住要哭出来，他突地抓了一把自己脸孔，奔到外面黑暗的苎蔴地坐去了……

夜半的时候，一家人差不多早睡熟了，桂生轻轻地摸到酒糟鼻子的床边，握着他的手抽抽噎噎地说："大叔，你别告诉我妈妈啊，她会伤心的，让我再过几天想想办法吧。"

酒糟鼻子被他说得伤心起来了。"何苦呢，傻孩子，"他叹了口气说，"我难道还不明白你吗？"

第二天早晨，桂生决定去找一个认识的报贩。他打算暂时去卖卖报再说。

三梅的天气比伏天里还要闷热。早上起来，天空就压着沉重的雨云，一丝风也没有。街道上泞滑地渗着泥浆。桂生才走了不多路，那件竹布褂子就已经像刮过糨糊一样，黏潺潺地贴着背脊怪不舒服，他讨厌经过那茂昌茶食店门口，故意绕过圈子打县政府前面弯过去。当他经过县政府大门口时，看见一群人围在照壁下看什么。他也挤进去望了一望，是一张不相干的关于田赋什么的告示，他刚要旋过身来，旁边的另一张红墨水写的招贴却把他眼睛捉住了。

| 某某师政治部招考男女歌咏队员启事 |
| --- |

他还没有读下去，心就别别地跳起来，仿佛有什么秘密怕给人家瞧见似的，他定了定神，仔细地念下去：

本部现欲招收男女歌咏队员二十名，录取后月饷二十五元，随军服务，凡有志报考者，希于每日上午九

时至十一时，下午二时至四时，至本城西大街金城饭店二〇七号房间报名面试，截止期×月×日

他觉得自己腿子有点微微发抖，一种又是兴奋又是害怕的感觉在心里猛烈地起伏着。他惘然地朝县政府大门里望了望，石阶底下一只石狮子裂开一张大嘴在向他傻笑着。

“他妈的，怕什么呢!”他突然把牙齿一咬，对自己这种懦怯的心态愤恨起来。凭他唱歌的能力和在歌咏大会上的成绩，当一名普通歌咏队员难道都不够吗?“去!”

于是他决计把找报贩的计划丢开了，回转身来匆匆地向西大街走去。

他昏昏惘惘走上金城饭店的二楼，沿着一条铺着地毯的宽阔的甬道，找到了二〇七号房间。他正要推门进去，一个穿白制服的茶房从后面吆喝着赶过来，“喂! 干什么，客人还没有起来哩!”

他无可奈何地只得在甬道里踝踱着，壁上的时钟已经快十点了，怎么还睡着呢? 窗外的云益发浓黑了，仿佛就要压到窗沿上来，一阵隆隆的雷声，在远处云背后滚过去，桂生焦灼地望望天空，把只袖子交替地拭着额上的汗水。

他心里就像是一个待讯的囚犯似的栗碌不定，几分钟之后，他的命运就将决定了。一条新的生活道路展开在他的前面，他将穿起那雄赳赳的军服，正式参加到抗战工作中去，到前方去，到战场上去，他可以毫无顾忌地大声地唱歌，唱歌就成为他的本业了。什么茶食糕房，都滚他妈的蛋吧! 还有那肥猪一样的师父，什么东西! 看你再来干涉吧! 啊! 战地生

活多雄壮啊！他仿佛已经站在战场上了，背脊骨不由自主地突地耸了一下。

客人们多踏着雨鞋出去了。但是二〇七号房间却依旧静悄悄地关着。

一直到快十点半了，那房间才打开，桂生连忙赶过去，一个穿睡衣的年轻女人，站在门旁按着电铃。

“做什么的?”她朝桂生看了一眼。

“来报名的，可是这儿吗?”桂生鞠了一躬吃吃地说。

“报名? 唔——等一等!”砰的一声，那门又关上了。

桂生吓了一跳，失望地退回到窗子边来，“这还算什么呢?”他纳闷地想。窗外的雷声益发近了，天色昏暗得和黄昏时候一样，一道闪电从玻璃窗上霍地掠过去，窗外的树木瑟瑟地乱鸣起来。

他看见茶房端着茶水进去，隔了半天，里面才在叫他。

那个女人穿上一套草绿色的哔叽军装，两排黄澄澄的铜纽扣崭齐地扣在胸前，瞧见桂生进来，望着他光圆的大脑袋笑了一笑，顺手从茶几上拉过一本簿子和支钢笔来。

“叫什么名字?”

“我叫张桂生。”他哆嗦着嘴唇说，“桂花的桂，花生米的生。”

“几岁?”那女人没有望他，钢笔在簿子上沙沙地写，“哪里人?”

“十七岁，本地人，”桂生答应着，从那女人的头上望过去，一只大穿衣镜里映着自己一张油腻腻的脸孔，一条汗水正从额角上爬下来。又是一道电闪从窗外掠过，那女人向窗下恐怖地望了一眼，继续问下去：

“哪儿毕业的？”

“毕业？”仿佛一个拳头落在桂生的头上，“我没有毕业呀……”他愕然地说。

“那你——？”那女人抬起头来，紧紧地盯着他。

“我……我是本城茂昌茶食店的……”

“什么呀？”那女人把钢笔一丢，像只母鸡样的叫起来，“茶食店的！茶食店的来干什么呀，这不是开玩笑吗？”陡地站起来，“走吧，告诉你，要初中毕业才够资格的，”她一步步把桂生逼到门外去，“去！去！这简直是在开玩笑！”

房门又砰地关上了。一阵风猛地扑到桂生的脸孔上，鼻子前面 207 三个镀镍的罗马字似乎是一只白眼在朝着他冷笑。他喘过一口气来，瞪着眼朝那房间伸一伸拳头，牙齿缝里喷出一个暴怒的声音：“婊子！”

不等茶房来干涉，他早像一阵风似的冲下楼梯去了。

泼墨似的黑云已经从四面合拢来了，雷声就在头顶上像擂鼓样的狂鸣着。街上的人都伛着身体疾走着，桂生梗着头夹在人丛中间漫无目的地乱跑，他没有去理会那快要到来的风暴，浑身的血都愤怒得在沸，好像要找人打架似的，“妈妈的！茶食店学徒就不是人，就该受人欺侮，老子火起来真个去当兵！杀些日本鬼子给你们瞧瞧！”

他昏乱地想着，诅咒着，也不知道奔过几条街，雨点已经开始打到他的脸上了。

快到北门城脚跟的时候，忽然酒糟鼻子扯着一柄雨伞，被风吹得东晃西飘的，从对面奔过来。他一眼瞧见桂生就叫起来：

“我的妈，找得我要死了，你却在这里。快回去！”

他一把抓住桂生的肩膀，另一只手里的伞被风刮得杂杂地只顾拉开去。

“做什么？”桂生挣扎着怒声地叫。

“快回去！你妈来啦！”酒糟鼻子气喘喘地说。

“妈！”一个闷雷随的打落在桂生的头上，他怔得眼睛都直了。“妈妈怎么会来的呀？妈妈怎么知道的呀？”他梦呓般地叫起来。

“都是你那金财公呀，他故意咬你师父拐藏人口，把你妈掇弄来哩，你妈在我家里，快回去吧！”

风刮着酒糟鼻子的声音，几乎听不清楚，一阵霹雳的雷声把暴雨带下来了，鞭子般地劈击着大地，劈击着两个的脸孔。

“走！走！”酒糟鼻子急乱地催促着，一壁没命地扯着那在雨点中乱晃的伞。

桂生挺挺地站在大风雨里，雨点在他光头上乱溅着。竹布衫早湿透了，他脸色惨白，双眼直瞪的，连动也莫动一下。

“快走呀！”酒糟鼻子紧紧地拉着他。

“我不去！你放开！”桂生疯子一样地跳起来，竭力想挣脱酒糟鼻子的手，声音几乎是沙哑了。

“你，你疯了吗？”酒糟鼻子也暴怒起来了，死命地揪住桂生的袖子，圆着两只发红的眼睛厉声地叫，“娘来了都不去，难道娘都不要了吗？”

“你别管！你放手！”

“我偏要你回去!”

“我不!”

“你敢!”

一道强烈的电闪,突地向黑云中间刺过去。

“啊!”桂生暴声地一吼,把酒糟鼻子的手摔开,突然朝着城墙上面奔去了。

雷声哗喇喇地劈着天空,城外原野上的树木在暴风雨中像千百只野兽般狂吼狂舞,四周昏黑得一片迷濛,天和地似乎要合并拢来。

桂生完全失去了主宰,沿着城墙上狂奔着。雨和泪水糊成一片,整个宇宙在他耳边怒号。他的叫声被暴风雨吞噬了,卷入到狂乱的天空。

远远的城脚下一个惨厉的哭声在叫过来:

“桂……儿……啊……”

一九四〇,十月于永安

1941 年 9 月 1 日,《自由中国》新 1 卷第 3 期

# 一个副站长的自白

我犯了贪污！

我梦里也从不曾想到过这样的事情，然而我确是犯了贪污了——而且是出卖了那些一包眼泪一身皮骨的难民的贪污。我不知道现在那些难民怎么样了，他们有些也许已经死了，有些大概还活着；活着的就该千刀万剐地咒骂，说是遇到一个不要脸的伪君子，一个拿穷人寻开心的假好人，那么就请你痛痛快快地咒骂吧！毫无问题，我是该被咒骂的，我确实出卖了你们，我确实得到了钱；虽然，这钱是那么稀少，那么可怜，简直是可笑！仅仅两万元，两万元，你们会相信吧？这还不够一个阔人的一顿饭钱呵。然而一样，这总之是贪污，是不义之财。我并不希望你们饶恕，我没有这个要求，我只是要告诉你们，这笔贪污的钱给了我一些什么呢——我的儿子死了，我的女人离开我了，我自己害着热病，躺在这车站一间湫隘的宿舍里，这宿舍的光线多么阴森呀，整天整夜，可怕的噩梦在纠缠着我。说不定几天之内，路局还会把我撤差呢。现在敌人离开我们，只有一百五十公里了，车站上乱得像抢火一样，路局的人都做着准备了，他们自然并不会怎样理会我的——一个在他们眼中讨厌，多余的人物呀。我不知道自己该会遭到怎样结局，或是死在敌人的炮火底下，或是死在颠沛流离中间，但是，这也许正是上帝对我的惩罚。是的，我是该被惩罚的。不过我仍然怀疑，惩罚为什么不落到那一切贪污者的身上呢？他们仍旧在升官发财，仍旧在花天酒地，那么，这依然是我们的命运了，命运，这谁给我们造成的命运？我憎恶它，愤恨它，我要粉碎它，连同我这个遭蒙了不洁的灵魂！

我常常有种卑劣的念头，希望有种极大的神秘力量，把这个世界整个地毁灭掉，把一切善与恶，美与丑，天堂与地狱，一齐毁灭掉。自然这是极其卑劣的，自私的而且可耻的狂想，我自己也在嘲笑着它，痛斥着它，但是不知为什么，这种恶毒的念头仍然会阻遏不住地在我心中滋生。

我这样胡扯着，你们会以为我在发神经吧，或是在说着梦呓吧？不，一点也不，我神志清醒得很呢，那一切发生的事情，都仿佛就在昨天一样——虽然这已经十多天过去了。我女人怨恚和哭闹的样子，我儿子临死以前那凸出的眼球，那痛苦的瞀视，和那最后叫“爸爸”的声音，还有那站长的笑脸，那个疯女人咧着牙齿向我扑过来的笑声——啊，这一切……谁给我一杯凉水吧，我头痛得要炸，我的骨头酸疼得一节一节在脱开来……

我是这车站上的一个副站长。副站长，这在逃难的日子里是个多威风的名称呵。多少人转弯抹角设法来找我，多少人哭哭啼啼来恳求我，但是，实际上，我告诉你，副站长，甚至站长，只是一条狗，不错，一条狗罢了，手枪机关枪可以压着他们走，钞票势力可以收买他们，真的，我们整天就像狗一样，皇皇地奔跑着，嗓子叫哑了，眼睛瞪红了，什么事情办不出来，生活就像在沸锅里打滚呵。

但是我原来却并不是在这站上服务的，我才在一个多月前，从另一个周圆不到十户人家的三等小站上调来（在那里，我曾经像古寺山僧一样，足足呆了两年，完全跟外面世界隔绝的）。这正是疏散最紧张的时候，那时我是多么兴奋呵，以为这一次我可以认真为抗战做点工作了。不久以前，我曾经看过一本描写苏联人民怎样从史太林格勒撤退的书，我真感动呀，我想，这一回我要来创造同样的光荣了。（唉！我现在想起来就脸红呢。）于是，我带着女人和两个孩子就兴致冲冲赶到这站上来报到了。

可是，天哪，这是什么样的车站行政呵！配好了车，又没有煤，煤运到了，车道又出毛病。调度所一天三番地改变命令，行车房里整天人翻马仰。车站上挤塞着二十多列列车，十来万难民，整整一个星期，一列车子开不出去，瘟疫疯狂地流行起来，站台上每天都死人……我的天，我简直怀疑起来了，我究竟是在做什么工作呀，疏散工作呢，这是祸国殃民的勾当呀？

但是，我还是坚持下去，我相信，什么事情只要用全副真诚做去，总不会没有几分效果的。同事们嘲笑我是傻瓜，傻瓜，就算我是个傻瓜吧。一个傻瓜的傻劲有时也许比聪明人的巧妙有用吧？可是偏偏这时，我的两岁孩子又传染上那可怕的痢疾了。（你们能想象那时站上的卫生情形吧！）几千元钱的薪水，连一家人伙食都开销不够，哪来钱买药呢？女人成天的朝我哭闹，一离那沸锅一样的站房，立刻又堕入到大哭小叫的包围中间，一天二十四小时，就这样像在火狱里熬着，事情就是在这时发生了，那是我孩子害病的第四天晚上。

那晚下半夜，是该我值班的，半夜里我被站役喊醒了。我的女人木着一张浮肿的脸，呆坐在对面的床沿上。她好像不曾看见我起来一样。几夜没睡觉，两只眼睛红得可怕，那眼神里显然郁积着一种极度的怨恚和气愤。我知道她又在生我的气了。贫穷和病困，在我们中间早罩落着一个可怕的暗影。我们差不多已经很久没有好好儿说过一句话了。我走了过去，默默地揭起帐门，可怜的孩子，脸颊苍白，像个瘪瘦的南瓜，蜷缩在他九岁的姐姐后，身体瘦了，那圆圆的脑袋便格外大得可怜(呵，愿他好好安息吧，幼小的无辜灵魂！)我摸摸他发烫的额角，心里说不出的那么沉重。站役握着风灯在门口等我，我塞好帐子轻轻走去。我女人突然跳起来了。

“你这——你这究竟算什么呀，孩子病到这个地步，你一句话也没有，当真就撩开手不管吗？”

我惶惑地望了她一眼。她嘴唇苍白，声音气得发颤。我知道这又是她歇斯底里的发作。这种情形近来几乎是常见了，蹩了半夜闷气，一下子要在我头上发泄出来。但是，我能说什么呢？事实上孩子病了四天，除了医务所三瓶药水外，我又曾给过他什么呢？我何尝又不知道什么“药特灵”呀“爱米定”呀之类的特效药，然而，我有什么办法呢？连下个月的薪饷都已借光了。“富人怕病，穷人靠命”，我只能祈望孩子害的并不是真性痢疾罢。我窘惑地望着地下，连自己都觉得声音无力地说：

“那么，再请医务所的许大夫……”

“医务所，又是医务所，医务所那种白开水吃得好人吗？

究竟是不是你亲生的？要你这样来敷衍！”

“那你说！”

女人那种泼辣，我实在感到难堪，在那样日子里，人的脾气是多容易暴躁呵。我忿忿地瞪了她一眼，她却立刻着刺似的喊起来：

“我说嘛，我说，人家副站长是怎么当的，人家三千五千在上馆子，打牌，人家哪来的钱呀？只有你这呆虫，饿着肚子看上菜，为什么一个边也沾不到呀？”

“你简直侮辱我！”我愤然地叫出来。

“……自然啰，你清高！你廉洁！把你一家人都饿死了，穷死了，病死了，你才去清高！前年熬到今年，这站调到那站，连三顿青菜淡饭也不曾吃饱过，孩子怎么不会病呀——天哪，活活地饿坏的呵！”

她猛地扑在桌子上，荷的大哭起来。呵，天神！什么都昏乱了！孩子从热梦里哭醒。我的头在旋。站役皱了眉头在瞅着我，我抓起制服向房门外面出去。

深夜，外面已经很凉了，一阵含着露水的夜风，扑到我炎热的脸颊上，把我的愤激平静了许多。我跟着站役，从车站宿舍的小坡上走下去。天色很黑，远处山头上打着热闪。虽然已经深夜，月台上依旧营营地响着熙攘的人声，仿佛一群看不见的甲虫，在黑暗中永无遏止地飞鸣。从什么地方，传来一阵喑哑的孩子哭声，那凄惨声音唤起我一种无名的忧郁，我的心境渐渐沉重起来。我开始追悔我刚才的态度。我有什么权利来发那样的脾气呢？孩子的病，我是应该断然负责的。我是算是什么样的爸爸呀！我的女人也难怪她，成年累月守着穷病，脾气又怎么不坏呵？我确实是应该想法，借，去借，向同事借，向工役借，向司机借，他们都是腰里饱饱的，为什么不该向他们借呢？

但是女人那种尖厉的话，又倏地像蜂刺似的螫了我一下，一种说不出的嫌憎又突然把我的心卡住了。

我们从车道夹路中间穿过去，两旁密接地排满着阴森森的车厢，没有灯火，到处都是腐烂的臭气，几个像鬼影一样的人，在车轮旁边蠕蠕转动。我忽然踩着了什么，一个难民猛地跳起来。

“呵哎，壶子踩烂啦，混蛋！”

我匆匆道了声歉，向前面逃去，黑暗中一个沙嗄的湖南口声在骂着：

“公家养你们来吃饭？黑天白夜，撞魂样撞，撞出个屁名堂！”

我闷头直走，一声也不敢搭腔。我能回答什么呢？我告诉你过，副站长是像条狗一样呀。那站役还有点不平，在喃喃地说着什么。他是一个年轻爽朗的孩子，叫做二火子，到现在还亏是他在服侍我哩。

刚走出车道的夹路，我们眼前忽然亮起一道火光。我抬起头来，前面那座水塔的尖圆黑影，在火光中耸然向黑暗的天际矗突着。就在那水塔底下，一群人围着火，似乎肃静地又似乎匆忙地在做着什么。我没有去理会他们，但是水塔的黑影却叫我猛地一怔。呵，碰鬼！我怎么又跑到这地方来了呀！一个礼拜来，我总是避开这个地方，不是从车子底下一节一节钻过去，就是打一条远路上绕过去。事实是这样：在这水塔旁边一条车道上，孤零零停着一节三〇七八幺号木篷车。那节车子也不知道是什么时候留下来的，总之差不多一个月了，就一直谁也不管地扔在这条冷僻的岔道。据说是好早以前一列难民列车从这里开出去，这一节车脱了钩留下来的。自然，这车子上全是一些破破烂烂的老头子、女人、小孩和一些被家眷行李所困住的穷苦男人。稍微精干一点的，早都改搭别的车子，或者做黄鱼搭着汽车走了。这些剩下的老弱妇女，连一个会说话的都没有，能有什么办法呢？也不知怎么的，他们就专门缠住我，一看见我就哭哭啼啼，一定要我把他们车子挂出去。我告诉他们，一个副站长是不能完全做主的，可是任凭你怎样解释，他们都不理会，甚至对我磕头下跪起来。他们叫我"老爷"，叫我"好心的人"，叫我"救命王菩萨"，老头子颤着胡子向我诉苦，女人老太婆朝着我抹眼擦泪。呵，我的天！我怎么办呢？我为了他们向站长抗议过，向调度所要求过，跟同事吵过架，有一个同事甚至这样侮辱过我："你究竟得了他们多少好处呀，尽管是三〇七八幺，三〇七八幺！""好吧！"我气得反抗地叫，"你要勒他们出钱，你也得决定挂车呀！""唏——唏——"那同事却咧着牙齿轻蔑地笑了起来，"向叫化子打抽丰，我才活该呢！"

就这样，像根烂草绳一样，谁也没有兴趣去理它，而且还嘲笑着它，我独自发狠答应过他们四次，把车子挂出去，结果呢，每一次只是把他们从绝望的深渊里挑起来，玩弄了一下，又残酷地把他们丢到更深沉的绝望里罢了。然而这些善良的人们，却竟是那样的老实，他们对我并没有一点怨愤，并没有一点憎恶，依旧一味的苦苦缠牢我——唉，你们这些好心的人呀，为什么那时不揍我一顿呢？那也许今天什么事都没有了。那时，我实在是再没有勇气看见他们了，再不敢从他们面前经过了。一看见他们，我就仿佛背上一个沉重的十字架，仿佛一个欠了债的人，明知自己是永无能力还清这笔债似的。

然而，什么鬼在捉弄我呵！偏偏又把我引到这地方来了，而且偏偏又在这天晚上，这简直是好像注定似的。自然，我那时还想从暗地里溜过去，他们是不会看到的(多卑劣的自私呀！)可是，糟糕！站役手里的那盏风灯，却给他们认出来了，一个熟悉的山羊脸小老头子在向我走过来。

“哪，哪，陆站长，你家过来瞧瞧吧！”他声音异常沉重，含着一种凄酸的鼻音，接着又加了一句，“——这已经是第三个哩。”

火光照耀着一群人，围着一具三尺来长的小棺材，盖子还不曾合上，里面显然是一具小孩的尸首，脸孔给块布蒙着。棺材前面融融地燃着一堆纸钱，一个三十多岁的憔悴女人，披头散发地盘坐在地上，喉咙已经哭哑了，半昏眩地一仰一仰地无声嚎着。正当我走过去时，所有站着的人的眼光，突然都向我射过来，唉，那是怎么一种眼光呵！一种无声的抗议，一种可怕的沉默的质问。火光在他们脸上抖动着，仿佛他们的脸面都在颤动起来。一个老太婆蓦地向我抖出一只干柴般的手，喊起来：

“作孽啊，站长先生哪……车上还有两个毛头在出痧子呢……”

我惘然地望着那小小的尸首，仿佛在梦里似的，你们大概会猜想到，那时我是在想着什么吧？世界上一切凄惨的事情，哪有比孩子无辜的牺牲更凄惨的呢？一阵急骤的砰碰声突然把我惊醒过来，小棺材在上钉了。那女人狼嗥般地发出一声狂叫，向着棺材直摸过去。我猛退了一步，那砰砰的锤钉声，每一下似乎都直钉入我自己的心坎上。

正在这时，远远地传来一阵清脆的打点声音。人群里起了一阵微微的骚动，那山羊脸老头子，向我怯怯地旋起眼睛来：

"今晚有车子过来么？"

我知道，今天晚上有一列盟军的军用车经过这里，原来是该上半夜就到的，却弄得此刻前站才开出。我告诉他们，这是盟军的车子，沿途不耽搁的，在这里加了一点煤水，明天早晨立刻就要开出的。

"哦，盟军……"山羊脸应了一声，没有说完，眼睛又低下去了。

这却立刻引起了另外一个年轻难民的嫌恶，他瞅了山羊脸一眼，走开去，说：

"本来问什么嘛，就是有一百列车子开过来，也轮不到你我哇！"

但是，这时二火子却触触我的肘子，在我耳朵旁边轻轻说：

"不，这列盟军车，有一节箱子要在这站上卸，这里可以补挂一节出去呢。"①

---

① 是一种爬山的火车，每列火车只能挂很少的一定数量的车，而且需用两个机车前拉后推。——作者自注。

"真的吗?"我心里突然一亮。

"真的。"

"谁说的?"

"我听孙稽查说的,准没有错。"

不知是由于过度的兴奋或是什么,四周围的脸孔都在我眼前浮荡起来,我知道这是一个临时难得的机会,而且是盟军的车,决不会打岔子的。我立刻把这事情告诉了大家,用确信的口吻对他们说,我一定要抓住这个机会,把他们这节车挂出去。

这事情来得那么兀突,起先所有的人都愕住了,但是立刻又骚动起来,这过于意外的消息使他们谁也不敢相信,山羊脸只会"这……这……"地吃格着,吐不出话来。那老太婆似乎想来抓我的手,把脸孔仰到我的眼前,"你,你家这回可莫哄我们啰,老老少少,百打百条命哪……"

这一切是记得那样清楚呵。我记得,我那时眼睛里被泪水模糊了,我几乎是像演说似的对他们说起来,我的声音是激动而有力的。

"你们各位要知道我,我又何尝不比你们还急。我们吃这碗饭,不是为了你们,是为了什么?我也是有孩子的人呵,我的孩子现在病得什么样子,你们问问这位工友吧。今天谁不是在受苦,我难道就看得过各位……"

我坚定的声音把他们激动了,老太婆念起佛来。有人向木篷车上奔过去,木篷车上也有人在奔过来。大孩子们在叫着妈妈,女人在喊着丈夫,嘈杂的声音里颤抖着一片希望和快乐。我被这情景完全感动了。二火子在催着我走。但是,这时坐在地上的那个披头散发女人突地站起来了。

她摊开两只手，眼珠从枯凹的眼眶里暴突出来，浑身狂暴地摇摆了一下，像在笑又像哭般地喊了起来：

"啊，啊，迟了！啊，啊，迟了！"

二火子拉了我一把：

"走吧！"

我走进行车室，上半夜值班的李副站长，正打发一批军人出去。我劈头第一句话问的，就是关于那盟军列车卸车的事情。

"你怎么已经知道了？"他显然很吃惊。

"怎么？二火子告诉我，不是孙稽查在对人家说吗？"

"你听孙稽查在跟谁说？"李站长注视着二火子。

"他老先生，还不是像苍蝇一样在那些客人中间钻！"

李站长把我拉进里面的站长室，一盏电灯在电话机上寂寞地闪着暗黄的光。他把手里的香烟头往地下一摔说，"嘿老孙真是个糊涂蛋！"于是他告诉我，事情确实是有的，只有几个人知道，孙稽查是站长告诉他的。"但是这应该机密点呀，一嚷出去，可又不是头破血流？不过老孙倒不是有心捣蛋的，"他叹了口气，"他就是太抖乱了，这孙猴子！"

我对他的话并没有感到那么严重。自然，机密一点是应该的。但是我最要紧的，却是要把挂三〇七八幺的事情解决了。我直接地向他提出来。

"三〇七八幺？"他眉头紧蹙拢来。"那节难民车么？——我看你还是考虑考虑吧，或者征求征求站长的意见再说……"

我知道，他们都在讨厌那节三〇七八幺。但是我不管，我非得贯彻我的主张不可。我告诉他那节车上的情形，已经死掉好几个人了。李站长笑起来，拍拍我的肩膀说：

“老兄，这个时候你还要讲‘人道’吗？我们自己‘人道’又在哪里呀？你瞧——”他拎起他衬衫的胸口给我看，那里给撕烂了一条，“这差使是人干的吗？所以，识相一点吧，老兄，我看你还是斟酌斟酌，站长说不定有他自己的打算呢。”

他是一个水晶球样的圆滑人物，任何人前面都弄得面面光的。他把几件事情匆匆移交给我，刚要出去，又旋过身来。

“医务所给你送来一瓶药水，搁在架子上，你自己取吧。”

提到药水，我才又记起来。我请他留一下，告诉他孩子的病，吞吐了半天，才把借钱的话说出来。

“你有没有找过站长？”他沉吟了一下说。

“站长那里，我已经把下个月的饷都借了。”

“没有关系，”他忽然神秘地一笑，我脸孔立地红了，“我看站长就巴不得你去开口呢。别说这点数目，万把万也包你成，”他似乎又忽然想到什么主意，“这么吧，你孩子病要紧，你去找站长弄钱吧，这个夜班我替你代下去。”

“不，不，那不成，”我断然地拒绝了他，“但是你刚才的话是什么意思呢？”

“唉，你真是个老实人呀！”他几乎要叫起来，“你难道还看不出吗？孙稽查整天在忙什么——他是站长的外甥呀。”

我突然像给什么刺了一下，心头别别乱跳。这也许正是我性格上的弱点吧，为什么那时我要心跳呢？确实我当时脑子里是闪过这样一个念头：我只要向站长开口，什么问题都解决了——孩子的病可以得救了，家庭的烦恼可以廓清了，生活就可透口气了。自然，这只是一刹那间的念头，李站长已经不见了。我非常烦躁地回到办公桌上来。窗外的黑地里，那张山羊脸正在怯怯地向窗口走过来，他大概看到脸色不大好吧，踌躇了半晌，终于又慢慢挨近到窗口。

“陆，陆站长……”

“快回去吧，别呆在这里，”我急躁地说，“告诉大家不要传开来，否则又要出岔子！”

“喔，喔，喔。”山羊脸连声答应着，毕恭毕敬地退开去。那副诚惶诚恐的样子呵，我闭起眼睛就想得出来，而当时这张脸孔却是把我的心搅得那么沉重。我坐下来处理了几件零星事务，一个军官大踏步喊了进来。

“喂，喂，下班车可以挂节厢子吗？我们处长要加一节紧急的办公车！”他在我面前放下一张极大的官衔名片。

我只得撒谎，告诉他没有接到调度所的命令。他立刻咆哮起来：“怎么没有？你们站上的人说的呀！不行，我们处长明天非得上D城不成，这是紧急的军务，你能负得起责任吗？”

这一类蛮横的态度，我们差不多天天领教惯的。我知道，只有矢口否认才能打发得了。行车室里立刻哄满了一大群人。那军官——大概是副官长之类吧——愈发气势汹汹起来。

“那你替我挂个电话问调度所呀！”他拍着桌子叫。

“这个你不能干涉。”我也强硬起来。

“为什么不能？”他抢过电话筒去。自然调度所是不会接他的。他吼了半天，把话筒一摔，忿然地骂起来：

“你们别想要老子的鬼，待会儿车子到了，要是能挂，看你怎么说?”

“那得听调度所的命令。”

“哼，命令，老子给你这个命令!”他在腰旁的左轮手枪上一拍，发出一声狞笑，出去了。

我知道事情没有想象的那么顺利了。内外都在夹攻。唯一的办法，是赶快跟调度所接上头，车子一到，行车命令立刻发出去，那就听他们打破我头罢。我等众人退光了，立刻抓起电话筒。调度所并没有什么问题，那么事情是决定了。我连忙从桌子上拉过那本空白了几天的行车簿来。

我刚抄上号码，一股风似的，孙稽查冲到我桌子面前，没头没脑地说:

“那节车子配好了吗?”

他真是一个猴子样的人物，那一回侮辱过我的就是他。我一看见他就生气。他凭什么来问我配车呀。

“啊，为什么又是三〇七八幺!”他不等我回答，看见行车簿上的号码，便叫起来，“不，不，……”

“为什么不?”我把簿子一拍，厉声地说。

“那节车子管它做什么?”

“你又管我做什么?”

他看见我强硬，却立刻就软下来，“何必呢，老大哥，一家子人，发什么脾气啊。”他抽出一支香烟，笑嘻嘻地说，“我是站长叫我来的，跟您商量一件事情(他把一颗光油油的脑袋贴到我的耳边来)。他的意思是要你把那节五四八六九七挂出去。那是一节关系重大的车子。”

“是不是刚才那个副官长要的?”

“不,那是不相干的,别理他!”

五四八六九七?我在另外一页单子上找到那号码。“那不是前天才到的吗,而且我记得那是一节货车呀。”

“不,不,那是和某方面有关的要紧车子。人家写了八行书在那里,站长不能不敷衍的,而且——”

“不成!”我没有听下去,站了起来,“调度所已经核准了,不能改动!”

“哎,哎,何必打这官腔?”他退后一步,立刻又逼过来切切嚓嚓地说,“都是自家人,你老大哥要是对三〇七八幺方面有什么不便的话,那绝无问题,站长说过,这无非是彼此帮忙性质。你对那边究竟……?”

“混蛋!”我捺不住地叫起来。我真想劈过一个耳光去。那种狗头狗脑的神气,他把我当作什么东西呵!他也突然变色了。眼睛里霎动着一种绿光,在惨淡的电灯下,简直就是一双狗眼睛,他冷笑了一声说:

“你这是在骂站长,还是骂我?”

“我骂不干不净的人!”

我们就这样顶起来,最后我切断他说:

“请你出去,不要干涉我的工作!”

他愣了一愣,恰在这时,月台上敲起进站点来。我抓起红绿旗,推开他,向站台上奔出去。

火车的声音震栗着黑暗的天空。机车的强烈灯光掠过月台,月台上沸腾起来。每一班车子到站,对于人们都是一种希望。车子刚停下,就有人乱哄哄地在想爬车顶。叫骂和争吵混成一片。我按了车签,疾速奔回行车室,我知道这是一个迫切的时机,赶快把行车命令签好,交一个站役发出去。接着,向下面一站挂出了电话。当我叫着电话的时候,又看见那张诚朴的山羊脸在月台的灯柱底下一隐一现。这时,我的心境是怎样的痛快呀！我觉得自己忽然获得一种从未有过的力量,这种力量把我的一切烦恼都抖掉了。我精神异常地振奋,几乎要向那张山羊脸大声叫出一些什么来,我放下话筒,带着一种报复的狞笑,望着行车室开口,心里叫着:

"现在,你们来吧！来收买我吧！来威胁我吧！用你们的金钱和势力吧！你们以为这一切就是万能的吗?……"

自然,这是不会避免的。十分钟之后,我的办公室被一挺机关枪包围了。一大群穿制服的人声势汹汹地向我叫吵。我无法来描述这吵闹的情形,而且我也不愿。但是我却并不气馁。我告诉他们这是调度所的命令,虽然这些话是毫无效力的。他们暴怒地喊:

"你们卖黑市！舞弊！你敢妨碍军务！你这个什么东西,把名字开下来!"

我也被激怒了。

"你们要枪毙就枪毙吧,你们可绝不能侮辱我的人格。你们凭什么来证明我卖黑市呀!"(我是多么幼稚和愚蠢啊！然而我当时确是理直气壮的。)

"不管他,把机车扣起来,不准开!"

"但是这是盟军的军车呀!"我讥刺地说,"我们能把盟军扣在这儿吗?"

这时,窗口外黑压压地围了一大群惊恐的脸孔。我仍然能在他们中间辨认出那张吓得发白的山羊脸。机车在空中发出凄厉的锐叫，空气显得可怕的紧张。

“爸爸，”我忽然听见一个微弱的声音，我的九岁女儿，睁着一双惊惶的眼睛，挤立在窗外人丛里。

怎么——我吃了一惊，天还没亮，她跑来做什么呀？一种突然的恐怖捉住了我，我的心猛跳起来。

“妈妈叫你回去。”

“什么事？”

“弟弟……！”

“弟弟？……”我头脑立刻混乱起来，“弟弟怎样了？”

我没有听清楚她的回答，连忙转身过来，从架子上拿了那瓶药水，冲出到门口去。

“你想跑！”我背后一声大喝，一只胳膊从我肩上压过来，药水瓶落到地下，打碎了。

我气得浑身乱颤，望着那碎瓶子，一句话说不出来，只听得一声“揍他！”立刻无数的拳头枪柄落在我的身上。我完全昏眩了，现在所能回忆得到的，只是一片狂乱的黑影，在这中间，我仿佛还听到我女儿一声惊怖的叫喊，又是二火子的声音，他把我从人堆里拉出来了。

这时，我看见站长来了。他是一个脸颊肥红、身体魁梧的人。他向那些军官们挥着手说：“没有事，没有事，咱们请到里边谈。”

他又回过脸来对我说：“你回去歇歇吧，你孩子病得很厉害。”

“我行车命令已经发下去了。”我坚持着说。

"可以，可以，没有问题。"他从容地说，"你快回去瞧瞧吧。"

二火子护送着我和我女孩子，沿着月台上奔去，东方已经有点发白了。从后面，那个山羊脸老头子窸窸窣窣在追上来。他似乎想来扶我，又想跟我说些什么。我只听见他嘴里呢呢喃喃地念着："这什么世界……这强盗世界……"

这是我第一次昂起头，走过那节三〇七八幺的旁边。木篷车上的人乱哄哄地在忙着。有的在捆行李，有的在收拾行灶。山羊脸奔过去跟他们说些什么，他们立刻向我迎过来。

我简直窘迫透顶了，他们那样热烈的慰问，那样的颂扬，女人老太婆那种不恰当而又似乎永无穷尽的噜苏，像雨雹一样落到我头上，我几乎像一个羞愧的小学生，匆匆地逃开去，连二火子都忍不住笑起来。

"得啦，得啦，从前少骂几声就够了嘛。"

我匆急地奔进自己的房里。

房里静悄悄地，什么东西都收拾得很整洁，桌子上乱七八糟的杂物都理干净了，恶臭的便盆也拿开了。帐子静静地垂着，一锅稀饭在门边小风炉上噗噗地沸滚，早晨的最初曙光正从窗帘上映进来——那种意外的幽静和整洁几乎叫我吃了一惊。

"烈子怎么了？"我急忙问。

我女人和昨夜也完全不同了，脸色虽然还是苍白，精神却似乎很旺，郁忿的神情也消失了。她站起来平静地说：

"下半夜拉过一次，以后都睡得还好——你怎么，没有受伤吧?”

我没有回答她,看着我女孩子疑惑地说:“那为什么来叫我呀?”

“是我喊她去叫的,”我女人说,“站长说,叫你回来歇歇,怕闹事。”

“站长！站长来过吗?”

“站长没来过,是孙稽查来的,他拿来两万块钱,说是站长送的。”

“什么,两万块!”一个闷棍打落在我脑壳上,我跳了起来。

我的女人声音也变了,“是的,他说你知道的。”她的脸孔突然绷紧了。

我张大嘴巴,木立了半晌,骤然向房子外面狂奔出去。我在一堆枕木旁边,找到了那个发行车命令的站役。他在那里打瞌睡。

“你那命令交出去没有?”我狂暴地摇醒他。

“站长接去了,他说由他去发。”

“他发了没有?”

“我哪知道。”

我又像阵风似的冲回屋子里来,我女儿正在房门口张望,我劈脸一个耳刮子打过去!

“你为什么撒谎?”我暴怒地叫。

女孩子哇地大哭起来,女人铁青着脸拦住了我。

“你发疯了? 为什么打她?”

“你知道那是什么钱?”

“我知道!”

“你知道？”

“唔！”

“你敢拿？”

“我拿了，怎么样？我还出了收条呢。”

呵，我真要发疯了！我完全失去理性了！我猛地向她床头上冲去，我知道她的钱是藏在那里的。女人喊了一声，扑过来，绞住我的手。

“你要做什么，强盗？”

“你拿出来！”

“我已经叫人去买药了。”

“你敢！”

我和她挣扎着。女人咬我的手，用头撞我的胸口，跪倒在床沿前大哭大喊起来：

“强盗呀，你要逼我的命呀……我一生一世用过你几个钱呀？……孩子病得这样……你狠心的强盗呀！……”

啊，啊，什么都昏乱了，床架要倒了，杯子从桌子上滚下来，稀饭锅快泼翻了，床上发着高热的孩子哑的响了一声，惊厥过去了。

唉，唉，请给我一杯凉水吧……那是怎样一种情景呀！我女人披头散发地搂着孩子，喊着孩子的名字，眼睛都直了。“心肝呀，强盗杀人呀！妈跟你一块儿去吧，你良心漆黑的爹，要害死你呀！……”

我毫无所措地互立着，眼泪扑扑的乱翻下来，左右同事的家眷都赶进来了，几乎所有眼睛，都含着一种不能饶恕的责备在看着我，连我九岁女儿也恨毒地瞪着我！在她眼里，我是一个怎样恶毒和卑劣的爸爸呀！一个老女人赶过来替孩子刻人中，另外一个年轻的向我轻蔑地喊：

“你还呆着做什么，还不赶快去找医务所的许大夫！”

我昏眩地从人丛里奔出去，刚走出宿舍的大门，站长魁梧的身体迎着金红的朝阳，从坡下上来了。

我还来不及说出什么，他早堆下满脸笑容，向我招招手叫起来：

“怎么样，老陆，没有打坏吧？孩子的病好些吗？快点去买点药特灵吃吧，药特灵，呃，药特灵……！”

他的话像一串连珠炮似的，我连想瞪他一眼的机会都没有，他早已皮鞋阁阁地走进去了。

我没有法子来描述那两天中间情形，总之，我是完全陷在地狱里了。那笔钱是花了，孩子仍然死了，什么灵，什么片，依旧没有救活他，我的女人自然一口咬定，说是我把他吓死的。其实这样说又何尝不可以呢？孩子死后的那天早晨，我头上发着烧，跟在两个工人背后，送着小棺材到荒山上去。工人们把泥土一锹一锹地往上加，铁锹在小棺材上发出钝浊的声音。我昏昏沉沉地呆立着，没有眼泪，也没有感觉，只看着孩子棺材上的白木一点一点小拢去。忽然，一条长长的黑影，从覆在棺盖的黄泥上慢慢伸展过来，在我脚前停落了，我猛地抬起头来，一个像鬼一样的女人，直立在我面前，啊，这不就是那天晚上跪在水塔边的女人吗？她直着两只枯竭的眼睛，一言不发地凝视着那小小的新坟。早晨的风在她蓬乱的头发上吹拂，忽然，她喉咙里辘辘地响出一阵可怕的怪声，蓦地抬起脸来，向我爆射出一声惨厉狂笑。

我仿佛只记得，一张露着牙齿的青色脸孔在我眼前猛的一旋，我就晕倒在地下了。

这以后的事情，你们大概已经知道了。我的女人（可怜她也快疯了）天天哭吵着，要我送她回娘家。我本来又有什么本领能养活她呢？又怎样能够得到她的谅解呢？我只有拼着把我剩下的东西都卖掉，把她娘儿两个送走了，我的热病从那天晕倒以后，一天一天厉害起来。所有的同事和他们的女眷，都在暗地里向我投掷着鄙夷的嘲骂。我是完全明白的。自然，在他们前面，我是一个无可饶恕的卑劣人物。就尽你们去嘲笑吧！现在只有二火子一个人肯来照料我。我孑然一身地躺在这幽暗的宿舍里，高热和噩梦在轮流咬嚼着我。但是我仍然要把这故事说来，虽然我这故事确是那样的卑微和平凡呵。

现在，天已经黑了，房间里什么都辨认不出来。窗外那些难民的哭声又在起来了。啊，可怕！谁替我把灯捻亮呀。

1945年9月，《文艺杂志》新1卷第3期

# 糖

## 一

今天早上牛当手[①]例外的起得很早，怀着满腔的愉悦，从家里向“益和糖行”走去。六月早晨的微风拂着他的脸，他觉得裹在湖绉长衫里笨重的身体，也似乎比平日特别轻松些。

这却不只是为了昨晚在“蕊香院”斗牌赢了五十几元钱，顶重要的还是前几天粤汇飞涨，“五羊白”和“汕粗白”[②]的来路都停滞了。他行里的几百包存货正可以大大的发一票——至少今年的开支是不用发愁了。

他是一个四十五岁的肥胖的商人，有一个长圆的脑袋，和一个像只水泥桶般的身体。头顶上戴着一顶尖尖的纱小帽，摇着一柄白板扇，像个陀螺般一旋一旋的在这静寂的巷子中走过去。

---

① 当手即经理。——作者自注。

② “五羊白”“汕粗白”皆广东产的白糖。——作者自注。

他一走进那扇花格子门，就听见一阵笑声，行里的朋友[①]刚吃过早饭，在廊檐口高兴地谈闲天，那个杭绍帮的下手[②]李老鸿刚从体育场操完了义务警察的早操回来，身上还穿着那套昨天才做成的黄色军衣，他学着刚才操场那教官的尖喉咙在喊口令，“立——正”“开步——走！”

“吓！李老鸿！认不得了啦，怪神气的！”牛当手翘起一个大拇指向他摇摇，忍不住笑，当他瞧见这个一向拖惯长袍的绍兴先生，忽然打扮得和站岗警察一般的雄赳赳的；他还想诙谐两句，但是立刻想到自己当手的身份，便把话咽回了。

李老鸿，一个二十五六岁的，有张三角脸的瘦削青年，不好意思地向牛当手笑一笑，红着脸回答说：“这套衣服昨天晚上才送来的，工钱账房里已经开发了。”说完话，他摔开他同伴的手，匆匆地向楼上自己的卧室里跑去。

说起这套军衣，是曾使牛当手不快过的，衣服皮鞋连衬衫一共得十二元半，数目虽并不大，但是在平素最恨花了钱捞不回本的牛当手看来，这却是一笔意外的开支，而且这样训练又有什么用处呢。去年不是抽过一回后备队吗，那时候不也是做了一套草绿色的军衣，这回说又要黄的了，黄和草绿色又有什么分别呢，这在牛当手认为都是“花头”。然而今天他的心情却不同了，他觉这区区十二块钱真满不在乎，只要那批粤糖上赚一票，这简直是九牛一毛，而且他觉得中国人也应该自强起来了。永远是这样懦弱下去，总不成啊！

---

① 这里的朋友指的是伙计。——作者自注。

② 杭绍帮下手即做杭绍路生意者的助手。——作者自注。

他得意地踱入办事室里，小司务阿根送上手巾和他平日吸惯的白铜水烟筒来。他吹燃了纸吹，布卢布卢的把“福建净丝”悠闲地吸着。

牛当手喷了一口烟，抬头向壁上的钟一望。短针才指着八点，“唔，今天醒得真早啦……”他想。

后房的门帘一掀，忽然露出一张枯黄的脸，缀着几根黄黑色的鼠须，和一双充满着疑惧与焦灼的眼睛。

“早啊！”那声音有些凄惨。

“吓，老庆，起得好早！”牛当手点一点头，接着突然注意到那张脸上焦灼的神情了。“唔，什么事，老庆？昨天晚上有广东电报吗……”

张老庆似乎没有听见，望着当手的圆胖脸孔期期地说：“你是否已经知道了，老文？”

“什么？”

“昨晚本城到了大批的私货，刚才本街上有人来关照过。”

“私货？”

“是的，”张副手①的脸孔有些惨白，“今天早上‘中砂’‘粗白’‘暗盘’都在跌了，大概还要跌得很厉害吧。”

牛当手的眼球突然扩大了，直直地凝视着张副手的老鼠眼：“跌价吗？”他抑不住声音的颤抖。

这好像一盆凉水，直倒入牛当手的脖子里。栈房里这许多存货这一来可给全毁了啦。而且“五羊白”“汕粗白”上发财的幻梦也像一座塔般在他脑海里倒塌了。纵然几十年老糖业

① 副手即副经理。——作者自注。

的他，这时也不免和一个受惊的孩子般迷惘起来。

张老庆凄惨的面容在他眼前晃动，张老庆的背后是那些和他脸孔一般阴沉的中国式旧木器，再过去，他照见一面水板，似乎是一张苍白的脸在向他狞笑，那水板上疏疏落落的题着糖的价格——那还是昨天下午，他带着胜利的骄傲亲自题上的。

"完了！"他心坎底里发出一个绝望的呼声，可是没有叫出来，他只是呆想着，没理睬那位忠厚的副手，直到那纸吹快烧到他手指了，才惊觉过来。

张老庆恭敬地递过另一支纸吹去，一面依旧可怜地说：

"跌价还在其次，恐怕这一来交易都会没有呢，眼见得今年市面又要被它闹摊，唉！这个世界……"

"说什么呢！终是中国人不争气，太懦弱了！"牛当手的情绪突然愤激起来，"为什么我们能让私货公开进来呢！我们每年拿钱养兵在干什么的？真是天知道。尤其这些奸商先该杀！"

他把帽子向算盘上一掷，很显出一些英雄气概，李老鸿刚才那全副武装的雄赳赳姿势，像闪电般掠过他的脑海。

"不过——唉，我们终是吃生意饭的，"张老庆喃喃地说，"洋关上大英人还吃不落呢，何况你我，现在我们究竟得想个办法啊。"

张老庆凄惨而失望的声音把牛当手刚像一个水泡般起来的"爱国热情"又抑下去了。他知道这时候应该运用理智，而不是情感。他皱了皱眉头，肥胖的面颊上神经地搐动一下，接着布卢布卢地吹了一口烟，向张老庆问：

“究竟是谁在经手这笔买卖的,你可知道?”

“来路当然是上海啰,可是本城,是谁在经着手,却不晓得,听说秘密得很呢。”

张老庆摇头晃脑的再三叹息于“世界不好”,“人心改变”,牛当手轻轻地咳了一下,不作声,捧着水烟筒在室内来回地踱着“八字脚”,水烟筒布卢布卢的叫,白腾腾的烟雾弥漫了整个阴沉的屋子,张老庆的小眼睛跟着他水泥桶般的身体转,似乎是在向这个深有才智的圆脑袋乞求着“办法”。

对面账房里算盘珠像秋夜里的骤雨般疾响着。黄梅时节阴沉的天空中压着灰白色的云块,仿佛有一种不祥的灾祸要向这院子里降落下来似的。

“怎么昨天几个客人这时还不来呢?”张副手的心里在开始发愁了。

两个钟头以后,消息已经叫遍本街上了,似乎有一个无形的恶魔,把每个吃“糖行饭”的人的心绪都搅得纷乱。虽然有几个客人来上行,可是任凭张老庆怎样迁就、解释和讲交情,他们始终是狡猾地犹豫着,他们会捏造出许多理由,如说价钱太高,销路不好,或是银根困难等来作种种刁难。纵然是忠厚的张老庆也能看得出他们的恶毒作用,是非要逼得糖行方面把价格跌到血本以下不可。但是无论如何他却仍然一百二十分的容忍着。

电话的铃响了。

“当手先生听电话!”

“喂……是的,我是老文……嗯……嗯……对,我们非积极制裁不可……这些奸商绝对不能宽容……对,对……要严厉查缉，尤其对胆敢替奸商推销的客户，不能不给他们一些颜色……是……是……我准来……”

牛当手把嗓子提得特别高，尤其最后两句，差不多行里每个人都能听到。客人的脸孔上显然有些在作怪，张老庆觉得牛当手太过分了，这样也许会把客人赶跑的。

“牛先生真爱国哪！”有位客人半讥讽地在说。

“糖业公会下午要开会，”牛当手向张副手说，脸抬得高高的，“我现在要先去筹划一下，公会一定得显些颜色来瞧瞧！”

他语气很坚定，似乎有种新的计划在他脑子里盘旋。他向客人们傲然地投了示威的一瞥，戴上帽子，淡淡地招呼一声，又摇着他矮胖的身体，一旋一旋似的向院子里出去了。

当他经过账房的窗口时，牛当手听见李老鸿带绍兴土音的小鸡喉咙在叫：

“娘东脔屄！格淘奸商这个时还要来捣乱，真该枪毙！”

“这小子！”牛当手微微地耸一耸肩膀，出去了。

## 二

情势一天一天的恶劣起来。新的私货不断地涌到，糖行街交易减少了二分之一。暗盘和明盘都继续地跌，广东糖价格也回了。报纸上用大号字排着惊人的消息，新闻记者出现于糖行街上……听说奸商背后还有撑腰的人呢。

第二天下午，牛当手又旋了旋似的走进行来，两位外勤记者在客间内等他。大家都知道牛当手是这会抵制私糖运动的中坚分子，这两天“公安局”“县政府”和“关署”里都有他的踪迹，是个现代的热心爱国商人。

“请坐啊……对不起，久候了，来呀！把我的雪茄烟来敬客呀！……啊！请坐，请坐……这样大热的天……”牛当手一进门就呵腰，十分殷勤地招待两位。

“可不是，新闻界和我们应该多联络联络才对，这是国难当头的非常时期，是国民都应该团结一致的，是不是呢，您两位说！哈哈哈……”不等记者的发问，牛当手先滔滔地大谈起来，两边面颊上的肥肉，随着他说话一抖一抖的颤动着。

“牛先生是商界的模范，我们是久仰的了。”戴白金边眼镜的外勤记者，跷一跷大拇指称赞他说，“现在贵业公会对私货究竟采用如何的实际制裁办法啊？”

“是啊，不错，”牛当手把白板扇向膝盖上一拍骄傲地说：“我正要告诉两位，刚才鄙人在公会上提了一个草案，主张和‘公安局’‘海关’方面合作进行，一方面由敝公会向接受私货的商人，作经济的抵制和道德的制裁，一方面由‘公安局’和缉私大队加紧查缉私货进口，这样双方并进，正本清源，唔，我想——我们是能挽回利权的。”

“佩服得很！佩服得很！……”穿西装的记者喃喃地说，把牛当手的话记录下来，“……那么，现在糖价步步惨跌，贵业公会可有什么办法吗？”

“唔，这个同业公会应该维持市价的，现在糖价的跌落是由少数不明事理的行家，只顾自身利益在放盘，您两位最明鉴，敝行就是绝对服从公会的盘子的，您不相信我可以把账簿给两位看……唔唔……”

“不敢，不敢，”白金边眼镜不住地簸着脑袋说，“如果中国商人都像您尊驾，我们还怕走私吗？敝报一定得替足下鼓吹一番，唉，表扬表扬。”

“不敢不敢，”牛当手也对着他簸脑袋，眼睛眯成了一条缝，“这是国民的天职啊！唔唔！……请用茶，用茶！”

谈话继续下去。窗外廊檐下拥着几张好奇的脸，在偷听这两位不易光降的客人和当手先生的宏论，牛当手一眼望过去，瞧见一张三角脸上正浮着一副讥讽的冷笑。

“嗯，这小子……”

躲在后房里的张副手，这时却憋着一肚子的闷气，把一面算盘无聊地拨着，他是听不惯这些“新派人”的谈话的，那简直使他头痛。而且，他觉得牛当手也有些变了。这简直在发疯。两天以来，他就像一只没头苍蝇般替人家在忙碌。自己行里的事一些也不想，也不拿个主意。尤其是不知从哪时起也学上这一些新派的“花头”，什么“国民天职”呀，“制裁”呀，又不去做官，学这些“新派话”做什么！于是他悚然地感到世界真变了，像牛当手这样一个生意人，也染上这些青年人的恶习，将来这大势会弄得如何结局呢？

“你虽是位副手，可是我们却相信你老诚本分，行里的总章程还得你老人家拿啊。”他记起大正月里股东们对他再三郑重的叮嘱，而现在大势是这样的坏下去，将来如何向股东交代啊，那牛当手洪亮的、泰然的声音从前房里传过来，使他愈加感到浑身不安，似乎八年来住惯了的这间房间里的空气，也有些异样了。

当牛当手送客回来，张副手已经在“密室”里的烟铺上躺着了。牛当手踌躇满志地踱进来，把长衫宽去，向张副手的对面横躺下来，叹了一口长气。

“真是，这几天睡觉都没好睡，弄这些意外的事情，老庆，替我弄一口抽抽。”

张老庆满心的委屈和不平，脸上却不敢摆出来。他默默地烧了一口烟递给他，这沉默大概算是他的抗议了。

牛当手抽了一筒烟，又喝了一口茶，仰着脖子沉思一会，才转过脸来。

“老庆，我们庄上还有六千银子文单，是吗？这个月不要解客款吧。”

“是的，可是……”

“唔，”牛当手打断他的话头，“你可知道，老庆，这票私货是谁在弄？”

“谁？”老庆突然惊讶地望了他一眼。

“哼，真好家伙，你晓得小狐狸吗？是他的手脚呢，我跑了两天可终究给打听出来了！”

“小狐狸？可是那庄信甫，那从前开东洋字号的？啊，是了，是了，他还是李老鸿的娘舅呢！”

“可不是他，哼，秘密得很呢，连他外甥都不知道。”牛当手从鼻子里笑了一声，“那小子还口口声声在叫枪毙奸商呢，枪毙他的娘舅！这小子！”

“那你们准备怎样对付他？”张老庆焦虑地问，他是素来知道牛当手有一副“辣手”不肯饶人的。

“那你说怎么办？老庆，”牛当手故意狡猾地反问，眨一眨眼睛，在烟铺上坐起来；一壁脱去袜，挖着他的脚缝。张副手咧开嘴巴，迷惘地望着他：“怎么办？”

“对付他？我可没那么傻，他背后还有垫腰的呢！”牛当手神秘地笑了一笑，“你不是说李老鸿是他的外甥吗？……”

“唔，怎样？”

“你去替老鸿说，叫他舅舅不要做得太狠了，替我们也弄七八十包来！”

张副手吓了一跳，把烟枪突然从嘴里拔出来，“这……这成吗？”

牛当手又从鼻子里哼了一声：“干吗不成，谁叫他独口儿吞呢，告诉他：他的身家性命全在我牛某手里呢！”

“嗯……嗯……”张老庆闭着眼睛点点头，又摇了两摇，沉吟一下，“可是——可是这事很危险呢，你刚才外面说的……”

牛当手仰着头发出一声轻蔑的笑声：“老庆，不是我做老弟的说句放肆话，你老哥讲到守成是绰绰有余，可是应付这个潮流却不免太忠厚一些。这个是人吃人的时代，我要不是这么做作一番，小狐狸能忌我吗？而且同业公会的查私，先要经过我的手，我莫非去检查自己不成？”

“嗯，嗯，嗯，”张副手这才恍然大悟了，他不住地把脑袋打着圈儿，仿佛一个教师在称赞他得意门生的文章，“这真该大圈而特圈，刚才可是错怪了他！”他心里暗暗地惭愧着。

“不过——”牛当手的脸又忽然严肃起来，“这事情得十分秘密。一来，不能由行出面，二来，货色也不能直接上本栈，须得另租房子，货款现货照付不必说，但是中间要有一个人转手。这事就托付你老哥向老鸿去接洽一下吧。”

“是，是，是。”张老庆已经佩服得五体投地了。

“还有——”牛当手依旧在沉吟，“你看李老鸿会怎么说？”

“这有什么话说?”张老庆义愤填膺地拍拍床沿说,“当手吃股东的饭,伙计吃当手的饭,又不是当手一个人的事,这有什么说得的!”

牛当手笑了一笑,觉得张老庆的“古板”着实有些程度,“话是不错,不过现在潮流不同了,青年人多半有些傻想,我看这小子未必容易说话呢。你这样对他说好了:事成之后,对他的好处,我做当手的自然不亏负他,我牛某人向来不做‘过河拆桥’的事的!”

说到最后一句,牛当手的喉咙突然洪亮起来,他整一整帽子站起来,“好,这事就托付你老哥吧,我晚上回来听你信。”

张老庆躺在烟铺上,看看牛当手矮胖的身体摇摇摆摆地从房门口消失了,暗暗地佩服他的手段和才干。

## 三

“嗯!我知道,张老庆刚才已经同我说过了。”牛当手带着一些忍耐,抹抹他圆胖的脸孔,斜靠在烟铺上说,“不过——唔——这件事可并不是我牛某人想好处,这一点你得明白,我不过上承股东们的付托,下为众朋友生计着想;总不能眼巴巴看着这爿行被拖倒,弄得好呢,大家都‘欢喜相’,弄得倒灶呢,大家都有利害关系,唉,您说对不对呢,老庆。”

“对,对,当手的话是再理平气和不过的,我们爱国固然要爱,但是行里的大局也要顾到的。”躺在烟盘那首的张老庆算是在“打对锣”。

烟铺对面的椅子上,坐着三角脸的李老鸿,默默地望着地板，感到一些微微的局促，他低声地咳嗽了一声，没有说话，屋子里充满了鸦片的芬芳。

“讲到爱国，我自然赞成，你们青年人应有这种气概的。就是我牛某人爱国也何尝后人，不过我们不能仅靠血气之勇去做事，应该斟情说话，譬如这私货已经到中国来了，无论如何也不能再退回到东洋去，这反正不是一样吗？你记得前几年闹封存×货，闹得满天星斗，后来不依旧打开来拍卖吗？总之，‘识时务者为俊杰’，古人这句话是颠扑不破的。”

李老鸿微微把眼皮一抬，期期艾艾地回答说：“话是不错的，不过——不过我觉得这事恐怕有些不妥，万一——弄穿了，我们固然对不住自己人格，而且此后也难以见人，今天下午当手不是说过——”

“那是另一问题，”牛当手连忙打断他，怕他会说出刺心的话来，“现在我们且谈本行的事吧。”

李老鸿不响了，把手支着他三角形的下巴，凝望着地板，他一肚子里对牛当手充满鄙屑和愤怒，可是不知道有种什么力量把他压迫着似的，他刚才对张副手的那种滔滔雄辩完全发挥不出来了。当手的眼睛锐利地在望着他，他明知当手的理是屈的，但是不知为什么，他终不敢去接触这种眼光，好一会，他才插出一句话来：“那么——或者——托另一位去转手吧。”

牛当手从烟铺上坐起来，把身体向前屈了一些，做很诚挚的样子说：“老鸿，这种事情我能轻易去信任人家吗？今晚我做老哥的跟你谈的全是心腹之言，你在这里也快三年了，我们都是手足一样，莫非你还对我有什么怀疑吗？”

“那呒有的事，有哪格敢——”

“那么——”牛当手逼紧了一步，“你替我设个法吧，现在盘子是这样在狂跌，行里的存货比谁家都多，你都知道的，你能想得出更好的办法，我当然依你。能不走这条路，我何必定要这样干呢！唔？——”

李老鸿愈加昏乱起来了，神经般地搓搓他的手背，回答勿出。

“所以啰，这叫莫可奈何的事啊，事情弄得不好，上至股东下至众朋友都要责难于我，我怎能不着急呢？这是第一层。再说第二层呢，这番私货是令舅做的手脚，祸根都是他，不能错怪别人。你们纵然意见不合，但终究是骨肉至亲，你想，此事如果各行家给他硬生生逼倒，人家岂肯干休？那时对令舅恐甚不便，你做外甥的固然没面子，而令堂太太又将怎样地难过啊！所以，你不要以为我牛某人是贪一时之利，我一半也为你们李府上着想呢！”

“……”三角脸愈沉愈低了。

“再说第三层，这是关系你本身的利害。你想，假使你令舅一出事，你做外甥是吃糖行饭的，纵然你是清白无私，外人就先要疑惑你，你能堵得住人家的口吗？那有娘舅不信托自己嫡亲外甥，反去信托外人呢？这一点你得考虑一下！”

牛当手把头一撇，渐渐地逼紧来：“而且，万一到这地步，本行为了洗刷自己名誉起见，也只得要——”牛当手说到这里脸孔一板，突然把话咽住了。

李老鸿吓了一跳，牛当手的下文分明是“另请高就！”这怎能够？这个年头儿还能失业吗？

但是，牛当手严重的脸色，又立刻温和起来，他捧起水烟筒布卢布卢地吹了一口，又接下去说："老鸿，我们几年来总算是兄弟一样啰，你的情况我知道得很详细，一家四口究竟非易啊，这番事成之后，我难道还会亏负于你吗？我生平说一不二的；这一点你老弟终还相信得过我，唉，是不是呢？"

李老鸿已经窘迫得坐立不安了。牛当手两只有力的眼睛在直逼着他，似乎刺着他每一根神经。这眼光里包含着恫吓、诱惑与恳求，李老鸿分明看得出，但是他不能抵抗，他觉得自己连气都透不过来似的。

牛当手也分明看出了李老鸿这种神情，他觉得已经八成儿有把握了。他向张老庆暗暗交换一个理会的微笑，站起身来，向门口叫："来呀，阿根，到'张万兴'去叫三客鸡肉馄饨来。"

"两客有了，我不饿，阿根，两客够哉。"李老鸿慌忙地摇摇手叫，"我不饿！我不饿！"

"别这样，老鸿，大家像自己人才好说话呢！"牛当手泰然地说，捧着水烟筒在室内来回踱了两转，渐渐地向门外走去，他知道在这种场合，这最后一篑的大功是需要张副手去完成的。

当他在甬道上徘徊了一下，再回到室内时，李老鸿和张老庆已经面对面地躺在烟铺上，唧唧哝哝地谈着，室内紧张的空气显然已经消失了。张老庆向牛掷了一个胜利的暗示。同时李老鸿的脸上泛起一层浅浅的红晕。

"真快啊，已经十点钟了。"牛当手装作没有瞧见地说，看着阿根把馄饨送进来。

"刚才老鸿已经答应了……"张老庆慢慢地说,从烟铺上坐起来。

"好,吃了点心再说,来,来,老鸿。"牛当手的兴趣似乎完全移到馄饨上去了。三个人围着桌子坐下来。李老鸿依旧有些局促,这是第一遭呢,他和当手先生一起吃点心。

"'张万兴'的馄饨真不错,牌子也该做出了。"牛当手一壁吃,一壁竭力赞美这馄饨,于是再从馄饨拉到酒席,再拉到"蕊香院"的碰和,话题愈拉愈远了。

抹过脸,每个人悠闲地燃上一支香烟,李老鸿也似乎释去了一个重负,态度自然得多了。牛当手这才把他拉到烟铺上,唧哝了半天,最后他站了起来,像老前辈般拍拍李老鸿的肩膀说:"这事总还是你兄弟辛苦一下,愈迅速愈机密愈好,一切我自然有数!"

"但是,唔……"张老庆这时却忽然踌躇起来,"我们也得顾虑一下啊,万一事情……"

牛当手急急地向他丢了一个眼色,一壁向李老鸿堆下满脸的笑说:"好吧,一切有我,我们明天再谈吧。"

## 四

下一天早晨,报纸上已经用大号字刊出:

糖业公会积极抵制走私

——委员牛文甫提出有效计划

牛当手兴冲冲地从家里向行里走去，水泥桶般的身体一旋一旋地摇过糖行街。当他走近花格子门的时候，李老鸿刚操毕了早操回来。他望了望牛当手，再看看自己身上的黄色军装，三角脸上浮出了一层不自然的苦笑。

六月十六日稿

1936 年 8 月，《现实文学》第一卷第二期

# 车　站　前

列车停住了，在月台上投下一条巨龙的黑影；机车的鼻子里像垂死的巨人般喘着气。大群的人从列车的肚子里吐出来又被吞进去。白色的衣服和帽子的攒动，和红绿旗的挥舞，在六月的阳光中，反射着强烈彩色。人的喧嚷，机车烟囱顶上的白烟，站台上的灰土，交织着白热的阳光，更显出这是一个炎热的六月下午。

一个穿白制服的矮小站员，挟着两幅红绿旗和一本巨大册子，靠着列车尾部，在许多像红头苍蝇般的站役中间，穿来穿去，用尖锐的声音叫：

"天津来的E一四七八号本站卸车！"

一辆小机车格拉拉地从铁路那端驰过来，把最末一节货车拖走了，绿旗不住地挥，号笛啹啹地叫；最后小机车锐叫了一声，把那一节铁篷车推入另一条轨道里，靠着第二号月台停下来。

面着第二号月台，货栈的门像一个巨人的嘴巴般大大地张开。货栈旁边一道栅门这时打开了，一大群污秽的汗臭的人们，像是牢狱里释放的囚犯般冲进月台来。每个人背心上号着一个白色的圆圈，肩着麻绳和杠棍，乱哄哄地争先夺后地挤着，笑着，咒骂着。

李二侉子横着两条紫铜色的大膀子往前挤过去，污旧的大草帽下，黑紫色的脸皮上，浮着一层满意的狞笑，“奶奶的！今儿这许多货还不够你抬吗！我说，刘五，咱们回头上张家铺喝白干去，今儿肚子可不用发愁啦！”

真的今天的货格外多，货车里叠得那么紧，好像罐头里的沙丁鱼一般。这些打大包的是白糖，这些装箱的是人造丝，那些又是卷烟。凭他几年来当脚班的经验，李二侉子全认得出。“奶奶的，这府里的人胃口可真不小，隔上几天又是这么一大批，只是挨不着俺李二受用罢了。”

他和他的伙伴刘五亥育杭育地把这些货物，一箱一箱往货栈里抬，臭汗和灰土混合起来，向脸上身上直淌。他前额上扎着一条草绳，阻汗流到眼睛里去。紫铜色的肌肉在太阳底下一闪一闪地发着污秽的油光。货栈门口，一张小桌子后面坐着一个穿白色短衫的人，每一回当他们抬过他前面时，李二侉子便在地下投下一枚竹筹，回头又向另一个人去取一条。这每一条竹筹可得五分钱，李二侉子和刘五各分得一半。

列车锐鸣了一声又往前开走；第一号月台上的人们，像给一阵飓风吹过般地全消失了。可是这一面月台上，汗臭的人群依旧像穿阵似的来回急走着，在六月的空气回荡着亥育亥的劳动合唱。

篷车里的空面积渐渐扩大了，货物的小山被移到阴沉的货栈里；在汗臭的空气中，混合着各种货物的奇怪气味。

“吓！那是怎么一回事？”当他最后一回从货栈里出来，李二挥着他的大草帽，一手提着那湿淋淋的背心襟子，向那旁吃惊地望过去。从站房到货栈中间的广场上出现了一群奇异的群众，有的肩上掮着木棍，手臂上绕着白布，脸上浮着狰狞的恶笑，乱哄哄地挤动着，市内的人们远远地围在广场的四周看，切切地议论着。他们紧张的脸孔和愤怒的声音似乎预示着一种可怖的灾难立刻要向这车站四周落下来。

一个矮壮的小胡子，穿着反领的衬衫，像只野狼般在人丛里乱跳，向着一个穿白制服的官员——李二侉子叫他假洋鬼子的——指手画脚地在咆哮，那官员——不，假洋鬼子——脸色惨白地在喃喃地回答些什么，一壁拭着他额角上的汗珠，他显然有些“吃瘪”了。

“怎么一回事？”李二气吁吁地又问一遍，给这紧张的空气所捉住了，刘五向他翻了一个白眼，“鬼知道，不关咱们的事。”这一群人里没有人听得出他们在说什么，也没有人知道是怎么一回事，只是伸着脑袋惊愕地望着。

“不管！”那小胡子的声音突然像一颗炸弹爆裂开来，白衣服的官员倒退了一步，后面看热闹的也随着退立一步，木棍的林子在摆动了，林子下一群野兽的笑。

这一群人向货栈的门涌进去了，白衣服的官员沮丧地在后面跟着，市民们也跟了过来，路警在阻止他们。

“喂！朋友，到底是什么事呀？”李二侉子暴躁地向走过他的人们问，第一个对他耸了耸肩膀，没有回答，第二个对他眨了个白眼，第三个是学生才告诉他。

“怎么？××人？私货？请再说得明白一些呀，先生。”

那学生气忿忿地对他说了二大套，可是李二侉子能听得懂的，还是这两句“××人”、“私货”。

可是它的意义已经够李二侉子明白了。三年以前，李二侉子是流浪在关外的。什么哈尔滨、佳木斯、吉林、公主岭他全到过。可是那一回不知道为了什么（李二自己也不明白）他们把他丢进吉林的黑牢里，关上六个月，才讨了饭回来。“奶奶的，老子做梦也不会忘记它。”

“唉！那些可不是我们中国人吗？她妈妈的。”刘五指着那些挤在货栈门口捐木棍的人们说。

“可不是！他奶奶的，没良心的杂种！”李二侉子的怒焰猛燃起来。浓粗的眉毛下深沉的眼睛里闪着凶暴的光。他把草帽一挥暴怒地，“喂，伙计们！”

“干吗？你发疯吗？”他旁边一个穿黄色制服的路警在他汗腻腻的肩膀上一推，向他狞笑了一下子，“这个时候得留神些哪，别胡嚷！老乡。”

“奶奶的……”李二侉子咕噜了一阵，叉着膊子直望着。

灰黑色的人流又喧嚷地从货栈里涌出来了，假洋鬼子的白制服在黑压压的人群里显得特别的醒目，他低着头一声不发地走了。突然的小胡子出现在他们的前面。

“喂！野鸡！野鸡！来搬货。到后大街每回三毛！喂！三毛钱哪！”

李二回转身想跑，他瞧见一群愤怒的脸孔在望着，突然一只手把他捉住了。

“喂，三毛钱！干不干！三毛钱！”

“有种的不赚你这种臭钱！放开你的鬼手！”

“你不干吗？瞧！干不干？”

一把小刀子突然在六月的阳光中闪着。

“伙计们!”李二愤怒得窒息地吼起来。

一根木棍从李二侉子的后脑上敲下去,金星从他眼睛前迸飞起来。货栈,马路,电杆木头,黄衣服的警察,一律野兽的脸,又一群愤怒的脸从他面前舞旋过去。他听见自己一声狂叫,倒下了。

六月的太阳在天空中吐着暴烈的火焰。

1936年8月2日《申报·每周增刊》第1卷第30期

# 银　弟

这是十一年前的一天。

下午，我和老刘代表本校学生去慰问顾正红家属。从北四川路底到小沙渡，足足有十五六里地。我们一路用腿走去——那时没有人敢坐电车，人力车又正在涨价。我们走得很累，满身的臭汗和街上飞起的尘土黏了起来，怪难过地贴着背上的衣服，草帽沉重地在头上压着，每一呼吸都感觉十分不舒服。

天气非常蒸郁，无力的太阳从沉重的、灰白的云块里渗出来。空气里充满了小蒸气，似乎一阵雷雨快下来了，六月午后街上的喧嚣，像是一阵蜜蜂嗡嗡地在叫，给人们一种思睡的感觉，没有乘客的电车叮当地在马路中央疾驰着。

地址很难找，一排排像兵营般的平房，矗立在荒地交叉的污水沟中间，污秽而奇臭，门牌几乎昏黝得不能辨认。当我们跨过许多垃圾和绿黑色的污水潴时，那上面成群的红头苍蝇嗡的一声像炸弹般飞散开来。我们又穿过晾在门前的被单和衣服的帷幕，水珠直滴入我们的脖子里。什么地方婴孩在啼哭，夹着母亲愤愤的咒骂，苍蝇嗡嗡地在我们头上飞，在这沉闷的六月空气中，令人感到异样的不快。

我们找到那一家，屋子里是空的。我们问了一会，一个中年的，赤膊的工人从旁边一家走出来，用异样的眼光望着我们。我们把来意说明了，又告诉他们有些捐款要交给顾氏的家属。

“他们怕巡捕房麻烦，已经不在这儿住了。”

“怎么办呢?”我们茫然地踌躇了一会。

“你可知道他们的地址?”我问。

“我不知道，你们的捐款或者交给工会转去吧，即就在隔壁一条马路。”那中年工人热心地说，向顺手方向指过去。

老刘挥挥草帽，不耐烦地说:“我们回去吧。”

我却被一种好奇心鼓动了，我知道有一个同学在纱厂工厂会里做事，却不知道在哪里。我很有兴趣想看看当时的新兴工人运动和工人生活。于是我说:“我们可以去得吗?”

那工人向我打量一下，“好，我陪你去吧。”他犹豫一会说。

老刘有事先走了。我带着十块钱捐款和那工人转一个弯，向另一排平房走去。这是一排新建的平房，似乎住着很少的人，地方也比较清洁一些，右边靠着田野，前面是条荒僻的马路。那工人从后门进去，一会儿门再打开，我的同学老杨出现在门道上。

“哈喽!”老杨很高兴地笑着说，“你怎么找到这儿来了?你来的刚好……”

老杨是个心理学系的学生，一个热心的民族运动者。五四惨案发生以后，他很努力在参加社会运动。他是一个高高儿的，强健的，二十六七岁的青年，一件褪色的竹布大衫，裹着污皱的 ABC 内衫。香港布的西装裤直盖着一双破烂的皮鞋。

丛乱的头发上压着一顶廉价的鸭舌帽——这几乎是当时一种典型的装束，他操着一口夹湖南土音的国语，和我握握手说：

“你来得正好，我有事情要到别处去。有一张报，明天要出版，我莫得工夫编。我正想去找一个人来，你来的正好。”

“我不能编吧。”我疑惑地说。

“不要紧，不要紧！”他不由分说地把我拖进去。“是张很通俗的报，很快就可编好的。”

室内很昏暗，一道微弱的，灰白的阳光从挂着窗帷的窗子里映进来。虽然离天黑还有两个小时，角落里已经黑暗了，室内没有什么布置，上面一张没有蚊帐的板床，铺着一张草席。靠窗一张方桌，堆着许多文件。对面靠壁又是一张半桌，放着一架油刷机，一张茶几上是煤油灯和打汽炉；地板上，杂乱地堆放着什么纸张，报纸，菜篮，油瓶这些东西。屋子里的空气异常恶劣，墙壁上发出霉湿的气味，几张孙中山先生和外国人的照片，零落地钉在汽炉上面幽暗的壁上。

方桌的一面坐着一个细长而苍白的青年，骨骼很清楚地凸出在他过大的衬衫里面；颈项很长，似乎是一个有肺病的人。他正在写蜡纸，笔沙沙地在钢板上划动。一个强健的，活泼的女工绕着屋子，一面顽跳，一面在唱歌。见我们进去，歌声停止了，睁着一对稚气的大眼睛直望着我。

老杨把我给他们介绍了，叫我在那瘦子对面坐下来。我们把一切交代了。于是他把鸭舌帽向后一推，对那女郎说：

“银弟，今晚把那五百张全印起来，明天一早要送出去，别忘了。”

“你什么时候回来？”我焦灼地问，“我不能等得太迟了。”

“你回来吃饭吧。”银弟在地板上顽皮地蹦了一蹦说：“我今晚要烧锅很好吃的开阳面呢。”

“我准回来，今晚还要把报送出去付印，可是别再把面烧糊了吓！”老杨对她眏眏眼出去了。

银弟仰着头大笑起来。

银弟是个二十岁左右，很壮盛，很有活力，像只野猫一般可爱的女子。有一双玫瑰色的面颊，和一头乌油油的黑发，梳成一条辫子。她穿着一件银红色的麻纱短衫，生命的热力在她丰满的处女的乳房里燃烧着。她的生命太丰饶了，她跳着，笑谑着，唱着，似乎一刻也不能安静。美丽的睫毛下一对碧波般的眼睛里闪着青春热情的火焰，她说着一口很好听的苏州话，夹着一些拙劣的国语；在这沉闷的空气里，像是一只嘹亮的百灵。

她是管理油印机的，她在等待那瘦子的蜡纸。她似乎很不耐烦，不时地冲着那瘦子叫：

“喂！油条！快一些哪！”

那瘦子的身材，正好像一根油条，我不知道可是银弟替他起的这一个刁钻的绰号，我忍不住笑了。

油条向银弟拙笨地瞅一眼，脸红了。银弟摇着身体狂笑起来。

“张先生，你可知道这位油条还有一个爱人叫大饼呢——喂，油条，今天大饼来过没有？”

钢丫沙沙地在纸上划着，银弟用美丽的声音在唱歌，室内更加热闹了，钝重的雷声，隆隆地在远处乌云背后怒鸣，我们把衬衫都脱了。油条瘦骨巉巉的身体上，只吊着一件宽落落的汗背心，在这阴沉的室内，更显得肌肉苍白。银弟的鼻尖上挂着许多汗珠，我仿佛闻到她壮盛的，从身体上发出来魅人的少女气息。

一会儿以后，我和她已经很厮熟了。她告诉我五四那天她的经过：“我那天逃入一家钟表店里，子弹嗤嗤地在我们头上飞，那钟表店老板还要赶我们出去，这老奴才！”她撇了撇嘴唇。

“你那天也在那里吗？”她又向我问起来。我脸上一阵红，挣出一句谎话来：“我那天刚有别的事情，没有去。”我在喉咙底里说。

“你们学生子有许多胆子很小……”她傲然地对我说：“但是也有很勇敢的。”她又加了一句。

她和我说了许多情事，又望望我的稿子，“这地方不好，我们看不懂。”她有时指着某一段断然地说，“看不懂，不好！”

她又向那瘦子打趣，他老是喃喃地用听不清楚的南方国语回答着。

黄昏时候，一阵倾盆的大雷雨倒下来，雷声的怒吼和雨的奔腾像千军万马在天空里疾驰着，似乎这城市在醒来了，每根柱子都在震撼；玻璃窗猛烈地颤栗着。

我焦灼起来了，怕不能回校去。

天快黑的时候，老杨回来了，浑身湿得像只落汤鸡。他一壁诅咒，一壁把衣服全剥掉，只剩得一条短裤，像原始野人般坐在床沿上，撕着湿潮潮的头发说：“晚上出来还莫得衣装呢，他妈的！”

银弟望着他尽笑。

吃过了面，点上煤油灯，银弟打盆水到灶披间里来擦身。她把衣服掩了窗上的玻璃，瘦子像只猴子般在外边谑浪地叫，苍白的肌肉和两个像鸭翅膀般的背骨在宽落落的汗背心里摇动着。

一会儿，她出来了，换上一件白色的短衫，头发洗过了，松松地披在脑后，颈项上的纽子没有扣上，露出洁白的、诱人的脖子。她娇笑地向瘦子啐了一口，回过头来不好意思地向我笑了一笑。

雨略略小些。我拿起帽子打算同杨一起走了。

“别走！张先生！”银弟叉着腰，直直地凝视着我，热情的眼睛里射出了一股有魔力的光，把我吸住了，“你应该替我们多做一些工作，你来帮助我印这些东西。”她又像恳求又像命令似的对我说。我觉得有些惭愧。壁上的一些相片似乎在讥笑我。

我把帽子慢慢地放了下来，老杨向我挤挤眼，他拿了原稿独自出去了。他穿了我的长衫去的；我想等他来了再走。银弟招呼我过去，于是我们便在油印机上工作起来。我和她站得很正，她脖子上发出来的肥皂和少女肌肉的气味像是一股电气般触着我。

我拿着滚筒一张张地印，银弟把印好的取出来叠在一起，一壁像只喜鹊般向我喋喋地说话。煤油灯暗红的光，映着她像玫瑰般的一双红颊。

她是苏州一个农民的女儿，略微受过一些教育。她的父亲很不好，把她的姐姐卖给人家当姨太太了，她因此跑出来，在一家日本纱厂里做工，已经三年了。

她很大方地把她的身世告诉我，完全洗脱了少女的羞怯；她似乎很喜欢我，我这样想。我从来没有接触过这样的女性。

“厂里做生活很苦啊！”她说，“我初来时简直受不了，吓，譬如屋子里就闷得要死，不过车间里至少还要比我们那里闷上几倍。我们一天到夜站在隆隆叫的机器前面，连说话都听不见，喔！还有那么火温——嗳嗳，你们是不会懂得这个的……”她的话突然停了一下，好像一只正在唱着美丽歌曲的小鸟儿，猛地从屋子里飞了开去。

“你赚几多钱一天？”我兴奋地瞥了她一眼。

“我刚来时候只有三角不到，现有四角了，房饭钱差不多要一半。”

我们渐渐地谈到各方面，我很惊奇她知道那许多事情，那在我们教室里从不会读过的。

将近十点钟，老杨回来，他很疲乏地向床上一躺：“老张你今晚回不去了，一会儿怕就要戒严。”“不要回去，张！”银弟望着我的眼睛热热地说。

我茫然地望着她，自己觉得变成很柔弱了。这儿有三个男子，一个女子，只有一张床，怎样睡呢？难道坐一夜不成？我心里作想。

“这儿没有地方睡。”我吃吃地说了。

银弟笑了起来，壁上的一些相片又好像在讥笑我。

“张先生，这儿没有你们大学堂里惬意啊！”她带着讥讽说。

老杨把席子拉到地下来，拼上几张旧报纸，拿几本书做枕头，打了一个哈欠，就打横躺下去，像睡在学校里的铁床上一般，一会儿便在扯鼻鼾了。

银弟点了两盘蚊香，放在地板上，悄悄地笑着跟我说："张先生，你觉得奇怪吗？我们常常这样睡的，哪，我给你一盘蚊香。"

她睡在另一头，没有脱衣服，把条线毯小心地裹着她的下身。我睡在瘦子的旁边，把书籍和皮鞋做枕头。

我睡不着，心中似乎有些忐忑，蚊子可厌地在黑暗中嗡嗡地叫。人的汗臭刺激着我的鼻孔，坚硬的地板和"枕头"使我筋骨发痛，我很惭愧，当我看到他们三个都睡得那么酣畅。我仿佛照见她身体白色的曲线的轮廓，和听见她微微的鼻息，一种卑劣的下意识在我胸中冲动，我想去触她那迷人的肌肉。在这炎热的夏夜中，我全身颤栗着一种青春的热望。

我点上灯，想找本小说来读（这也许是谎话）。外边雨已经停止了，沉重的皮靴声，咯咯地从马路上走近来，我心里一怔，把灯吹熄了。在这一刹那中我仿佛照见银弟娇红的脸颊，对我微微地一笑。

第二天很早我就醒来，老杨在自来水管前洗脸，油条仍然像一堆什么东西似的蜷伏着。银弟又穿上那件银红色的纱衫在煮稀饭。

"昨夜没睡好吧？"她对我睐一睐眼，没有叫我"张先生"。我脸又红了，似乎一种卑劣的秘密给人发现了。

吃过早饭，大家打算出去，银弟忽然在背后用很有魅力的声音唤住我：

"张先生，到这儿走，我跟你说句话。"

我被一种奇怪的颤栗所捉住，我心跳得很急速，我觉得血液中奔腾一种热情，我驯弱地走了过去。

“张先生。”她的声音突然庄重起来：“我能不能介绍你——”

我停着呼吸，用心听着她说的每一个字，我的心在更快地跳，不，在抖了，抖！突然全身一紧，好像每根血管里的血液，一下都凝结住了。一种说不出的羞惭，压着那每一根麻木的血管，好像连人也矮了下去。我不安地凝望着她，一边痛责自己的卑劣。

1936年8月，《散文》创刊号
李励文编，上海

# 贬　价

## 一

三火一清早起来，捧着下巴坐在门沿上，对屋角落里那七八个卖剩的西瓜发愣。他没有决定今天还是上大庙前，或是上盛家桥去摆摊，因为过去几天的经验告诉他，人多热闹的地方，吃瓜的人固然多，但是卖西瓜的也多，彼此一抢生意，西瓜就卖不起价钱了；冷僻一些的地方，价钱虽可扳高一些，可是买主究竟少得多。这反正都是一样的，卖西瓜本来是口没有滋味的饭，然而不吃可又不成，一个人肚子总得管住啦。

门外稻场上有人咭咭呱呱的在说话。三火从南瓜棚底下钻出去，看见贩菜的王和尚正在和对面的尧生白眼谈天，似乎是在向他报告些什么新闻。

“什么呀？和尚哥。”

“吓，三火哥，早，我说昨天夜里我们这关帝殿凉亭里到了五六个割稻客人哩。”和尚回过脸来向三火点点头，说：“今天天没见光我就出市去，瞧见他们还七横八竖地躺着呢。”

“哦，那么尧老板今天倒不必跑远路去找了，是不是？今年我们东乡的早稻是要比别地方迟一些，像福生老爹和庆发公都还没雇定人呢。”

尧生白眼刚弓着身体在看猪，只微微地“嗯”了一声，并不很注意似的。

“三火哥，你今天打算上哪里去？”和尚见尧生白眼大剌剌地不大理会他这个报告，感到一些无趣，便掉过话头来和三火搭讪。

这句话却把三火提醒了。他偏一偏脑袋笑嘻嘻地说：“那么，就到关帝殿凉亭里去做一天生意，不好吗？省得这样大热的天赶东赶西。”

他很兴头地走回家去，把开水泡了一碗冷饭，唏唏哗哗地吃了。马上抱出几个陈一些的西瓜，装进担子里，叫他九岁的女儿毛囝掮着摊子，急急地向关帝殿赶去。

没上半个小时，三火已经和这五个割稻工人混熟了，他知道那个长脚的瘦子叫阿金；那个吊角眼戴大笠帽的叫小梅头。那个矮壮和匹蛮牛似的，说话最多，而又不时唾涎沫的叫毛毛虫；还有那两个是一对父子；那中年以上，脸孔干瘦得和一片枯焦的荷叶般的叫乌狗，他的儿子——一个顽蠢的十八九岁青年，叫小狗。他们是打台州赶来，走了三天旱路，昨夜才到此地的。

他们每个人有一个小小的包裹，带着一些衣服和干粮，此外又有几领破草席，凌乱地铺在凉亭的石板地上——这里就算是他们的临时旅馆了，在这里他们等待着他们的雇主。

酷烈的七月太阳晒着村外浅碧的草原，丛郁的树林，和那金色大海般的稻田，宛似一幅光和色交织成的美妙的图案。

晨风吹过稻田，激起一阵阵金色的波浪；在这些波浪中间，零落地点缀着无数礁石与小岛般的黑色瓦房，较远的地方，有一条铁路，在这灿烂的原野上，划上一根粗劲的黑线条。

“今年这西瓜也和稻子一样，靠雨水调匀，长得好。”毛毛虫使劲地在啃一块西瓜，连那绿色的肉皮都舍不得丢掉而吞了下去。“你瞧，这稻子长得多么壮茁，和去年那种甩头甩脑的神气完全两样了。今年两担半和三担一亩是闭着眼睛有的。”两只乌溜溜的眼睛里闪着希望之光，他很有兴头地计算着：“去年真倒楣，东乡西乡跑了个把月，连回去的盘缠都没有着落，他妈妈的！”

“可不是，”三火接下去说，“年成好，种田人好，你们也都好，就是我们做小生意的，也靠老天爷多赚几个。今年割稻客人可不少吧！昨天我在大庙前摆了一天摊，前天在弯头河，都是做割稻客人的生意……”他一壁拿个蝇拍子赶苍蝇，一壁有谈没谈地跟他们扯着搭讪。就这样，不上半个小时，一个大西瓜已经销完了。

“今年，这西瓜……”三火还想继续说下去，一抬头瞧见那边大路上，有个人正在向这边慢慢地走来，便立刻把话头打断，扬着那熟练的腔调喊起来：

“唉，蜜甜西瓜长卖啦……二个铜板卖一块，四个铜板卖两块……”

那过来的是尧生白眼，戴着一顶已经变黄黑色的大草帽，帽檐底下不和谐地配着一副光嘴猴腮的脸孔，耳朵旁边一颗小小的肉瘤，一抖一抖地簌动着。那干瘪得像腊鸭般的身体上，宽里廓落地穿着一件白布背心，右手里拿着一根短旱烟筒，一壁走，一壁斜着白眼睃着田里的谷子。

“吓！尧老板，吃块西瓜去。大热的天……”三火连忙招呼着，递了一块西瓜过去。

“啊，我不吃，我不吃。”尧生白眼慌忙地摇摇手，在西瓜摊旁边的石栏上坐下来，“今年西瓜贵，我吃不起……”

“好说，像尧老板都说吃不起，我们只好去喝西北风了，”三火笑着说，心里却明白这尧生白眼是把一个铜板看作千斤重的人，向来不进口像西瓜之类的“闲食”的。而且自己也从来不曾叨光过他半个铜板生意。于是装一装样，依旧把那片西瓜放回到摊子上去。

“尧老板，几时割稻呀?”他故意地问，同时向小梅头丢了一个眼色。

“早啦，早啦！……”尧生白眼装作不注意地说，但是当他瞧见毛毛虫那副水牛般的身坯，和一双肌肉怒突的臂膊时，却抑不住流露出一种惊叹和满意的神情。

“老板，有生意没有呀？我们五个。……”

毛毛虫等得不耐烦了，不顾什么便单刀直入地提出来。

尧生白眼向他睨了一下。但是因为是斜白眼，所以虽然在看毛毛虫，乌狗却以为是在瞧他了，便赶紧地接上去说：

“老板，我们是台州出来的，每年在这东乡一带割惯了的。去年我是在大庙前那家，唉，那……”

尧老板又向他瞅了一下，这回那双斜白眼却是对着长脚阿金了。

“只要工钱能够讲得拢，都是一样的。”

“这还不好讲吗?”乌狗赔着笑说，“每年都割惯的，你老还会少我们?”

“我说,一元钱三工。”白眼往上翻了一翻,同时那颗肉瘤也抖动一下。

“三工?”毛毛虫眼睛睁得大大儿地叫起来,“去年那样荒年也还有两工半呢。今年这样好年成,要三工?”

尧生白眼阴阴地笑了一下,“去年今年,生活总一样做罗。”

小梅头恐怕事情被毛毛虫闹僵,暗暗地拉了他一把。同时把双吊角眼眯成一条缝地向白眼老板赔笑说:“老板,今年你们是发财了,总该多少加我们一些。就算一元钱两工吧。你们只消多收担把谷子就够了,是不是呢?”

“戴着笠帽亲嘴,差得远呢,再说吧。”尧生白眼咳嗽了一声,慢慢地站起来,打算走了。

“老板……慢一慢……总请您……”乌狗把一只枯瘦而长满着老茧的手伸过去,似乎想拉住那老板的衣角,却被毛毛虫向他死瞪了一眼,便怔住了。

“一元三工,干不干?不干,今年人手多得紧呢!”尧生白眼把旱烟筒做一个加重语气的姿势,向凉亭外面走去。

“不干!”毛毛虫坚决地说:“这样大热的天气,又不是畜生!一元钱三工!”

尧生白眼冷笑了一声,提着旱烟筒走了。白布背心在太阳底下一耸一耸的,渐渐地小起来。毛毛虫下死劲地向这背影唾了一口涎沫,骂着:“操你娘的×!一块钱三工,良心就黑得和炭一样!”

“蜜甜西瓜卖啦……两个铜板卖一块啦……”三火的声音

没有劲地在四周空气里回荡着。太阳渐渐地往天中爬去。从大地里喷出来的热浪似乎每分钟都在增加。辽阔的田野静荡荡地在打盹。每个人都感到无聊起来，只有乌狗的蠢儿子小狗却翘着屁股忙忙碌碌地在田边捉蚱蜢。

下半天，村里那几个种田户儿像福生老爹和庆发公以及别处来的，都打这里走过去。他们比尧生白眼似乎和善一些，但是最高工钱出到一元钱两工半，也就不再肯加了。

"一元两工半，是四角大洋一工……差一角钱……"乌狗心里估算着，有些动摇了，但是他向来有些害怕毛毛虫那毛躁脾气的，所以终于只把嘴角牵动了一下，不曾开口便让机会逃跑了。

"奇怪，今年的雇主为什么比往年少？"长脚阿金抓抓他细长的毛腿狐疑地说，"他们都到哪里去了呀？"

"别管他娘，我们迟到四角半一工就不能再让了！"小梅头把吊角眼眨了一眨，坚决地说，"去年荒年还出四角一工，今年加半角都不成吗？这些狠心的有钱人！"

"四角半！准定四角半！谁再跌盘的就是——"毛毛虫把手在石栏上装作一个爬虫的样子，"——大乌龟！"

"但是——"乌狗向毛毛虫怯怯地望了一眼，终于吃格地说了，"今年出来的人多啦！这位大哥不是说过吗？人一多他们自然要杀价了。"

"放心！你老哥。"毛毛虫瞧见乌狗那副哭丧脸就讨厌，"今天日子还没到哩，明天后天稻子长足了怕他们不来找我们？婊子养的！这些种田户儿不到黄河心是不死的，急什么？"

末班火车过去了，太阳从西首射入亭里来，照到关帝殿正门上那块已经褪了色的，写着“威灵显赫”四个大字的匾额，和贴在墙壁上那些杂乱无章的乡公所、公安局的告示，以及店铺的广告招贴。三火已经收拾摊子走了。小梅头和小狗把席子拖到凉亭外面的树阴里去，跷起两条腿仰卧着，一壁“郎呀妹呀”地唱着一些台州的山歌。

夜渐渐罩了下来。毛毛虫抱着膝盖坐在石栏上，对那浅蓝色的天空凝望着，“妈的！最好今晚刮它一夜大风，怕这些种田户儿不急着来找我们！”

## 二

太阳还没有出山，毛毛虫已经醒来了。他走到凉亭外的小河旁，用手捧一些水来洗脸，一抬头远远地瞧见三火抱着一个西瓜气吁吁地向这边过来。

“咦？这小子这么早？”毛毛虫有些奇怪，提着一双湿淋淋的手走回凉亭里来。

三火已经坐在凉亭的石栏上，担子放在他的脚前，正燃起一支纸烟，和刚起来的小梅头在谈天。

“早，三火哥。”

“早，”三火笑嘻嘻地说，“今天打算上盛家桥去。昨晚听说那边到了二三十个割稻客人哩！想早些去占个摊位儿，趁这几天热闹头上多卖掉几个，过了立秋就难销了。”

“二三十个？”毛毛虫吓了一跳，“哪里来的？”

“大概也是你们台州帮吧。唔，怎么？你们还没有定头吗?”

乌狗睁开一双无神的,黏满眼屎的眼睛,从地下坐起来。三火的话似乎把他的愁闷又叫醒了,他望着三火的脸焦灼地问:“三火哥,你可知道昨天那几个老板有雇定了人没有?”接着又把那正在好睡的儿子小狗一把拖起来,骂着:“这个时候,还挺你娘的尸!”

“没有吧,”三火喷了一口烟说,“但是听说昨天一块钱两工半的有许多人已经说定了。今天……唔,你们自己定夺吧。”

“三火哥,你说——”小梅头的那双吊角眼神经地搐动了一下,“两工半一元,只四角大洋一工,这样大热的天,从天没见亮就割起,一直割到太阳落山,人家是老远路赶来的,四角钱,天地良心,……”

“可不是呀,”三火很同情地说,“这正和我卖瓜一样,今天西瓜多一些,那些买主就死命地杀价,就似乎这瓜是白拾来的,操他的娘。他们哪里管你死活,这些有钱的人!”

“做短工的简直是畜生!”毛毛虫父狠狠地唾了一口涎沫。

三火把香烟蒂头扔了,挑起担子又往前走去。乌狗拉着小梅头和长脚阿金到河边去洗脸,暗暗地给他们商量着,说有一元钱两工半也就马马虎虎算了。

“坐一天要一天口粮,”乌狗解释说,“这种暗里吃亏也是一样的,你说,是不是?阿金哥。”

“嗯。”

“而且大家都在跌盘,单靠你我五个人值什么鸟?毛毛虫就是个草包,你我……”

"嗯,"阿金向小梅头点点头,显然对乌狗的话是同情的。他们走回凉亭里来,毛毛虫指着远处告诉他们说:"你们瞧,那边田里已经真在割了。"

离开里把路样子,在那金黄色的稻子中间,有五六顶大笠帽蠕蠕地在移动,那旁边放着一只像大斗般的稻桶,有两个刈工开始将割下来的稻,一上一下很有规律地击着。这种"刷达刷达"单调而有节奏的声音,似乎是一种什么东西沉重地击着这凉亭里每个人的心。

"这些一大概是本地帮吧!婊子养的,我们的饭都给他们吃尽了。"长脚阿金有些嫉恨,又有些欣羡地望着那些在移动的大笠帽说。

"说也奇怪,早年这本地帮就没有多少人,总是靠台温两帮为君,近来不知怎的这本地割稻人愈来愈多了。做短工又不是什么好生意,大家也尽抢着这碗饭吃!"小梅头很感慨地说。

"总是世口不好罗,"有经验而时常到城里去走走的乌狗叹口气说,"自从那年东洋人打上海过后,世口就坏了,去年济颠僧还在城里显过灵呢,说这几年中劫数就要到来。听说还有人连济颠菩萨的相片都照了出来,可不是千真万确的!"

"劫数到来最好!"毛毛虫凶横地说,"大家遭了劫,总比单是我们穷人遭殃好一些!"直到早班火车过去了,他们才看见昨天那个福生老爹一拐一拐地从村里走出来。这福生老爹据三火说,着实多几个钱的,可是身上却穿得那么的破烂,一件蓝布衫还是补上加补的。他走近亭子旁边,忽然俯下身去,捡起几片昨天他们扔掉了的西瓜皮,口里喃喃地念着。

“罪过罪过，这喂鸡喂鸭吃不蛮好？”

乌狗忍不住了，跑出亭子去赔笑说：“老板，听说你人还没雇好，还是我们跟你去吧。就依你昨天的盘子——两工半。”

那老爹眨了一眨眼，狡猾地说：“昨夜盛家桥来了二三十个，我还怕没处雇人吗？一块三工，你们就跟我去。”

“什么？三工？”毛毛虫简直跳了起来，“你昨天亲口说过两工半，睏了一夜就不算数了吗？”

“昨天是昨天的盘子，今天是今天的盘子罗。”那老爹摆出一副“深通世故”的脸孔，很泰然地说。

“老爹……老爹……”乌狗有些发急了，伸过一只枯瘦的手去哀求着，“我们打老远。……”

“我知道，但是人家一元三工在割了，我为什么那么傻要两工半？要去就去，也省得我大热天多跑路。”

“你们不在乎这几块钱，老板，大热的天，就少跑些路也好呀！”

“几块钱？”福生老爹耸一耸肩膀说：“不管你我，铜钱银子终是肉痛的呀！”

“你说话还是放屁！”毛毛虫叉着膊子突然骂起来，“我们依了你，你又扳价。你这良心。……”

“放屁不放屁，不干你事！”老爹也有些愤然了，“这里不是你们台州地界，年纪轻轻，说话不要这样尖刻。”

毛毛虫睁着眼看福生老爹向盛家桥那边一拐一拐地走去，狠狠地吐了一口涎沫，指着他背影骂，“不吃你饭，怕你作甚？老乌龟，婊子养的！”

乌狗怨恨地望了毛毛虫一眼，默默地坐下去，小梅头和阿金都拉着一副懊丧的面孔彼此望着;只有那顽蠢的小狗依旧没事人地躺在石栏上哼小调。

"哼你的断命调,你这小畜生!"乌狗恶狠狠地推了他一下,几乎没把他摔到田里去。

这天打这座凉亭走过去的人比昨天多一些,大半是到盛家桥去的。他们一听毛毛虫扳定要两工半,便冷笑一声,摇着头走了。

太阳照例从凉亭的前面,爬上屋脊的正中,向地球上喷出火一般的热浪。五个人又饿又渴,嘴里就干得像嚼着棉花般的。毛毛虫掏出了两毛钱,叫小狗到镇上去,买些大饼舀些凉水回来。

大概是吃过午饭的时候吧,那福生老爹果然从盛家桥领了四个刈工回来了。当他走过那凉亭时,向乌狗冷笑一声说:"怎么不去找二工半的雇主呵?人家三工都来了。"

毛毛虫却不去理会那老头儿,只是直眉瞪眼地看着这四个驯牛一般的汉子,他起初以为这捣蛋的一定是本地帮,但是现在这四个小子分明是台州来的,其中有一个他还有些面熟。这真气死人,同乡人都在拆台了,还怪什么呢?他恨得牙痒痒地把一双充满了血丝,狰狞得可怖的眼睛死盯着他们。

"卖爹卖娘的婊子养的!同乡人的饭碗都给你们敲碎完了!你们牛!"

那四个怔了一怔,站住了。

"你在骂谁?"

"骂卖爹卖娘的畜生!"

"嗄!"一个害沙眼的高个子,握着拳头赶过来,"你的贱骨头在发痒?”

“打架吗? 来! 来!”毛毛虫退后一步,就像一匹蛮牛般,把脑袋向那高个子的下三路直拱过去,“你爸爸今天要给你颜色瞧!”

但是立刻双方给拉住了。乌狗和小梅头拉住毛毛虫,福生老爹拉住那个高个子,使劲地把他往凉亭外面拖。双方把所有能想得出的骂人的话,一齐搬出来向对方抛掷过去。这样的大骂一直继续到彼此都听不见了才停止。

这场风波过去了,彼此又相互抱怨起来。乌狗抱怨毛毛虫专门闯祸,毛毛虫骂乌狗没中用。

“都是你这种老实人,才该这些种田户儿来剋削我们。去年荒年二工半,今年丰年三工,明年我看你们大家饿死在外头!”

“说这种空话有什么用呢? 已经两天了,再这样坐吃下去,我先支不持。你有本领,就让你一个人去跟他们硬到底吧!”柔弱的乌狗也居然反抗了。

然而,乌狗的话却是事实,他们可不能再在这凉亭里耽搁下去了,每个人的身上只带着够吃大饼的钱。每天吃大饼,还有力气来做活吗? 乌狗坚持着去找一元三工的雇主,理由是天下老鸦一般黑,那几个既只肯出三工,别人就未见得肯给你便宜到哪里,早找到一天究竟多赚一天钱,死赖在这里又有什么好处呢?

他的话把小梅头和长脚阿金都动摇了,小狗自然更不必说。把个毛毛虫直气得直眉瞪眼的,独自到凉亭外边去坐着。

太阳又在西山上边了。凉亭外面的稻田里已经刈去了一大片。那一顶顶的大笠帽和稻桶渐渐地移向沿铁道堤那方面去。打下来的谷子一担一担尽往村里挑，这一切似乎故意给这五个倒霉者一种冷酷的讥刺。乌狗靠着亭柱坐在石栏上，始终啜啜不休地对着长脚阿金和小梅头在发他的牢骚。天是那么热，不做活汗也会直淌下来。

忽然的，一个穿白色短衫裤，掮着一顶黑洋伞的人走进亭子里来，对乌狗瞅了一眼。

“你们是哪里来的？”

“从台州来的，先生，可是你要雇短工吗？”乌狗沉郁的心境里突然射入了一线新的希望。

“是前天晚上到的吧？”

“是的，老板，假使你们要雇，我们工钱可以贱一些。”

“唉！”那人忽然讨厌地摇了摇头，“谁要雇什么短工？我是村公所派来的，今年上头有公事来过，对于外来游民一律不许逗留。但是对于你们割稻工人，是决定特别通融的，限你们只可停留三天，三天之内没有找到雇主，就要即刻离开此地。懂得吗？”

乌狗怔怔地望着这位“吃公事饭”的“先生”，那张一开一闭的鱼嘴巴，仿佛捉到一些意思，是在叫他们马上滚蛋。

“那是为什么呢？”他蠢蠢地问。

“没有为什么，这是县里的命令，也是高头省里的命令。村公所只好公事公办。你们既然来了三天，今天就不可再睡在这里了！知道吗？”

“嗯。……”

“还要问他为什么？真是蠢货！”坐在凉亭外面的毛毛虫

突然又骂起来，“为了怕我们抢，怕我们偷，怕我们把他们老婆偷了去，狗东西，打量老子不知道？我们割稻的台州人就不是人。”

“咦！你这个东西，怎么骂起人起来了？”那位“吃公事饭”的“先生”显然是发怒了。“你是什么东西？敢在这里哗啦哗啦地吵？你瞧见那公事没有？”他指一指贴在大门上那有颗红印的告示说。

“哼，怎么样呢？”

“把你送到局里去！”

“好了！好了！先生，别理他这个草包。我们今夜一准走就是了。”乌狗和小梅头赶着赔不是，把那“先生”敷衍走了，那人走了几步，又回头过来向毛毛虫恶狠狠地盯了一眼。

“哼！看你嘴硬！什么东西！现在比不得从前那样了，由得你们……”

亭子里沉寂了一会。“现在怎么样？”长脚阿金苦笑了一声说，“究竟到哪里去呵？”

“还是去找那个白眼吧，”乌狗怂恿地说，“他也许还没雇定人呢。”

“唉——好吧，”小梅头打了一个哈欠，没精打采地说，“怎么样？毛毛虫，你？”

“我？哼！”毛毛虫没说什么，随着他们把那个小包裹按到肩膀上去。

## 三

他们问了半天才问到尧生白眼的家里来。那是一排低低的，湫隘的瓦房，围着用破瓦片叠成的矮墙，矮墙上面露出一些向日葵和南瓜棚子。门前的稻场上杂七杂八地堆着许多畚箕、稻箩、锄头、稻桶一类的农具。大门右面还排着两只大粪缸，大群的苍蝇像交易所里的人们般盈盈地乱嚷着，当他们走过去时，嗡的一声，和开花弹爆发似的，直散起来。

尧生白眼就坐在这粪缸左近，吸着旱烟在乘凉。

“老板，人还没雇定吧？”乌狗巍颠颠走过去说。

“唔，”尧生白眼连旱烟筒都懒得从嘴里拔出来地应了一声。

“还是我们替你来割吧？”

“工钱呢？”

“随你说吧，你还会少我们穷人？！”

“随我？”

“是的，你昨天说过的。”

“一块三工么？”

“就依你吧，老板，我们反正吃亏一些也就算了。”乌狗万分委屈地说，仿佛一个被擒的俘虏，已经完全失去反抗的勇气了。

“不！”尧老板把白眼向上翻了一翻。“三角大洋一工，肯做就留在这里。”

“三角？”忍耐了半天的毛毛虫终于捺不住了。“三角？你说吗？你？”

“是的，我！”白眼又向他翻了翻。

“三角大洋还不到四只角子呢，老板！”

尧生白眼只顾嗤嗤地吸着旱烟，并没理睬他。

乌狗生怕毛毛虫又闯祸，赶紧地挤上一步，向尧老板身旁伸出一只手去，“老板，我们依大众的盘子也就是了，刚才那边一位老爹也是一块三工雇了四个人去。请你行行好心吧，譬如少收几斤谷子。我们替你生活上上紧一些也就是了。……”

但是不管乌狗的眼泪都快要翻下来，尧生白眼依旧是那副悠闲的神气。他点了点头说：“事情随便你们，我并不来勉强你们。”

“……”乌狗的手沮丧地垂了下来。瞧着这副简直毫无表情，冷冷的猴子脸，连他这一颗向来逆来顺受的心也不免一时地燃起一丝叛逆的仇焰。

“老板……”声音简直在发抖，“差三分钱一工的事就真的不能通融吗？”

“……”

五张失望的脸孔彼此交换一个怨愤的眼色；稻场上暂时地沉寂了一下，只有尧生白眼的旱烟筒嗤嗤地在叫着。

“走！”最后仍然是毛毛虫粗暴的声音打破了这难以忍耐的沉闷。尧生白眼的鼻子里微微地响了一下，依旧一动不动地坐着。那四个默默地跟着毛毛虫抹过屋角走了。

五条长长的黑影疲乏地拖在他们背后。每个人的腿就和缚着铅块似的沉重起来。路旁田里的稻子，在妖艳的夕阳中间闪烁着更美丽的金光。一个十来岁的孩子站在田旁，嗬嗬地赶着偷吃谷子的麻雀。他们默默地向前走着，没有一个知道他们是走向什么地方去。这旷阔的，美丽的，七月傍晚的乡村，在他们看来，就简直是一片可怕，无穷尽的沙漠。

"都是毛毛虫!"怯弱的乌狗突然愤怒地喊起来，"昨天不是你，一元钱两工半早讲定了。这个年头儿还摆什么臭架子!"

这种煽动性的话，不消说立刻获得阿金和小梅头的同情。大家都懊悔不该和毛毛虫一起出来。毛毛虫似乎也感到自己是这一群中的罪人。他并不开口，只是捏紧了拳头，默默地跟着走，不时地向田里唾着涎沫。

"完了!"小梅头顿一顿足，指着前面突然叫起来。那边铁道堤上，这时正出现一队背小包裹戴大笠帽的过剩劳动军，向这边慢慢地走过来，他们的脚步正和这边几个一样的沉重。

"那边的人倒往这边跑，还过去做什么?"

失望把他们整个压溃了！五个人怔怔地相互望着。结果依旧是乌狗那可厌的哭声在他们旁边叫：

"回去吧。三角就三角。霉已经倒足，我再也不愿去睏凉亭了。"

这里显然没有犹豫的余地，因为竞争的对手是每一秒钟在近拢来。五双沉重的脚步又无可奈何地向后转。

尧生白眼还是那副老样子坐在粪缸左近，他瞧着他们五个回来，瘦削的脸上浮出一丝狡猾的，胜利的微笑。

"唔，怎么样?"

"算了吧，老板，就依你，只是饭菜要请你客气一些了。"在完全失败中间，乌狗居然还有勇气，补上这么一句。

“那么，好，进去吧。”尧生白眼又微微地笑了一笑——这一笑在毛毛虫看来简直比一把刀刺入他心膛里还要残酷。

这天夜里在稻场上乘凉的时候，毛毛虫听见三火在黑暗中大声说：

“一样的西瓜，去年买二元二，今年买一元八，一元六，天杀的！谁在跟我们穷人做对！我们有一天总要跟他们拼……吓，这不是毛大哥吗？你们在这里？怎么？生活定了头吗？多少钱一工哪？”

毛毛虫直瞪着眼，半天说不出话来；忽然的，他话不对题地问道：

“三火哥，你刚在说的什么呀？”

一九三六收获的时节

1936年11月7日《文季月刊》第1卷第6期，巴金、靳以合编

# 荒唐的人

“天九王！统吃一庄……”

庄家李排长把牌猛力向桌上一翻，拉着尖锐的下江腔喊起来。随着，桌面上的角子铜板，便锵啷地在许多失望的嗟呀中间，被李排长粗长的臂膀一把扫过去。在他前面堆起来。

已经三更多天了。王家庄的人大都已经睡静，只有这王四小店里，却照例有一场“局头”，非闹到三四更天不肯散。一盏旧式的保险灯高高地悬在赌台子上面的屋梁上，在店堂里投下一圈很大的白光。灯光底下，密密地围着一大堆毛茸茸的脑袋和兴奋的脸孔，在恶浊的香烟雾氛中，喧嚷地叫嚣着。头家王四，一个魁梧的中年人，跷起肥黑的左腿，裤管儿拉得高高的，坐在庄家李排长的背后，不时用一种习惯的手势去掀动那顶一天到晚斜覆在他南瓜脑袋上的黄色旧呢帽；直等到那帽子快要脱离他的后脑勺掉下去了，才重新把它扶正来。同时，两只黄浊色的眼珠闪也闪的从睫毛底下不停地在打量他四周的主顾，在这喧嚣的一群众，他似乎是唯一的头脑冷的人物。他的面前，放着一只盛“头钱”的香烟罐，当李排长吃了一个通关以后，便有一只小银币“锵”的跃入到这只罐子里。

“替李排长来把手巾呀！”他大声地向他老婆嚷，随着，后面灶披"噢"的应了一声，一个三十几岁的女人，脸孔被火光映得通红的，摇摆着屁股走出来，把一团滚热的毛巾，向李排长鼻子上直塞过去，"喏！"

李排长接过了手巾，趁着王四没注意，在那婆娘的手心上抓了一下，然后高高地抓着骰子，操着叫口令的腔调喊："还有谁打天门？快些！"

正在这个时候，外面那两扇虚掩着的板门忽然慢慢地推开了，一个瘦尪的人，像给一阵阴风飘进来的鬼影般的，悄然地出现在昏暗的角落里。那强烈的灯光似乎使他眼睛受不住，他惘然地凝视了一下，站住了。瘦得只剩一架骨骼的身躯，和秋风前的枯树似的，摇摇欲坠地震颤着。

"是谁？"

王四惊愕地站了起来，把手掩在眉毛上望过去。那影子踽踽地走了过来，可以辨认出一丛乌长的、乱矗着的头发，底下两只红得可怖的眼珠，两个巨大的颧骨，和一张苍黄的、瘦削的脸孔，仿佛就是一只从黑牙夜的森林里跑出来的猫头鹰。

"吓，那不是二富，你跑来干吗？"

那人没有回答，似乎很害怕般向背后瞧了一下，突然发出一声惨厉的、像猫头鹰号叫般的狂笑来。

"我的老婆死了……"

"呸！"王四还没有回答，李排长把牌一拍，翻起两只白眼，先啐起来，"见你娘的鬼！你老婆死了？你瞧，一副'丁别十'，可不是你存心来触老子的霉头！"

台面上哄地发出一阵大笑，人们忙乱着收钱，对于二富兀突的出现的惊奇立刻被胜利的欢悦所盖过了。

“你老婆死了，到这儿来干什么?”王四怒吽吽地说，拦着二富，不许他过来，“你到棺材店里去呀!”

“我害怕……”二富低声地说，似乎害着疟疾般，身体更猛烈地战抖起来。

“害怕？这什么话?”王四把帽子一掀，想推他出去，“走！你可在见鬼!”

但是二富却忽然倔强起来。他突着两只通红的眼睛，把王四推开往前挤过去。“我……我为什么不能来，老子也有钱！……”他愤怒地拍一下破夹袄的口袋，里面叮当地响出一阵银角子的声音。

王四骇然地退却了一步，向他上下打量着，“你要赌钱?”

“我?”二富把脑袋一偏，露着牙齿，发出一声可怖的狞笑，向赌台上直冲过去。“天门两角，瞧老子的!”他大声地叫，同时，一只双毫小银币“叮”地落下到桌子上。

“唷！我的妈!”坐在桌子下端的癞皮阿二给二富猛力地一冲，几乎被压到桌面上。他扭过头来，向二富惊异地瞧了一眼，“你要来下注？二富，你可发了财啦!”

“我发财？财发了老子啦，告诉你，我老婆死了!”二富粗暴地说，似乎要跟谁打架般的，握紧了拳头，直直地凝视着那在疾转的骰子。

牌翻出了，李排长拉着长声唱起来，“吃上下家，赔天门——”随着，一阵铜板和角子的雨点骤然地飞落到癞皮阿二的前面。

“喏！四角，二富，发了财啦!”癞皮阿二慷慨地把角子从肩膀上反递过去，但是二富却不接钱。

"四角，再天门！"他吵嚷地叫。

"这瘦鬼！"李排长洗着牌，向二富轻蔑地瞟了一眼，"你在跟钱赌气？下'隔夜注'！"

可是真有鬼，二富接连打了五回天门，就接连赢了五回。他的角子一会儿就变成了大洋。坐在下家一个鸦片鬼模样的半斯文人，向他恐怖地瞧了一眼，耸耸肩膀轻声说，"这人有鬼附住了，跟着他下吧！"

渐渐的台面上的注子都往天门移过来。癞皮阿二喜得搔头爬耳的，尽管咧着嘴笑，"人倒了霉，赌钱就必赢的。二富，放大胆打着吧，别担心，你老婆死了，我给你做媒，就是黄三胖的妹子。……"

"放你的屁，你老婆才偷二富呢！"黄三胖发起急来，在癞皮阿二肩膀上猛击了一下。癞皮阿二的肩膀有弹性似的耸了一耸，依旧咯咯地自笑着。

"得啦！有种的跟我赌到天明去！"李排长有些愤然了，把顶军帽拉掉，额角上的青筋一根根怒突出来。他拿着骰子在自己前面的桌脚上绕了三转，一壁却暗暗地向王四丢了一个眼色。

王四理会了，披一披帽子，站起来，慢吞吞地挨到二富背后去。

"毒吃毒，'丁八一'吃'别十'，哈哈，我的妈呀！"打天门的人又哄然地喝起一声彩来。癞皮阿二把猴子脑袋倒在二富的肚皮上乱揉着，窒息地狂笑起来，"二富我的小灵精呀。……"

"二富，过来，喝杯酒，有话跟你说。"

王四忽然在二富背上拍了一下，严肃地说，把他从人丛里拉了出来。

“别走，二富……”癞皮阿二拉着他的衣角喊。

二富犹豫了一下，把癞皮阿二的手摔开了，“不错，我要喝些酒再来。”

王四把他引到账桌旁边，从搁架上取下一瓶高粱，倒了一杯给他。

“老板，有什么吃的吗？我今天才吃了一顿饭呢。”二富似乎很晕眩地说。

“好，你且坐下来，”王四拍拍一张条凳说，“四娘，给他弄一碗泡饭来！”

二富皱着眉毛把半杯高粱直着脖子倒下去，翕了一下嘴唇，深深吐出一口热气，身体晃了晃，颓然地倒下到板凳上。

“你究竟怎么搅的，兄弟？”王四跷起左腿搁到板凳上，恳挚地问，“你老婆当真——死了？”

“是的——死了。”二富的声音显得非常微弱。

“好好儿的，怎么死了？”

二富把眼皮一抬，满布红丝的眼球迷惘地向王四的鼻子望了望，似乎在追思什么般的，半晌，才沙嘎地说，“鬼知道呀，饿死的！”

“饿死的？”王四的左腿猛然地从板凳上滑了下来，“这是怎么说？”

二富的身体又像发寒热般地猛抖起来，他竭力把两只肘子支着背后的柜台，向四周恐怖地望了望，接着，脑袋又渐渐地沉下去。

“鬼知道，穷人终有一天怕会饿死光呀！我们昨天一天已经没有吃了，她又害病，又有了个五月的身孕，她怎么不……”

他的声音渐渐地低，低，低到听不出了。

“你为什么不去砍柴卖呢？”

“砍柴？哼，你倒说得干脆！”二富突然愤怒地把血红的眼球睁大来，“那边狮子山又是什么‘要塞区’，见他娘鬼，官家不准砍柴啦，别人家私山我又不能去，天又尽下雨，叫我拿什么吃呀？”

“那你今晚这钱？……”王四狐疑地望着他。

二富把杯子里剩着的酒拿起来，喝了一口，又继续说下去。

“今天早上起来，她发烧得很厉害，只是哑着喉咙干哭。我可没法，只得硬了头皮到镇上去借钱，嘿！王老板，穷人借钱可不容易哪！我打早上跑到午上，挨饱了骂，半文钱也没有着落。我真不懂，请你告诉我呀，老板，世界上为什么富的就那么富，穷的就那么穷？他们把银子放在库里烂掉，究竟有什么用处呀？……”

“……”王四把帽子一掀，向他翻了一个白眼。

“之后，”二富咽了一口气，又接下去说，“好容易碰到陈六房里的陈三爷，求得他舌头长了疱，才求到六角小洋，还叫我替他挑了半天草，他妈妈的！老子恨没有把钱劈面给他洒过去！”

王四老婆低着头捧了一大碗泡饭从灶披里头颤巍巍向二富走过来，猛然地吓了一大跳，几乎把饭都泼翻了。

“哎！你怎么的，二富哥，害了疯么？”

二富下意识地去摸摸自己没有肉的面颊，“嘿”地苦笑了一声。

“你吃吧。”王四似乎很不忍地说。

二富向饭碗呆呆地望了半晌，摇摇头。

“我吃不下，老板，还是再给我一些酒吧，我给钱的。”他怯怯地望了王四一眼，把酒瓶拿过来。

他大大地喝了一口，似乎想借此增加一些勇气，“我赶天黑才回来，”他接下去说，“一进屋子，黑漆漆的，叫了半天没人应，我打量她睡熟了，到床上一摸，天哪——”他突然抓住王四的膝盖，嘴角搐动了半天，才挣出话来，“是冰——冰冷的了！”

“哎！死了？”王四骇然地问。

“那你怎么还跑来赌钱呢？”王四老婆嫌恶地向他眨了一眼，把饭单拉起来拭掉了额角上的汗珠。

“我？”二富迷惘地向那女人望了一眼，又凝视着上面昏暗的承尘，自言自语似的说下去，“我从天黑守着她，守到起更，我连火也不敢上，我怕瞧她的脸孔，我黑漆漆地坐着，我听见她在哭，她在怨我，哦哦，老板，我怕呀……”他突然把头埋到手里呜咽地哭起来了。

“嘘……”王四老婆不耐烦地透了一口气，向他投了鄙夷的一瞥，摇着屁股走了。王四瞅了他老婆一眼，把左腿又搁到桌上去，拍拍二富的肩膀说，“害怕终不成呀！”

“王老板，你知道饿死的人是个什么样子吗？唉，可怕得很哪……我真忍不住了，终于逃了出来，村子里是黑漆漆的，连一颗星都没有，我到处跑，跑，她的阴灵就跟着我不肯饶，她在哭，她在叫饿，天呀，我不知道哪里去才好呀！瞧见你这边有亮，我就进来了……”

赌台上忽然又起了一阵怪异的喝彩，李排长敲着桌子连声地叫，“四哥，快过来瞧，一副‘天天宝’又吃了一个通关呢！”

王四没理会，把帽子一掀，瞅着二富枯瘦的脸说，“你总得回去替她料理一下呀，这样能撩开手吗？”

“料理？”二富苦笑了一下，“这几个钱教我料理什么？”

“你今晚赢了多少？”

“一共一元八。”二富把钱在手心上摊开来。

王四的眉毛皱了皱，摇摇他的南瓜脑袋，没说话。

酒精的力量像一个恶魔般在二富脑里发作起来了，他两只眼睛红得更可怖，踉跟地站起来，把手一摆说，“料理什么？穷人有一天都饿死光了就完了，看他们有钱人去怎么办？”

“嘿！你这瘦鬼还敢来吗？”李排长瞧见二富站起来，向他挑战地叫，“赢了钱逃回家去，不是男子汉呀！”

“怕你？”二富突然像凶神般闯到赌台上，撩出一块钱来，“天门一元，你来不来？”

“一块大洋！好呀！”癞皮阿二第一个尖声地喝起彩来，“二富有种，好汉子！”

“——别发疯了，二富，快留着去料理你女人吧！”王四赶过去拉住他，“李大哥，别跟他赌，这人有些失心疯了。”

“别管我，老板，”二富红着眼睛说，“老子向来只晓得穷人给钱使用，今天老子也要使一下钱啦！”

“好家伙，有本领，”李排长喊，按住了那块洋钱，生怕给王四抢回去似的。

但是这回二富可输了。李排长把那块大洋在桌上叮当地敲了一下，瞅着二富胜利地笑，“唔？怎么样？回去吧，瘦鬼，当心你老婆尸首给野狼背了去!”

“我怕你？老子还有钱,”二富醉得很厉害了,气咻咻地嚷,把手伸到口袋里在摸钱,一壁和王四挣扎着。

“别闹了,回去!”王四强迫地把他拉开,拍一拍胸膛说,“你的事情,明天我帮你设法,我王四是个够朋友的人,听我说回去,兄弟。”

二富含糊地嚷着,还想挣扎,但是抵不住王四的力气,终于跌跌撞撞地给拉到门外的黑暗中去了。

“这小子真可惜!”一会儿王四从门外回来了,拍拍他那件揉皱了的黑布长衫,惨然地说。

“可惜什么?”四娘站在李排长背后,把嘴一掀说,“做女人嫁给这种男人也真倒足了霉!”

赌台上的喧嚣依然继续下去,并不因少了一个二富就减少半分兴趣。

第二天早晨,癞皮阿二眼泡虚肿地挑着一担白菜去赶市,当他走过庙桥头时候,忽然发现河里一个浮尸,胀得和泡熟了的海参似的,在桥脚下躺着。他认了半天,突然把担子一撇,到处去嚷起来:“二富投河了！二富投河了!”

全村的人都哄了出来看。尸首已经捞上来了,搁在河畔的草地上,等候地保去报官。人们惊愕地议论着。李排长走过来把指挥杖拨了一下尸身,叹息说:

“有这样荒唐的人！老婆死了还去赌钱,赌输钱又来跳河!”

王四却没有说话,也没有掀帽子,只是把南瓜脑袋摇了摇，不平地瞅了李排长一眼，走了。

1937年2月5日，《中流》，第1卷第10期，
黎烈文主编，上海杂志公司总经售